HANNES NYGAARD

Tod im Koog

HINTERM DEICH KRIMI

emons:

© Hermann-Josef Emons Verlag
Alle Rechte vorbehalten
Umschlagmotiv: Heribert Stragholz
Umschlaggestaltung: Tobias Doetsch
Druck und Bindung: CPI – Clausen & Bosse, Leck
Printed in Germany 2011
ISBN 978-3-89705-855-2
Hinterm Deich Krimi
Originalausgabe

Unser Newsletter informiert Sie
regelmäßig über Neues von emons:
Kostenlos bestellen unter
www.emons-verlag.de

Dieser Roman wurde vermittelt durch die Agentur EDITIO DIALOG,
Dr. Michael Wenzel, Lille, Frankreich (www.editio-dialog.com)

Für Horst,
Cat (†)
und Susanne (†)

*Die Summe unseres Lebens
sind die Stunden, in denen wir lieben.*
Wilhelm Busch

EINS

Frode Hansen stand ein wenig abseits auf dem neu angelegten Rasen und beobachtete belustigt das muntere Treiben der anderen. Er kratzte sich an seinem gepflegten Dreitagebart im wettergerbten Gesicht. Ein grauer Haarkranz umrankte seine Glatze und mündete in einen mit einer Schleife gehaltenen Zopf.

»Es schadet dir nicht, wenn du einmal aus deinem Garten herauskommst«, hatte ihn der Propst gelockt. »Ich bin leider verhindert. Es wäre mir lieb, Frode, wenn du mich vertreten würdest.«

»Ich liebe meinen Garten. Außerdem fürchte ich, dass es bei dieser Veranstaltung nicht um das Seelenheil irgendwelcher Christenmenschen geht.«

»Liegen dir nur Christen am Herzen?«, hatte der Propst gespottet.

»Du solltest auf ein Glas Wein nach Bredstedt kommen. Dann können wir uns unter den Apfelbaum setzen und theologische Grundsatzdiskussionen führen.«

»Das würde ich gern, mein lieber Frode. Aber die Zeit ... Und da wir schon beim Gebot der Nächstenliebe sind ... Ich danke dir für deine Hilfe. Du nimmst also den Termin wahr?«

»Das habe ich nicht gesagt«, hatte Hansen erwidert, aber sein Widerstand war ungehört geblieben. »Um was geht es dort letztlich?«, hatte er mit einem Seufzer resigniert. Es ärgerte ihn ein wenig, dass er den Propst am anderen Ende der Leitung im Stillen frohlocken hörte.

»In den Reußenkögen wird eine neue Kurklinik eingeweiht.«

»Aha! Und da ist geistlicher Beistand vonnöten.«

»Kann ich einmal ohne Unterbrechung reden?«, hatte der Propst gefragt und dabei gelacht. »Also! Die Klinik wurde von der Sanitas Klinik GmbH gebaut. Und daran sind wir, das heißt die Nordelbische Kirche, indirekt beteiligt. Mehrheitsgesellschafter ist die Caritas über eine Tochtergesellschaft. Du siehst, Frode, es handelt sich um ein ökumenisches Projekt.«

»Wohl eher ökonomisch«, hatte Frode Hansen gebrummt und sich Ort und Datum nennen lassen. Jetzt stand er auf dem Rasen der neuen Klinik und musterte die anderen Gäste, die zur feierlichen Eröffnung geladen waren.

Vor dem an einer Seite aufgeschlagenen Zelt mit dem vom Küchenpersonal der Klinik hergerichteten kalten Büfett stand inmitten einer Gruppe Monsignore Gotthold Kuslmair, der mit einem schwarzen Audi A8 aus Hildesheim angereist war. Der Geschäftsführer der Trägergesellschaft, die die neue Klinik betreiben sollte, war ein hochgewachsener schlanker Mann mit einem scharf geschnittenen Raubvogelgesicht. Insgesamt wirkte der Mann asketisch. Dazu trugen sicher auch der elegante dunkelgraue Anzug und der weiße Kragen des katholischen Geistlichen bei.

Kuslmair übte wichtige Funktionen im Bistum Hildesheim aus. Man sagte ihm nach, so hatte der Propst Frode Hansen informiert, dass der Monsignore ein ebenso erfahrener wie gewiefter Finanzmanager war und mit großem Geschick die wirtschaftlichen Interessen des Bistums managte. Dazu gehörte auch die Sanitas Klinik GmbH. Natürlich hatte Kuslmair promoviert: Dr. phil. Gotthold Kuslmair.

Um den Monsignore hatte sich eine kleine Gruppe von Männern geschart, die jetzt pflichtschuldig lachte, weil der Geistliche offenbar etwas Heiteres zum Besten gegeben hatte.

Am schrillsten klang die Stimme eines kleinen untersetzten Mannes mit spärlichem Haarwuchs herüber. Der Mann mit dem runden Vollmondgesicht trug eine beige Cordjacke und eine Jeans. Das schwarz-weiß karierte Hemd passte ebenso wenig zur übrigen Kleidung wie die braunen Schuhe. Hansen verstand nicht, was Addi Blödorn, wie er sich vorgestellt hatte, als Repräsentanten des Kreises qualifizierte. Blödorn hatte es vermieden, seine Funktion innerhalb der Kreisverwaltung zu nennen, sondern lediglich berichtet, dass Landrat und Kreispräsident verhindert seien. In deren Namen hatte Blödorn mit seiner quiekenden Stimme eine Grußbotschaft von einem zerknitterten Zettel abgelesen.

Da war die Rede des Monsignore, ohne Manuskript mit einem unverkennbar bayerischen Dialekt frei vorgetragen, ein ganz anderes Kaliber gewesen. Kuslmair hatte von christlicher Verantwortung und vom sozialen Engagement der Caritas gesprochen und nur in einem Halbsatz erwähnt, dass beide großen christlichen Kirchen hinter diesem Neubauvorhaben standen.

Die wartenden Gäste hatten noch die Worte des Verwaltungsleiters erdulden müssen. Willi Zehntgraf hatte sich auf Zahlen und Fakten beschränkt. Mit achtzig Plätzen war die Klinik nicht sehr groß, bot aber in der strukturschwachen Region ein paar Dutzend zusätzliche Arbeitsplätze. Zehntgraf hatte sich während seines kurzen Vortrags fortwährend den Schweiß von der Stirn gewischt, konnte aber nicht verhindern, dass es ihm in Bächen von den Koteletten herablief und von der Stirn auf Augen und Nase tropfte. Hansen hatte beobachten können, dass die Hand des Mannes, die den Spickzettel hielt, während der ganzen Rede zitterte. Unter den Achseln und zwischen den Schulterblättern Zehntgrafs hatten sich auf dem dunkelblauen Hemd großflächig dunkle Schweißflecken abgezeichnet, als der Verwaltungsleiter nach seinen Ausführungen das Sakko über eine Stuhllehne ablegte.

Zwischen den in Gruppen auf dem Rasen stehenden Gästen liefen Mitarbeiter der Klinik mit Tabletts herum und boten Getränke an. Eine Frau mit einer rotblonden Kurzhaarfrisur kam auf Hansen zu. Sie balancierte ein Tablett mit mehreren Sektgläsern und anderen Getränken. Belustigt stellte Hansen fest, wie die Zungenspitze aus dem Mund hervorlugte und sich sanft zwischen den Lippen bewegte, als müsse sie damit das Gleichgewicht austarieren. Sie war keine Katalogschönheit, hatte aber ein hübsches Gesicht mit Stupsnase und ausdrucksvollen braunen Augen. Unter dem T-Shirt zeichneten sich wohlgeformte Rundungen ab, die von einer gewissen, aber nicht zu großen Üppigkeit waren. Die Taille und der sexy Po in der weißen Jeans verliehen ihr eine sympathische Attraktivität. Aus den Augenwinkeln bemerkte Hansen, dass ihr auch aus der Gruppe der Bauarbeiter und Handwerker, die am Rande der Rasenfläche standen, interessierte Blicke zugeworfen wurden.

»Eh, komm doch mal rüber«, rief einer und wedelte mit dem Bierkrug in der Hand.

»Hier ist Stimmung, du Zuckerfee«, mischte sich sein Kollege ein und erntete dafür das schallende Gelächter der Handwerker.

Die Frau hatte sich Hansen genähert und hielt ihm das Tablett entgegen. »Darf ich Ihnen noch einen Sekt anbieten?«, fragte sie mit einer angenehmen tiefen Stimme, die deutlich eine schwäbische Herkunft verriet.

»Danke, Schwester …« Hansen zögerte einen Moment und suchte den Namen der Frau. »Schwester Heike«, ergänzte er, nachdem er das Namensschild oberhalb der weiblichen Rundungen gefunden hatte. »Ich habe noch.« Er hielt ihr sein halb volles Glas mit Rotwein entgegen. »Ein Schluck zur Geselligkeit – ja. Aber das reicht auch.«

Schwester Heike lächelte ihn an. Es war ein mattes, erschöpft wirkendes Lächeln. Sie bewegte andeutungsweise den Kopf in Richtung der anderen Gäste. »So wie Sie denkt nicht jeder.«

»Die Eröffnung ist für manch einen ein Anlass, die Mühen der vergangenen Wochen für ein paar Stunden zu vergessen«, erwiderte Hansen ausweichend.

Sie seufzte. »Das können Sie laut sagen. Die Termine waren viel zu eng gesetzt. Anfang nächster Woche kommen die ersten Patienten. Dabei mangelt es noch an vielen Ecken.«

»Sie gehören zum medizinischen Personal?«, fragte Hansen, um sie abzulenken.

»Ja. Der Doktor und wir drei Krankenschwestern. Da sollen noch welche eingestellt werden. Aber die sparen an allem. Die vom grünen Tisch haben keine Ahnung, wie wir das mit dieser kleinen Belegschaft schaffen sollen. Ganz abgesehen davon, dass uns noch viele medizinische Einrichtungsgegenstände fehlen. Die Medikamente sind noch nicht geliefert, die Dienstkleidung ist falsch, und …« Sie winkte ab. »Nichts ist in Ordnung. Aber auf uns hört man ja nicht da oben.« Sie hob sanft den Kopf und zeigte mit der Stirn gen Himmel. Es sah aus, als würde sie den Himmel und die Verantwortlichen für das Neubauvorhaben gleichsetzen wollen. Dann holte sie tief Luft. »Sie sind Pastor Hansen aus Bredstedt?«, fragte sie.

Frode Hansen winkte ab. »Ich bin seit vielen Jahren im Ruhestand. Aber es ist richtig. Früher war ich an St. Nikolai.«

»Ich war ein paarmal bei Ihnen im Gottesdienst«, sagte Schwester Heike. »Hat mir immer gut gefallen, wenn Sie Vertretung gemacht haben.«

»Danke.« Hansen war eine Spur verlegen. »Ich hoffe, Sie kommen aber nicht nur deshalb in die Kirche.«

Sie sah ihn aus ihren ausdrucksvollen braunen Augen an. »Nein.« Schwester Heike lächelte. »Das ist mir ein inneres Bedürfnis. In meinem Glauben finde ich die Kraft, die in den letzten Wochen hier draufgegangen ist. Doch in der nächsten Woche geht der Wahnsinn erst richtig los, wenn die ersten Patienten kommen und nichts klappt. Ich weiß gar nicht, wie ich das meinem Mann klarmachen soll. Der hat mich in der letzten Zeit kaum gesehen. Ich fürchte, er fühlt sich mittlerweile vernachlässigt.«

»He, du Sexbombe«, rief jemand aus der Gruppe der Bauarbeiter. »Komm mal rüber zu uns. Wir wollen deine Gesellschaft. Die haben wir uns verdient.«

»Bring die anderen Schnuckelchen auch mit«, ergänzte einer seiner Kollegen. »Heute wird gefeiert. Da lassen wir es richtig krachen.«

»Hier geht's handfest zu. Wir sind nicht so 'ne Langweiler wie die Weißkragenproleten«, lallte ein Dritter. »Oder glaubst du, der Pfaffe kümmert sich um deine Lust?«

»Halt die Klappe«, wurde er von seinem Kollegen zurechtgewiesen. »Du bist hier Gast.«

»Nach der Arbeit das Vergnügen«, protestierte der Bauarbeiter und schwenkte seine Bierflasche.

»Hören Sie nicht auf die. Der Alkohol enthemmt«, sagte Hansen zu Schwester Heike, die mit einem verlegenen Gesichtsausdruck die Anwürfe der Männer verfolgt hatte.

»Ach, Hähne, die gackern, legen keine Eier«, tat sie es ab und entfernte sich mit dem Getränketablett in die entgegengesetzte Richtung.

Ein Mann mit wallendem Haar, das bis über den Kragen seiner Jacke aus grober Seide reichte, löste sich aus der Gruppe um den Monsignore und kam, eine Hand lässig in die Tasche seiner hellen Hose vergraben, auf Hansen zu. Bei den offiziellen Reden war er als Jean de Frontier, der verantwortliche Architekt des Bauvorhabens, vorgestellt worden. De Frontier trug eine zu enge Hose. Deutlich zeichnete sich seine Männlichkeit unter dem hellen Stoff ab. Für einen Moment spielte Hansen mit dem Gedanken, ob er den Mann nach dem Trick mit der Hasenpfote fragen sollte, die einem Gerücht zufolge von Balletttänzern zum Ausstaffieren ihres engen Kostüms getragen werden sollte.

Der Architekt hatte ein von Furchen gezeichnetes Gesicht, das verlebt aussah. Die Bräune sah ebenso künstlich aus wie die dichten blonden Brauen. Die Tränensäcke waren nicht zu kaschieren gewesen. Über eine Halbbrille auf der Spitze der langen Nase maß de Frontier Hansen mit einem langen Blick.

»Und?«, fragte er, als er Hansen gegenüberstand. »In welcher Funktion sind Sie hier?« Er nippte an seinem Sektglas und verzog das Gesicht, als hätte er Essig probiert. »Fürchterliches Zeug. Völlig ungenießbar. Vielleicht haben die Proleten sogar recht.« Dabei deutete er mit seinem Glas in die Richtung der johlenden Bauarbeiter. »Wenn die sich mit Bier vollschütten.« De Frontier wurde kurz abgelenkt, als eine andere Schwester in der Nähe über den Rasen ging. Sie war deutlich jünger als Schwester Heike, hatte eine dunklere Haut und lange blonde Haare, die bis zum Ende der Schulterblätter reichten. Sie war ähnlich wie Schwester Heike gekleidet. Hansen bemerkte, wie es in den Augen des Architekten aufblitzte und de Frontier sich mit der Zungenspitze über die Lippen fuhr. Es war jener Blick, von denen Frauen oft sagten, sie würden damit ausgezogen.

»Ich bin Ihr Auftraggeber«, sagte Hansen und zog damit die Aufmerksamkeit des Architekten auf sich.

»Mein – was?«, fragte de Frontier irritiert. Ihm war anzumerken, dass er nur widerwillig seinen Blick von der jungen Frau lassen konnte.

»Wir sind die Betreiber dieser Klinik«, sagte Hansen und bezog damit eine Position, die ihm nicht behaglich war. Schließlich war er nur als Vertreter des Propstes anwesend.

»Sie sind ein Mitarbeiter von Kuslmair?«

»Ein Partner«, stellte Hansen richtig. »Betreiber der neuen Klinik ist eine Gesellschaft, die von beiden Kirchen getragen wird.«

»Also doch! Irgendwie gehören Sie zu Kuslmair.« Der Architekt machte einen verärgerten Eindruck, weil er Hansens Ausführungen nicht folgen konnte.

»Hinter der Sanitas Klinik GmbH stehen die beiden großen Kirchen.«

De Frontier verzog die Mundwinkel zu einem spöttischen Grinsen. »Groß? Das ist doch Vergangenheit.«

»Wenn Sie meinen«, entgegnete Hansen. »Vielleicht hätten wir uns früher, als sich noch mehr Menschen zur Kirche bekannt haben, einen besseren Architekten leisten können.«

De Frontier lief rot an und schnappte nach Luft. Er warf Frode Hansen einen letzten vernichtenden Blick zu und eilte dann der jungen Schwester mit den langen blonden Haaren hinterher, die durch den Garteneingang ins Haus verschwunden war.

Hansen lächelte vergnügt in sich hinein. Er mochte Leute wie den Architekten nicht, die vor Überheblichkeit nahezu platzten und von dem Glauben an die eigene Größe beseelt waren. Der Mann war mit einem Porsche vorgefahren. Das war in Hansens Augen kein Manko. Wer viel und gut arbeitete und erfolgreich war, durfte sich nach seinen Vorstellungen auch etwas gönnen. Die Art, wie de Frontier noch einmal den Motor hatte aufheulen lassen, um ja alle Blicke auf sich zu ziehen, missfiel Frode Hansen aber.

Der Pastor schlenderte gemächlich durch den Garten, blieb an einem sauber geharkten Beet stehen und betrachtete die zarten Knospen der Rosen. »Bist du eine ›Buismans Triumph‹?«, murmelte Hansen, beugte sich ein wenig vor und ließ eine der hellroten Blüten sanft zwischen seinen Fingern wiegen.

»Eine was?«, hörte er eine Stimme hinter sich und drehte sich um.

Unbemerkt war ein mittelgroßer Mann herangetreten und sah zuerst die Rose, dann Hansen an. Er hatte rotblonde Haare, ein rundes, frisches Gesicht und eine Figur an der Grenze zum Untersetztsein, ohne rundlich zu wirken.

»Oh, Herr Kirchner«, begrüßte Hansen Husums Bürgermeister, der zu den Gästen zählte und bei der offiziellen Eröffnung zuvor einer der Festredner gewesen war. »Ich bin mir nicht sicher, ob diese Rose die Sorte ›Buismans Triumph‹ ist, eine Züchtung aus den fünfziger Jahren.« Hansen schnupperte an seinen Fingern, an denen ein zarter Rosenduft hängen geblieben war. »Ist das nicht wunderbar, was uns die Natur schenkt? Rosen bedeuten für mich die Krone der Gartengewächse in unseren Breitengraden.«

»Sie sind Blumenliebhaber?«, fragte Kirchner.

Hansen nickte. »Seit meiner Pensionierung lebe ich für meinen Garten.«

»Das trifft nicht ganz zu«, meinte der Bürgermeister. »Ich habe oft von Ihnen gelesen, dass Sie sich vielfältig engagieren. Und ganz haben Sie Ihre pastorale Berufung auch noch nicht aufgegeben.«

Hansen spitzte die Lippen. »Das wird immer seltener, dass ich Vertretungsdienst mache. Das ist ein Tribut, den man dem Alter zollen muss.«

»Aber, aber«, scherzte Kirchner. »Sie wirken noch sehr vital.«

»Nicht mehr so wie die Radaubrüder da drüben.« Hansen deutete in die Richtung der Bauarbeiter, aus deren Mitte jetzt lautstark einer weiteren Krankenschwester hinterhergerufen wurde. Sicher lag es am fortgeschrittenen Alkoholkonsum, dass die Obszönitäten immer deftiger wurden.

»Irgendjemand sollte den Herren Einhalt gebieten«, sagte Hansen und ging, gefolgt von Kirchner, auf die Gruppe zu, die sich um Monsignore Kuslmair geschart hatte.

Dr. Aufgänger, der bei der Präsentation als der medizinische Leiter vorgestellt worden war, nickte Hansen und Kirchner kurz zu und lauschte dann wieder den Ausführungen Kuslmairs.

»Herr, äh …«, unterbrach der Monsignore seine Ausführungen und sah Hansen an.

Er hatte keine Ambitionen, seinen Namen zu nennen. Er war sich nicht sicher, ob Kuslmair wirklich seinen Namen vergessen hatte oder mit dieser Anmerkung nur Hansens Bedeutungslosigkeit unterstreichen wollte. Frode Hansen nickte dem Monsignore huldvoll zu. »Herr Kollege«, sagte er mit einer betont einschmeichelnd klingenden Stimme.

Deutlich war an der hochgezogenen Augenbraue Kuslmairs ersichtlich, dass er sich durch Hansens Anrede »Kollege« brüskiert fühlte. Auch de Frontier hatte es bemerkt und nutzte die Gelegenheit gegenüber Hansen zu einem Revanchefoul.

»Ich glaube, Monsignore Kuslmair sieht einen evangelischen Geistlichen nicht auf Augenhöhe«, stichelte er.

»Ihnen scheinen alle Gemeinsamkeiten der christlichen Kirchen verborgen geblieben zu sein«, erwiderte Hansen. »Nehmen Sie dieses Objekt. Das ist gelebte Ökumene.«

De Frontier zeigte ein arrogant wirkendes Lächeln. »Ihr lieber Gott scheint an vielen Stellen nicht mehr mit den zahlreichen Problemen dieser Welt zurechtzukommen«, sagte er. »Wenigstens hat er sein soziales Gewissen noch nicht abgelegt und kümmert sich um Institutionen wie die ›Kurklinik Am Wattenmeer‹.«

»Meine Herren«, fuhr Willi Zehntgraf, der Verwaltungsleiter, dazwischen und wischte sich die feinen Schweißperlen von der Stirn. »Darf ich Sie noch einmal ans Büfett bitten? Unsere Küche hat sich alle erdenkliche Mühe gegeben.« Er zeigte auf das weiße Zelt, in dem lange Tische mit bis zum Erdboden reichenden weißen Decken aufgebaut waren.

»Danke«, winkte de Frontier ab und hielt sein Glas in Richtung Schwester Heike, die wenige Schritte entfernt mit ihrem Getränketablett wartete.

Rasch kam sie heran und hielt dem Architekten die Auswahl hin.

De Frontier nahm ein neues Glas Sekt. »Das könnte ein wenig mehr gekühlt sein«, beklagte er sich und rückte dicht an Schwester Heike heran. »Wenn Sie nach dieser Veranstaltung Lust haben, lade ich Sie auf ein Glas richtigen Champagner ein. Sie werden sehen, welche Unterschiede es gibt.«

»Wir legen Wert darauf, alles in einem vertretbaren Kostenrahmen ...«, stammelte der Verwaltungsleiter.

Er wurde durch Kuslmair unterbrochen. »Sie und Ihre Mitarbeiter haben alles hervorragend organisiert«, sagte der Monsignore mit fester Stimme. »Im Unterschied zu Herrn de Frontier, der seine Mitarbeiter nicht mehr im Griff hat.« Er spielte damit auf die Schar der Bauarbeiter an, die jetzt lautstark lärmte und sich um zwei aus ihrer Mitte gruppiert hatte, die offensichtlich in Streit geraten waren.

»Das Volk sind nicht meine Mitarbeiter«, sagte der Architekt. Es klang tief beleidigt. Dann wandte er sich an Schwester Heike. »Wie heißt eigentlich Ihre schnuckelige Kollegin? Die mit den langen blonden Haaren?«

»Die, die sich beklagt hat, dass Sie ihr vorhin ins Haus nachgeschlichen sind und ...« Heike war rot angelaufen.

»Heike, mein Karbolmäuschen«, säuselte Dr. Aufgänger mit belegter Stimme und legte seine Hand auf den Oberarm der Krankenschwester. »Genießen Sie den Abend. Es ist doch eine nette, ungezwungene Atmosphäre.«

Schwester Heike befreite sich energisch aus dem Griff des Arztes. »Ich hole neue Getränke«, sagte sie an Zehntgraf gewandt.

Der Verwaltungsleiter hatte sich suchend umgesehen. »Wo ist eigentlich der Mann von der Kreisverwaltung?«, fragte er.

»Der ist drinnen«, erwiderte de Frontier. »Er ist einer Ihrer Kolleginnen gefolgt.« Dabei sah der Architekt die Schwester an. »Soll ich Sie auch ins Haus begleiten?«

Mit einem wütenden Zischlaut in seine Richtung verschwand Heike in Richtung Hintereingang der Klinik.

»Wann kommen die ersten Patienten?«, wandte sich der Monsignore an den Verwaltungsleiter.

Zehntgraf atmete erleichtert auf, als mit dieser Frage ein unverfängliches Thema angeschnitten wurde.

Frode Hansen hörte noch zehn Minuten zu. Dann reichte es ihm.

»Ich wünsche Ihnen noch einen schönen Abend«, verabschiedete er sich. »Meine Frau wird mich in einer Viertelstunde abholen.«

»Ich glaube, ich werde auch gehen«, sagte Bürgermeister Kirchner. »Auf mich warten noch andere Verpflichtungen.« Er gab Frode Hansen die Hand und verabschiedete sich von den anderen in der Runde.

»Kommen Sie mit zum Parkplatz?«, fragte Hansen.

Kirchner schüttelte den Kopf. »Nein danke. Ich muss noch einmal zu den kleinen Königstigern im Haus, bevor ich mich auf den Heimweg mache.«

Hansen umrundete das Gebäude und wartete an der Einfahrt zum Parkplatz auf seine Frau. Von der Gartenseite drangen lautes Gejohle und Musik herüber, während Hansen langsam zwischen den Fahrzeugen entlangschlenderte. Es dauerte zwanzig Minuten, bis seine Frau erschien und ihn abholte.

ZWEI

Der kalendarische Sommer hatte vor drei Tagen begonnen. Tatsächlich dauerte die Schönwetterperiode schon etwas länger an. Das machte sich sofort in der Stadt bemerkbar. Die Restaurationsbetriebe hatten ihre Tische und Stühle ins Freie gerückt; Einheimische sowie die Gäste der bunten Stadt am Meer machten reichhaltig Gebrauch von diesem Angebot.

Erster Hauptkommissar Christoph Johannes bedauerte es, dass er, seitdem er mit seiner Partnerin Anna eine gemeinsame Wohnung auf Nordstrand bezogen hatte, bei diesem Wetter nicht mehr zu Fuß von seiner ehemaligen Wohnung in der Berliner Straße zur Husumer Polizeidirektion gehen konnte. Er hatte es genossen, zu früher Stunde die Stadt zu durchqueren, am Wasserturm in den Schlosspark abzubiegen und dieses besonders zur Zeit der Krokusblüte von zahlreichen Besuchern bestaunte Areal zu durchqueren. Jetzt führte ihn sein Weg aus England, dem Nordstrander Ortsteil, über den Damm zum Festland. Obwohl ihm die Strecke vertraut war, genoss er es immer wieder, zwischen dem Wattenmeer und dem einzigartigen Naturschutzgebiet Beltringharder Koog hindurch und weiter am Küstensaum in die Kreisstadt zu fahren. Sieben Jahre war er jetzt kommissarischer Leiter der Kriminalpolizeistelle, wie seine Dienststelle etwas umständlich im Amtsdeutsch hieß. Er, der Kieler, konnte es sich inzwischen nicht mehr vorstellen, an einem anderen Fleck als Nordfriesland zu leben und zu arbeiten.

Christoph hatte seinen Volvo hinter dem schmucklosen Bau an der Poggenburgstraße geparkt und das Gebäude durch den rückwärtigen Eingang betreten. Jetzt saß er in seinem Büro in der ersten Etage. Vom gegenüberliegenden Bahnhof vernahm er die Geräusche der anfahrenden Züge. Kurz darauf tauchte der blau-weiße Zug der Nord-Ostsee-Bahn Richtung Westerland auf. Von wenigen Ausnahmen abgesehen, trafen sich jede Stunde um halb die Züge am Husumer Bahnhof: Westerland, Hamburg, Kiel und St. Peter-Ording waren die Bestimmungsbahnhöfe. Dann war wieder für eine Stunde Ruhe. Das passte zu Husum, das nicht nur die Stadt der kurzen Wege, sondern auch der Beschaulichkeit zu sein schien, obwohl während der Saison durch die vielen Gäste eine rege Betriebsamkeit herrschte. Doch es war nicht die lärmende Atmosphäre der großen Metropolen, sondern eine ruhigere, von Gelassenheit geprägte Stimmung.

Christoph saß an seinem Schreibtisch und sah die Berichte zu den Ereignissen durch, die sich in der vergangenen Nacht zugetragen hatten. Die uniformierten Kollegen waren insgesamt drei Mal in die Straße »Neustadt« ausgerückt, in der sich zahlreiche Kneipen befanden. Leider war diese Gegend häufig das Ziel nächtlicher Einsätze. In Schobüll hatte es zwei Einbruchsversuche gegeben. Offensichtlich waren Amateure oder Anfänger am Werk gewesen, denn beide waren gescheitert und hatten nur ärgerlichen Sachschaden an den Terrassentüren verursacht. Auch in Oldenswort waren Diebe unterwegs gewesen. In Tönning hatte es eine handfeste Auseinandersetzung in einer Familie gegeben. Die zur Schlichtung eingesetzte Streife hatte im Bericht angemerkt, dass die Streithähne schon seit Langem polizeibekannt waren. Zu guter Letzt hatte man in der Hermann-Tast-Straße einen hilflosen Jugendlichen aufgegriffen, der mit Rauschmitteln vollgepumpt war und jetzt im Krankenhaus lag. Die beiden Gifties, wie die Beamten, die sich mit Rauschgiftdelikten befassten, intern genannt wurden, würden den jungen Mann verhören und versuchen, seine Quellen in Erfahrung zu bringen.

Christoph sah auf, als Oberkommissar Große Jäger aufstöhnte. Die speckige Lederweste mit dem Einschussloch auf der Vorderseite und das dunkle ungewaschene Haar mit den mittlerweile unübersehbaren Silberstreifen, das über den Kragen der Weste hing, waren seine Markenzeichen.

Große Jäger teilte sich mit Christoph aus alter Gewohnheit ein Büro, nachdem der dritte, Harm Mommsen, nach seinem Studium an der Polizeihochschule in Münster zum Kriminalrat befördert und als Leiter der Kriminalpolizei zur Direktion nach Ratzeburg versetzt worden war.

Der Oberkommissar kratzte sich seinen Bart, der wie ein beginnender Dreitagebart aussah, aber einzig darauf zurückzuführen war, dass Große Jäger es häufig am Morgen unterließ, sich zu rasieren.

»Können Menschen so dumm sein?«, fragte er, und als Christoph fragend eine Augenbraue in die Höhe zog, fuhr er fort: »Ich bearbeite den Vorgang ›Goldener Herbst Reisen‹.«

»Da liegen uns eine Reihe von Anzeigen wegen Betrugs vor«, warf Christoph ein.

»Richtig. Die uralte Masche. Meistens werden ältere Menschen zu einem angeblich preisgünstigen Tagesausflug zu einem attraktiven Ziel eingeladen. Dabei soll es ein hochwertiges Mittagessen und eine Unterhaltungsshow am Nachmittag geben. Das Ganze entpuppt sich dann als eine Verkaufsfahrt, auf der die Senioren eingeschüchtert und zum Kauf von überteuerten Produkten genötigt werden. Mit rechtlichen Mitteln ist den Veranstaltern selten beizukommen. Anzeigen werden fast nie weiterverfolgt, weil die Staatsanwaltschaft keine Handhabe gegen die Betrüger hat.« Große Jäger rieb sich das Kinn. »Ich würde zu gern das Haar in der Suppe finden, besonders bei diesem Veranstalter. Ich habe schon mit einigen der ausgenommenen Fahrgäste gesprochen, aber keinen Anhaltspunkt gefunden. Die Leute gehen sehr dreist vor. Sie verkaufen die Ware auf Ratenbasis und schließen dabei zusätzlich ein Kreditgeschäft mit einer ominösen Teilzahlungsbank ab, das vom eigentlichen Kauf losgekoppelt ist. Die Bank interessiert beim rigorosen Eintreiben der teils horrenden Raten nicht, dass die Ware Schund ist und schon lange nicht mehr gebrauchsfähig. Und Reklamationen laufen auch ins Leere.« Der Oberkommissar gab einen Knurrlaut von sich. »Ich werde mir dazu etwas einfallen lassen müssen«, sagte er, als Christophs Telefon klingelte.

»Neubürger, Klinikum Husum«, meldete sich eine sonore Männerstimme.

Christoph war erstaunt. Das Krankenhaus hatte sich noch nie bei der Polizei gemeldet. Bisher mussten die Beamten stets nachfragen. »Sie rufen an wegen der Einlieferung heute Nacht?«, fragte er.

»Heute früh«, korrigierte Dr. Neubürger.

»Der junge Mann«, sagte Christoph.

»Ich glaube, da liegt ein Irrtum vor. Ich bin Oberarzt in der Gynäkologie.«

Christoph war erstaunt. »Ja bitte?«, fragte er.

»Wir haben ein Missbrauchsopfer medizinisch aufgenommen und erstversorgt. Können Sie eine Beamtin vorbeischicken?«

Christoph sagte es zu.

»Liegt uns dazu etwas vor?«, fragte Große Jäger, nachdem Christoph ihm vom Anruf berichtet hatte.

»Nein. Offenbar ist das Opfer direkt ins Krankenhaus gebracht worden.« Er stand auf und ging zwei Zimmer weiter. »Moin, Hilke«, grüßte er die rotblonde Kommissarin mit dem wuscheligen Haar, der Stupsnase und den Sommersprossen.

»Moin«, erwiderte Hilke Hauck den Gruß und sah Christoph erwartungsvoll an.

»Wir haben eine Vergewaltigung. Das Opfer befindet sich in der Husumer Klinik. Ich bitte dich, mich zu begleiten.«

»Selbstverständlich«, sagte Hilke, stand auf und griff ihre Handtasche, die auf der Schreibtischecke lag.

Kurz darauf fuhren sie mit Christophs Volvo zum Erichsenweg.

Die Husumer Klinik war ein Haus des Klinikums Nordfriesland, das mit den weiteren Krankenhäusern in Niebüll, Tönning und in Wyk auf Föhr die medizinische Versorgung der Region sicherstellte.

Gegenüber dem heute als schnödes Bürohaus dienenden ehemaligen Parkhotel erhob sich das Klinikareal mit dem großen Bettenhaus, von dessen Südseite aus ein wunderbarer Blick über den Schlosspark bis zum Schloss vor Husum und der dahinterliegenden Altstadt möglich war. Rechts befand sich ein flacher Anbau, an dessen Spitze sich die Anfahrt für die Rettungsfahrzeuge befand.

»Das hat man für Wilderich und seine Kollegen errichtet«, sagte Christoph und zeigte auf einen gläsernen Pavillon vor dem Haupteingang, der für Raucher reserviert war. Zu dieser Jahreszeit standen die Nikotinsüchtigen vor dem Gebäude, zum Teil sogar im Bademantel, und frönten ihrer Leidenschaft.

Christoph schien es, als wenn alle Krankenhäuser nach dem gleichen Funktionsschema gestaltet waren. Hinter der großen Drehtür fanden sie sich im Foyer mit dem Empfangstresen wieder. Rechts lagen die Büros für die Aufnahme und die Verwaltung, links, hinter einer Glaswand versteckt, die Cafeteria. Eine große Orientierungstafel wies ihnen den Weg in die dritte Etage.

»Kann ich Ihnen helfen?«, wurden sie auf dem Flur von einer zierlichen Krankenschwester begrüßt. Christoph vermutete, dass die aparte junge Frau eine Philippinerin war.

»Wir möchten mit Dr. Neubürger sprechen«, bat Christoph.

Die junge Frau sah prüfend Hilke an. »Nehmen Sie bitte Platz«, wies sie auf eine Sitzgelegenheit auf dem Flur. Kurz darauf erschien der Oberarzt. Christoph schätzte den Mediziner mit den krausen Haaren höchstens auf Anfang vierzig. Er hatte die Fingerspitzen in den Taschen seines Arztkittels versteckt, während der Daumen außen über den Rand des Taschensaums eingehakt war. Dr. Neubürger kam mit elastisch federndem Schritt auf sie zu.

»Sie sind die Herrschaften von der Polizei?«, vermutete er.

Als Christoph nickte, bat er um die Vorlage der Dienstausweise. »Ich muss sichergehen, dass sich die Presse nicht unter einem Vorwand einschleicht«, erklärte er. »Würden Sie mir bitte folgen?« Er führte sie in das Arztzimmer. Der Raum war schlicht ausgestattet. Ein Schrank mit einer Glastür, hinter der sich Fachliteratur verbarg, zwei gegen die Wand gestellte Schreibtische und ein kleiner Besprechungstisch mit vier Stühlen.

»Die Patientin ist heute früh zu uns gekommen.«

»Mit einem Rettungswagen?«, unterbrach Christoph.

Der Arzt schenkte ihm einen Blick, der zeigte, dass er die Unterbrechung seiner Ausführungen nicht guthieß. »Sie wurde von ihrem Lebenspartner gebracht«, erklärte er dann. »Da die Patientin erkennbar traumatisiert war, hat uns der Mann über die Vorfälle informiert. Wir haben daraufhin eine eingehende Untersuchung vorgenommen. Eine gynäkologische«, schob Dr. Neubürger erklärend hinterher.

»Ich entnehme Ihren Worten, dass das Opfer zudem unter einem schweren Schock steht.«

»Natürlich! Ich beschränke mich hier aber zunächst auf die physischen Auswirkungen. Es ist unwiderlegbar, dass der Frau Gewalt angetan wurde. Wir konnten einwandfrei nachweisen, dass sie Geschlechtsverkehr hatte. Nach meiner Meinung weisen die Symptome eindeutig aus, dass es unfreiwillig erfolgte.«

»Also – eine Vergewaltigung«, sagte Christoph.

Dr. Neubürger nickte. »Ja«, sagte er und wirkte dabei fast geistesabwesend. Dann faltete er leicht die Hände. Christoph sah an den weiß hervortretenden Knöcheln, dass der Arzt die Hände kräftig gegeneinanderdrückte. Auch der schmale Mund, als er die Lippen zusammenpresste, zeugte von der inneren Anspannung des Mediziners. »Ohne Zustimmung der Patientin kann ich keine weiteren medizinischen Erklärungen abgeben.«

»Weist das Opfer noch weitere Merkmale einer Gewaltanwendung auf? Hämatome? Kratzspuren? Hautabschürfungen?«

Dr. Neubürger sah Christoph durchdringend an. »Davon können Sie ausgehen«, sagte er ausweichend. »Wir haben mit Zustimmung der Patientin Fotos gemacht. Außerdem habe ich einen Abstrich vorgenommen und sichergestellt. Natürlich liegt es im Ermessen der Patientin, ob Sie diesen für die Beweissicherung verwerten dürfen.«

Im Stillen zollte Christoph dem Arzt Respekt. Er hatte an vieles gedacht, was der Polizei bei der Suche nach dem Täter behilflich sein würde, ohne dabei seine ärztliche Schweigepflicht zu verletzen. Das war ein vorbildliches Vorgehen.

»Können Sie uns Informationen zum Tathergang geben?«, fragte Christoph.

Der Arzt schüttelte energisch den Kopf. »Dazu haben wir die Patientin nicht befragt. Das ist Ihre Aufgabe.« Dabei wies er mit seiner gepflegten schlanken Hand auf Christoph. »Uns interessieren ausschließlich die medizinischen Aspekte.«

»Wird das Opfer psychologisch betreut?«, fragte Christoph.

»Nur im Rahmen des Zuspruchs, der uns möglich ist«, sagte Dr. Neubürger. »Wir haben uns primär um die sichtbaren Verletzungen gekümmert.« Er legte die flache Hand aufs Herz. »Wie es hier drinnen aussieht … Da gibt es multiple Verletzungen. Mit Sicherheit. Die werden ganz schwierig zu heilen sein und Narben für das ganze Leben hinterlassen. Das ist die große Schweinerei bei solchen Taten.«

Obwohl Dr. Neubürger sich während des ganzen Gesprächs bemüht hatte, nüchtern Fakten aufzuzählen, und stets von der »Patientin« sprach, während Christoph den Ausdruck »Opfer« verwandte, konnte er seine emotionale Anteilnahme am Los der Frau nicht verbergen. Christoph hielt den Mann für einen außergewöhnlichen Arzt.

»Können wir mit dem Opfer sprechen?«, fragte er.

»Ich habe Bedenken angemeldet«, erklärte Dr. Neubürger. »Aber die Patientin hat sich wider meine Empfehlung bereit erklärt, kurz mit Ihnen zu sprechen. *Kurz!*«, fügte er mit Nachdruck an. Dann sah er Hilke Hauck an, die schweigend dem Gespräch gefolgt war. »Ihre Kollegin wird mit der Patientin sprechen. Sie nicht. Das kann ich nicht zulassen.« Der Arzt hatte deutlich gemacht, dass dies eine endgültige Entscheidung war.

»Kommen Sie«, forderte er die beiden Polizisten auf und verließ das Arztzimmer.

»Das Opfer ist stationär aufgenommen worden?«, fragte Christoph, als der Arzt sie über den Flur führte, von dem zahlreiche Bettenzimmer abgingen. Es herrschte die auf gesunde Menschen bedrückend wirkende Krankenhausatmosphäre: die breiten Türen mit dem metallbeschlagenen unteren Rand, die Lichtanzeige über den Türrahmen, die bei Notrufen aufleuchtete, die eintönig gestrichenen Wände und die Rollwagen mit dem abgeräumten Frühstücksgeschirr, Handtüchern, Bettwäsche und anderen Utensilien, die zum Krankenhausbetrieb gehörten. Dazwischen huschte wie emsige Arbeitsbienen das Pflegepersonal einher, während die Patientinnen entweder durch den Bademantel oder den langsamen Gang erkenntlich waren. »Teeküche«, »Dienstraum« und »Toilette für Patienten« war an einigen Türen angeschlagen.

Dr. Neubürger hielt vor einer Zimmertür. »Warten Sie hier«, wies der Arzt Christoph an, klopfte kurz, aber energisch an die Tür und verschwand, gefolgt von Hilke, im Raum. Der kurze Moment hatte gereicht, um einen Schwall typischer Krankenhausluft aus dem Zimmer auf den Flur strömen zu lassen.

Kurz darauf wurde die Tür erneut geöffnet, und ein schlaksiger junger Mann mit schütterem blonden Haar trat auf den Flur und sah sich suchend um.

»Moin«, sagte Christoph. »Gehören Sie dazu?«

»Wie, dazu?« Der Mann in schwarzer Jeans und einem dünnen gelben Pullover über dem Poloshirt sah übernächtigt aus. Dunkle Ringe lagen unter den Augen. Er war blass, und seine Hände zitterten leicht. Seine Stimme war voller Aggression.

»Johannes, Kripo Husum«, stellte sich Christoph vor.

»Ja«, sagte er knapp und zuckte nervös mit den Augenlidern.

»Sie sind der Lebenspartner?«, riet Christoph und erinnerte sich, dass das Opfer von ihm ins Krankenhaus begleitet worden war.

»Ich bin der Freund«, sagte der Mann und nagte an seiner Unterlippe.

»Kommen Sie.« Christoph fasste den jungen Mann vorsichtig am Ärmel des Pullovers und zog ihn sanft von der Stelle. »Lassen Sie uns ein paar Schritte gehen.« Er hoffte, durch die Bewegung ein wenig von der inneren Spannung abbauen zu können, unter der der Mann litt.

»Sie heißen?«, fragte Christoph und versuchte, es beiläufig klingen zu lassen.

»Piepgras. Wilken Piepgras.«

»Sie wohnen in Husum?«

»In der Matthias-Claudius-Straße, ein Stück hinter dem Kreisverkehr Richtung Kaserne. Das sind so rote Häuser, die quer zur Straße stehen.«

Die ausführliche Erklärung war überflüssig. Natürlich kannte Christoph die Häuser. Er ließ ihn aber gewähren. Damit konnte sich der Mann ein wenig Luft verschaffen.

»Sie leben dort mit Ihrer Partnerin?«, fuhr Christoph fort.

»Elena und Mitica wohnen in der Hebbelstraße. Die geht von der Woldsenstraße quer rüber zur Klaus-Groth-Straße«, erklärte Piepgras umständlich. »Das ist in der Nähe des AWO-Kindergartens. In den geht Mitica.«

»Das ist Elenas Tochter?«, fragte Christoph behutsam weiter.

Piepgras unterbrach die Wanderung über den langen Krankenhausflur und sah Christoph an. »Der Sohn«, erklärte er. »Mitica ist ein Jungenname. Das ist rumänisch.«

»Dann stammt Elena auch aus Rumänien?«

»Ja. Aus Oradea. Das ist eine Großstadt nahe der ungarischen Grenze.«

»Elena heißt mit Zunamen?«

»Elena Petrescu.«

Sie hatten ihre Wanderung über den Krankenhausflur wieder aufgenommen.

»Erzählen Sie mir etwas mehr über Elena«, bat Christoph.

»Sie ist eine wunderbare Frau«, begann Piepgras. »Wir kennen uns jetzt zwei Jahre. Ich bin Rettungsassistent beim Kreis Nordfriesland. Elena ist Krankenschwester. So haben wir uns kennengelernt.«

»Sie wohnen aber nicht zusammen?«

»Nein. Noch haben wir jeder unsere eigene Wohnung. Noch«, betonte der junge Mann. »Aber irgendwann werden wir zusammenziehen. Hoffentlich«, schob er bedächtig nach und zeigte mit dem Daumen über die Schulter in Richtung des Krankenzimmers. »So ein Verbrechen zerstört ein ganzes Leben.«

Sie gingen still ein paar Schritte bis zum Ende des Gangs und drehten um.

»Elena ist vor vier Jahren nach Deutschland gekommen.«

»Warum?«, fragte Christoph.

»Warum? Warum?« Piepgras klang zornig. »Ist das immer so wichtig, nach dem Grund zu fragen? Ihre Beziehung in Rumänien war zerbrochen. Miticas Vater hat sie sitzen lassen. Sie wollte ein grundlegend neues Leben beginnen. So ist sie nach Tönning gekommen und hat dort in der Klinik eine Anstellung gefunden. Die sind doch froh hier, wenn sie dumme und billige Pflegekräfte aus dem Osten bekommen können«, verfiel Piepgras in heftiges Schimpfen. »Die Einheimischen sind doch kaum noch bereit, für den Hungerlohn die schwere Arbeit in den Pflegeberufen zu verrichten.«

»Ist Elena geschieden?«

»Nein.« Er schüttelte den Kopf. »Sie war nie verheiratet.«

»Hat Elena den Job in Tönning aufgegeben?«

»Es war immer ein Drahtseilakt. Ich habe ja auch den steten Wechsel zwischen Tag- und Nachtschicht. Und Elena hat hier keine Angehörigen. So musste sie sich immer etwas einfallen lassen, um jemanden zu finden, der Mitica betreut. Natürlich wäre es für sie einfacher gewesen, von Hartz IV zu leben. Aber sie wollte unbedingt ihren Lebensunterhalt selbst bestreiten. So hat sie das Angebot in der ›Kurklinik Am Wattenmeer‹ angenommen und dort vor drei Wochen begonnen. Das war eine harte Zeit – diese drei Wochen. Das Personal hat bis zum Umfallen geschuftet, um rechtzeitig zur Eröffnung fertig zu werden. Es hatte an allen Ecken und Kanten gemangelt. Ja, und gestern Abend war dann die feierliche Eröffnung. Da waren all die da, die nichts, aber überhaupt nichts dazu beigetragen haben, dass alles geklappt hat, und die haben sich gegenseitig auf die Schulter geklopft, was für tolle Typen sie doch sind.«

Piepgras schwieg und presste die Lippen zu einem schmalen Strich zusammen. Christoph ließ ihm Zeit.

»Elena ist kurz vor Mitternacht nach Hause gekommen. Sie hat mich heute Nacht gegen vier angerufen. Ich habe sie zunächst überhaupt nicht verstehen können. Sie hat nur geweint und geschluchzt. Ich bin sofort zu ihr. Ich habe einen Schlüssel für die Wohnung«, schob Piepgras ein. »Sie lag auf ihrem Bett und hat nur geheult. Ein richtiges Häufchen Elend.« Piepgras schüttelte sich bei der Erinnerung an das Erlebte. »Ich habe zunächst keinen Ton aus ihr herausbekommen. Mir war aufgefallen, dass sie mich aggressiv abgewehrt hat, als ich sie in den Arm nehmen wollte. Sie hat richtig nach mir geschlagen. Ich war völlig perplex. Das hatte ich noch nie bei ihr erlebt. Nie!«

Piepgras hatte seine Wanderung unterbrochen und drehte sich zu Christoph um. »Sie ist wirklich nicht so«, beteuerte er. Dann ging er weiter.

»Ganz langsam kam es dann aus Elena heraus. Ich habe sie zuerst überhaupt nicht verstehen können. Und als ich ihre ersten Worte hörte, wollte ich es nicht glauben.«

Christoph räusperte sich. »Die Klinik hat einen Abstrich vorgenommen. Wir wollen hoffen, dass wir dabei DNA-fähiges Material gewinnen können. Hat Elena etwas zum Verlauf gesagt? Hat sie Namen genannt? Hat sie den Täter erkannt?«

»Verdammt noch mal, verstehen Sie das nicht?« Piepgras hatte so laut gesprochen, dass Patienten und Personal auf dem Flur auf die beiden Männer aufmerksam wurden und sie neugierig anstarrten.

»Für uns ist jede Sekunde wichtig. Sie wollen doch auch ...«

Piepgras streckte seinen Arm aus und zeigte in Richtung des Krankenzimmers. »Da drin liegt eine junge Frau, deren Leben man vielleicht zerbrochen hat. Mich interessiert im Augenblick nur, wie es Elena geht.« Der junge Mann schlug seine rechte Faust in die offene linke Handfläche, dass es knallte. Dann drehte er sich zu Christoph um und packte ihn am Revers. »Wenn ich das Schwein erwische, das verspreche ich Ihnen, dann mache ich es kalt.«

Christoph erkannte Piepgras' Aufregung und verstand dessen Zorn. Deshalb verzichtete er auf mahnende Worte, dass die Strafverfolgung ausschließlich Aufgabe der Staatsanwaltschaft und der Polizei war. Er fasste Piepgras vorsichtig am Ärmel und zog ihn sanft weiter.

»Kommen Sie«, sagte er. »Wir sollten einen Kaffee in der Cafeteria trinken.« Sie fanden einen Platz an einem Tisch nahe dem Fenster.

Christoph vermied es, noch einmal das Thema anzuschneiden. Mehr würde er von dem jungen Mann nicht erfahren. Stattdessen versuchte er Piepgras zu beruhigen, indem er ihn nach seinem Beruf fragte und durch geschicktes Nachhaken für Ablenkung sorgte.

Es dauerte eine weitere halbe Stunde, bis Hilke Hauck im Foyer erschien und sich suchend umsah. Sie entdeckte die beiden Männer in der Cafeteria.

»Ich wünsche Ihnen beiden alles Gute«, verabschiedete sich Christoph von dem jungen Mann, nachdem er sich dessen Kontaktdaten notiert und ihm seine Visitenkarte überreicht hatte.

Christoph hatte seinen Volvo gegenüber der Klinik auf den Stellplätzen vor dem Sportplatz geparkt und fand unter dem Scheibenwischer an der Windschutzscheibe ein in einer Plastikhülle verpacktes Strafmandat.

»Hast du zu wenig in die Parkuhr geworfen?«, fragte Hilke.

Christoph steckte die Verwarnung in die Jackentasche. »Das ist ein Gruß der Touristenstadt Husum«, sagte er. »Es wäre doch eine kreative Idee, auf die Hülle diesen Gruß aufzudrucken: Willkommen in Husum. Wie wäre es, auf die Rückseite zu schreiben: Wir danken für Ihren Besuch. Kommen Sie recht bald wieder.«

Ein leichtes Lächeln zeigte sich auf Hilkes Gesicht. Es wirkte aber sehr verzerrt. Christoph vermied es, auf dem kurzen Weg zur Polizeidirektion Fragen zu stellen. Er wusste, dass die Beamtin das Gehörte erst einmal selbst verdauen musste.

Auch Große Jäger stellte keine Fragen, als die beiden ins Büro zurückkehrten.

»Na, Tante Hilke?«, sagte der Oberkommissar. »Darf ich dir einen Kaffee besorgen?« Nachdem Hilke stumm genickt hatte, verschwand Große Jäger und kam kurz darauf mit einem Kaffeebecher wieder zurück. »Mit Milch«, sagte er.

Hilke trank einen Schluck. Dann begann sie zu berichten: »Das Ganze hat die Frau fürchterlich mitgenommen. Die Tat muss mit brutaler Gewalt geschehen sein. Elena Petrescu hat Todesangst ausstehen müssen, abgesehen von der Missbrauchshandlung selbst.«

»Ist sie …« Christoph stockte ein wenig. »… komplett vollzogen worden?«, fuhr er fort.

Hilke nickte. »Ja.«

»Hat das Opfer Einzelheiten zur Tatausführung machen können?«, fragte Christoph.

»Nein«, sagte Hilke. »Die Frau befindet sich in einem traumatisierten Zustand. Es scheint so, als hätte sie es nicht selbst erlebt, sondern dem Ganzen als Zeugin durch eine Nebelwand beigewohnt.«

»Sie muss aber doch den Täter erkannt haben?«, warf Große Jäger ein. »Das ist doch wichtig für uns.«

»Vermutlich ja«, erwiderte Hilke.

»Was heißt das?« Der Oberkommissar verstand es nicht. »Ist sie im Dunkeln von hinten überfallen worden? War der Täter jemand aus ihrer Umgebung? Oder war die Tat die unfreiwillige Folge eines zuvor einverständlichen Techtelmechtels, das aus dem Ruder gelaufen ist?«

»Bist du noch bei Trost?« Hilke war sichtlich erregt. »Was geht in euch Männern eigentlich vor? Glaubt ihr im Ernst, wenn eine Frau einem Mann ein Lächeln schenkt, dass sie sich ihm damit auch schon hingeben möchte?«

»So war das nicht gemeint«, entschuldigte sich Große Jäger. »Wir müssen aber ein wenig mehr wissen, um den Täter fassen zu können. Du weißt selbst, Tante Hilke, dass die ersten Stunden …«

»Ja – ja«, fuhr Hilke dazwischen. »Du hast ja recht. Aber jeder Theorie steht auch eine menschliche Komponente entgegen. Elena Petrescu hat einen solchen Schock erlitten, dass sie einfach nicht fähig ist, über das Erlebte zu sprechen.«

»Das verstehe ich«, sagte Große Jäger mit betont ruhiger Stimme. »Können wir etwas für dich tun?«

Hilke sah ihn an, bevor sie aufstand. »Wir werden professionell unsere Arbeit erledigen, wie man es von uns erwartet«, sagte sie entschlossen.

»Wilderich und ich werden zur Kurklinik fahren. Wenn der Tatort dort war, dann ...«

»Es war auf dem Gelände der Klinik«, unterbrach ihn Hilke. »Und die Tat steht im Zusammenhang mit der Eröffnungsfeier gestern Abend. Das habe ich den nicht zusammenhängenden Ausführungen des Opfers entnehmen können. Ich kümmere mich um die weiteren Dinge, sorge dafür, dass die DNA-Proben zur Rechtsmedizin nach Kiel kommen, und werde einmal sehen, ob wir in unserem Bereich Kandidaten haben, die für eine solche Tat in Frage kommen könnten.«

Kurz darauf saßen die beiden Beamten in Christophs Volvo und fuhren in Richtung der Gemeinde mit dem Namen Reußenköge, die mit knapp über dreihundert Einwohnern eine Bevölkerungsdichte von sieben Menschen per Quadratkilometer aufweist. Sie hatten den Husumer Stadtrand fast erreicht und umfuhren den neuen Kreisverkehr, der das Neubaugebiet an die alte Bundesstraße anschloss, als Christoph an Große Jäger sein Wissen weitergab.

»Ist bekannt«, erwiderte der Oberkommissar. »Damit haben die eine Bevölkerungsdichte wie der einsame Tschad im Herzen Afrikas. Zum schwarzen Erdteil gibt es zudem einen Bezug. Sönke Nissen, nach dem einer der Köge benannt ist, war als Eisenbahningenieur in Deutsch-Südwestafrika tätig. Auf ihn soll im Wesentlichen die heute unter Denkmalschutz stehende Bauweise der achtundzwanzig Höfe des Koogs zurückzuführen sein mit ihren weißen Wänden und den grünen Dächern.«

»Kompliment«, lobte Christoph. »Du bist gut informiert.«

Große Jäger lehnte sich im Polster zurück. »Kunststück. Schließlich lebe ich hier schon länger als du.«

In Struckum bogen sie von der Bundesstraße 5, der Lebensader Nordfrieslands, ab und fuhren in das Gebiet der Reußenköge hinein. Die Straße führte durch die weite, unendlich erscheinende Marsch und schien nur aus Flicken und Schlaglöchern zu bestehen. Große Jäger riet zu Christophs Erstaunen wieder einmal seine Gedanken.

»Auch wenn hier nur wenig Menschen leben, ist es kein Renom-

mee, wenn die Verkehrswege schlechter sind als russische Dorf-
straßen.«

»Woher kennst du die Wege durch abgelegene russische Gemeinden?« Christoph lächelte vergnügt in sich hinein.

»Ich habe mit einem Russen gesprochen«, log Große Jäger. »Der
hat mir erklärt, dass die Russen überhaupt nicht daran denken,
Mitglied der EU zu werden, solange der bayerische Verkehrsminister uns solche Straßenverhältnisse zumutet.«

Christoph zeigte auf die Fahrbahn. »Dieser Weg ist eine Lan-
desstraße. Kiel stand vor dem Problem, entweder dir die monatli-
chen Bezüge zu überweisen oder die Straße herzurichten.«

»Ich weiß nicht«, erwiderte Große Jäger. »Ich habe gehört, dass
man die Reparatur gestoppt hat, als du zum Ersten Hauptkommissar ernannt wurdest.«

Zur Rechten sah man im Hintergrund den Fernmeldeturm auf
dem Stollberg, mit knapp über vierzig Metern eine der höchsten
Erhebungen Nordfrieslands, und den bewaldeten Geestrücken im
Hintergrund. Christoph wies Große Jäger darauf hin. »Unser
Wald«, sagte er mit ironischem Unterton.

»Das ist die waldärmste Region Deutschlands«, murmelte der
Oberkommissar. »Hier werden zwei Bäume, die nebeneinander
stehen, schon als Wäldchen bezeichnet.«

Sie fuhren ein Stück durch den Koog, überwanden an einem
Durchbruch einen Binnendeich und bogen schließlich nach links
in die Stichstraße ab, die zum Amsinck-Haus und dem Deich-
übergang zum Damm Richtung Hamburger Hallig führte.

Das nach den bekannten Hamburger Kaufleuten benannte
Haus war ein Informationszentrum für die Gemeinden der Regi-
on. Am Ende der Straße war auf der rechten Seite, direkt am
Deich, die »Kurklinik Am Wattenmeer« entstanden. Ein größeres
Gebäude, das aber landschaftstypisch nur eine erste Etage und ein
Dachgeschoss aufwies, war in L-Form gebaut worden. Auf dem
Areal lagen noch weitere, etwas kleinere Häuser, die offenbar als
Wohnquartiere dienten. Sie alle hatten sich den anderen Bauten
im Sönke-Nissen-Koog angepasst, hatten weißes Mauerwerk und
giftgrüne Dächer. Ein gepflasterter Weg führte zum Hauptein-
gang, neben dem ein halbes Dutzend Plätze Parkmöglichkeiten für
Besucher boten. An zwei Fahnenmasten wehten die nordfriesi-

sche Flagge und eine andere, die Christoph unbekannt war. Neben dem Gebäudekomplex führte ein gewalzter Kiesweg auf die Rückseite. »Parkplätze«, stand auf einem Schild. Die Haltemöglichkeiten vor dem Haus waren alle belegt. Deshalb folgte Christoph dem Hinweis, stellte den Volvo auf dem Parkplatz ab und sah sich um.

»Was haben die gestern eingeweiht?«, fragte er. »Wenn man die vielen Fahrzeuge der Bauarbeiter und Handwerker sieht, mag man nicht glauben, dass der Bau fertig ist.«

Die rückwärtige Eingangstür stand sperrangelweit offen. Auf den Fliesen lagen dicke Lagen Wellpappe. Christoph hatte den Eindruck, dass noch überall gearbeitet, gebohrt und gehämmert wurde.

»Wo erreichen wir den Leiter?«, fragte er eine Frau im blauen Kittel, die sich mit einem Wischeimer an ihm vorbeischlängeln wollte.

»Herrn Zehntgraf? Dahinten, den Flur entlang. Zweite Tür links.« Dann schleppte sie ihren Eimer und einen Schrubber in der anderen Hand die Treppe hinauf.

Neben der Tür befanden sich zwei Bohrlöcher. Christoph vermutete, dass hier das Namensschild angebracht werden sollte. Die Tür stand offen. An einem Esstisch, der vollständig mit Papier und Akten bedeckt war, saß ein Mann in Hemdsärmeln. Er hatte den Kragen seines Hemdes weit geöffnet. In der rechten Hand hielt er ein Handy und sprach erregt in das Gerät, während die linke Hand abwechselnd in einem Ordner blätterte oder zu einem überquellenden Aschenbecher griff, die Zigarette aufnahm und an den Mund führte. Zwischen zwei Sätzen inhalierte der Mann hastig. Er sah auf, als die beiden Beamten im Türrahmen erschienen, widmete sich aber sofort wieder seinem Telefonat.

Christoph entnahm dem Gespräch, dass irgendein Lieferant Teile der Zimmereinrichtung nicht termingerecht würde liefern können. Als Zehntgraf das Gespräch beendet hatte, sah er erneut auf.

»Ja?«, fragte er gehetzt. Ihm war anzusehen, dass er über die unliebsame Störung nicht erfreut war.

»Polizei Husum«, sagte Christoph und trat in das Büro. Große Jäger folgte ihm, schob mit dem Fuß einen Umzugskarton zur Sei-

33

te, der mitten im Raum stand, und schloss hinter sich die Zimmertür.

»Sie sind der Geschäftsführer?«, fragte Christoph.

»Nein. Ich bin der Verwaltungsleiter. Polizei? Ist was passiert?«

»Sie heißen Zehntgraf?«, antwortete Christoph mit einer Gegenfrage.

Der Mann nickte.

»Sie haben gestern die Eröffnung der Kurklinik gefeiert.« Es war keine Frage, sondern eine Feststellung.

»Ja. Aber ich verstehe nicht ...«

»Gab es dabei irgendwelche besonderen Vorkommnisse?«

»Natürlich nicht. Wir sind ein seriöses Haus. Und Nachbarn gibt es auch keine, die sich über ein wenig Musik oder Gelächter hätten beklagen können.«

»Das meinen wir auch nicht. Sonst gab es keine weiteren Ereignisse?«

Zehntgraf wischte sich den Schweiß von der Stirn. Christoph war aufgefallen, dass der Mann schon bei ihrem Eintreten komplett nassgeschwitzt war. Die Augenlider flackerten nervös, um die Mundwinkel zuckte es. Die Hände waren unablässig in Bewegung. Der Verwaltungsleiter war am Ende seiner Kräfte.

»Ich weiß nicht, worauf Sie hinauswollen. Wir hatten eine ganze Reihe von Ehrengästen im Haus. Hochgestellte Persönlichkeiten.«

»Und sonst?«

»Ja – niemand. Nur unsere Mitarbeiter.«

»Das war alles?«

»Sicher.« Erneut fuhr sich Zehntgraf mit dem Unterarm über die Stirn. »Warten Sie. Die Handwerker und Bauarbeiter waren natürlich auch da.«

»Eine Ihrer Mitarbeiterinnen ist während oder nach Abschluss der Feier überfallen worden.«

»Das kann nicht sein.« Zehntgraf sah sie mit weit aufgerissenen Augen an.

»Doch.«

»Aber ... Das hätten wir doch gemerkt.« Er streckte den Arm Richtung Fenster aus. »Das Haus war doch voller Leute. Ist sie beraubt worden?«

Christoph legte eine kurze Pause ein. »Nein«, sagte er und musterte den Verwaltungsleiter eindringlich. Zehntgraf wich sofort seinem Blick aus.

»Die Frau ist vergewaltigt worden«, sagte Christoph schließlich. Zehntgraf schüttelte hektisch den Kopf. »Das kann nicht sein. Das geht doch gar nicht.«

Er wurde noch nervöser, als die beiden Beamten schwiegen.

»Wer soll es denn gewesen sein? Doch keiner von uns.«

»Deshalb sind wir hier«, sagte Christoph und machte einen halben Schritt Richtung Schreibtisch.

Zehntgraf rutschte ganz tief in seinen Stuhl, als würde er sich verkriechen wollen.

»Mich wundert eines«, sagte Christoph schließlich.

»Was denn?«, fragte der Verwaltungsleiter und unternahm gar nicht erst den Versuch, das Beben seiner Lippen zu verbergen.

»Sie haben noch gar nicht gefragt, wer das Opfer ist.«

Hilflos hob Zehntgraf die Hand, ohne etwas zu sagen.

»Elena Petrescu«, nannte Christoph den Namen.

»Schwester Elena«, kam es tonlos über Zehntgrafs Lippen. »Das kann doch nicht sein.«

»Es führt uns nicht weiter, wenn Sie immer wieder sagen: ›Das kann doch nicht sein.‹ Wir sprechen über traurige Tatsachen. Also noch einmal. Haben Sie etwas bemerkt?«

»Nichts. Es war ein wenig Trubel. Die Gäste waren fröhlich. Aber das sind doch alles ehrenwerte Leute, die über jeden Verdacht erhaben sind.«

»Einer unter ihnen war *zu* fröhlich«, mischte sich Große Jäger ein. »Wurde Alkohol ausgeschenkt?«

»Ja. Natürlich. Ein Gläschen Sekt, ein wenig Rot- oder Weißwein.«

»Auch harte Sachen?«

»Das war eine Feier, kein Besäufnis.«

»Es war also niemand übermäßig alkoholisiert?«

»Bestimmt nicht.« Zehntgraf hielt einen Moment inne und legte die Fingerspitzen gegen die Schläfe, als müsse er überlegen. »Die Bauarbeiter haben sich den Staub aus der Kehle gespült.«

»Ist das eine Umschreibung für ein Gelage?«, fragte Große Jäger eindringlich.

Zehntgraf spielte mit der Ecke eines Blattes Papier und knickte es zu einem Eselsohr um.

»Wenn man ehrlich ist … Da waren schon einige darunter, die ordentlich geschluckt haben.«

»Sekt und Wein?«

»Wo denken Sie hin? Die haben Bier getrunken. Und Aquavit.«

»Ich denke, es gab keine harten Sachen?«, hakte Christoph nach.

»Eigentlich nicht. Aber für die Arbeiter … Also, das war etwas anderes. Die sind auch unter sich geblieben.«

»Mit wem hatte Schwester Elena gestern Kontakt?«

»Kontakt? Ich verstehe Ihre Frage nicht. Unsere Mitarbeiterinnen haben beim Service geholfen.«

»Auch die Krankenschwestern?«

»Auch die Frauen aus der medizinischen Abteilung. Das ist richtig. Insofern dürfte Schwester Elena mit vielen Gästen gesprochen haben.«

»Wer hat sich besonders für die junge Frau interessiert?«

»Niemand! Lediglich aus der Gruppe der Bauarbeiter und Handwerker kamen ein paar, nun – sagen wir –, deftige Sprüche. Aber Sie wissen ja: Bellende Hunde beißen nicht.«

»Fehlt heute jemand?«

»Woher soll ich das wissen?«, schimpfte Zehntgraf aufgebracht. Dem Mann war anzusehen, dass er mit der Situation überfordert war. Und nicht nur damit.

»Wir benötigen eine vollständige Liste aller anwesenden Gäste des gestrigen Abends«, sagte Christoph.

Zehntgraf breitete die Hände über den Papier- und Aktenbergen aus. »Das ist unmöglich«, widersprach er.

»Alle!«, bekräftigte Große Jäger Christophs Forderung. »Und zwar«, dabei sah er auf die Armbanduhr, »bis in zwei Stunden. Spätestens!«

»Wie soll ich …?« Zehntgraf brach mitten im Satz ab und fasste sich theatralisch ans Herz. »Das ist alles zu viel.«

»Glauben Sie, Schwester Elena geht es besser im Husumer Krankenhaus?«, fragte Große Jäger.

»Das schaffen wir nie«, jammerte Zehntgraf. »Nicht nur das.

Ich habe doch gar keinen Überblick, welche Handwerker gestern Abend dabei waren. Glauben Sie, ich kenne jeden mit Namen?«

»Dann schreiben Sie uns die Namen der Betriebe auf.«

»Da sind doch viele Subunternehmer dabei. Die kenne ich nicht.«

»Los«, schnauzte ihn Große Jäger an. »In zwei Stunden. Und keine Ausrede.«

In diesem Augenblick flog die Tür hinter ihnen auf, und ein Mann im grauen Kittel stürzte herein.

»Chef«, keuchte er atemlos und hielt mitten in der Bewegung inne, als er die beiden Beamten gewahrte.

»Jetzt nicht«, schrie Zehntgraf. »Ich habe heute keine Zeit mehr. Für nichts und niemanden.«

Doch der Mann ließ sich nicht abwimmeln. Er schenkte den Polizisten einen raschen Blick, drängte sich an ihnen vorbei und stützte sich auf der vorderen Tischkante ab.

»Chef! Wir müssen die Polizei rufen. Dahinten, hinter dem Parkplatz. Da sind doch die neuen Heckenrosen als Begrenzung gepflanzt. Da habe ich heute nachgesehen. Chef! Da liegt eine Tote im Graben.«

Zehntgraf wurde kreidebleich. »Das ist nicht wahr«, hauchte er.

»Doch, Chef. Ich bin auch entsetzt. Mann! So etwas habe ich auch noch nicht erlebt.«

»Wir sind von der Polizei«, mischte sich Christoph ein. »Zeigen Sie uns bitte den Ort.«

Der Mann sah Zehntgraf an. Als der Verwaltungsleiter sich aber nicht rührte, drehte er sich um und sagte: »Kommen Sie mit.«

»Welche Funktion üben Sie hier im Haus aus?«, fragte Christoph den Mann mit dem fremdländischen Aussehen. Christoph vermutete, dass es sich um einen Türken handelte.

»Ich bin der Hausmeister.«

»Und Sie heißen?«

»Ömer Lütfü Yavuz. Aber alle sagen nur Lütfü zu mir.«

»Wann haben Sie die Entdeckung gemacht, Herr Lüftü?«

»Nicht Lüftü, sondern Lütfü«, korrigierte der Hausmeister. »Und ›Herr‹ sagt man nicht vor dem Namen.«

Der Hausmeister ging mit raschem Schritt voraus. Er überquerte den Platz vor dem Eingang und ließ die zwei Fahnenmasten mit der nordfriesischen sowie der unbekannten Flagge rechts liegen.

»Ich bin noch nicht dazu gekommen, die Flaggen wieder einzuziehen. Gestern Abend war hier allerhand los. Und gleich heute früh kamen wieder die ersten Handwerker. Am nächsten Dienstag sind die ersten Kurgäste angemeldet. Das ist bestimmt nicht zu schaffen.«

Lütfü bog zum großen Parkplatz ab, der durch mit Sträuchern bepflanzte Grünstreifen in verschiedene Bereiche unterteilt war. An einem Lieferwagen mit der Aufschrift eines örtlichen Elektrikerbetriebs waren zwei Handwerker im blauen Kittel damit beschäftigt, Werkzeug oder Material aus dem Fahrzeug zu holen. Angeregt diskutierten die beiden darüber, was sie in das Haus mitzunehmen hätten.

»Waren die beiden gestern Abend auch auf der Feier?«, fragte Christoph beiläufig.

»Ja«, nickte Lütfü. »Wolfgang war dabei. Heinz, das ist der Ältere, hatte gestern allerdings einen dringenden Termin auf einer anderen Baustelle.«

»Sie kennen alle Handwerker?«, bohrte Christoph nach.

»Nicht alle, aber viele. Ich bin seit drei Monaten hier beschäftigt und habe das ganze Chaos miterlebt. Da lernt man die Leute kennen. Viele zumindest.«

»Könnten Sie uns sagen, wer gestern mitgefeiert hat?«

»Ich weiß nicht, ob ich die alle zusammenbekomme. Garantieren möchte ich das nicht.«

»Das wäre aber sehr wichtig für uns«, sagte Christoph.

»Ich will es versuchen«, versprach Lütfü und verließ am anderen Ende des Parkplatzes die gekieste Fläche. Er umrundete ein sorgfältig geharktes Beet, in das Heckenrosen gepflanzt waren. Im Laufe der Jahre würden sie zu einem dichten Gestrüpp zusammenwachsen und eine unüberwindbare Barriere bilden. Jetzt, als Neuanpflanzung, sah es noch sehr dürftig aus.

»Gestern waren lauter wichtige Leute da«, erklärte Lütfü. »Da habe ich hier alles ordentlich hergerichtet.«

Sie gingen noch etwa fünf Meter, bis der Hausmeister abrupt stoppte und auf einen Graben zeigte. Erst aus dieser Position sah man den Frauenkörper, der auf der steilen Böschung lag und halb im brackigen Wasser eingetaucht war. Die weiße Jeans und die helle Strickjacke hatten sich mit dem Wasser vollgesogen, das einen scharfen Rand zog. Der linke Arm, das linke Bein und eine Körperhälfte lagen im Wasser, die andere Körperhälfte auf der Böschung. Das Gesicht war nicht zu sehen.

»Das war kein Unfall«, sagte Große Jäger. Auch Christoph hatte die aufgeplatzte Wunde und das vertrocknete Blut gesehen, das sich am Hinterkopf der Frau ausgebreitet hatte. Jemand hatte ihr den Schädel eingeschlagen. Aus der Distanz sah es aus, als hätte sie jemand von hinten niedergeschlagen.

»Wer ist das?«, fragte Christoph den Hausmeister, der wie gebannt auf die Tote starrte.

»Das ist ...«, setzte Lütfü an und unterbrach sich. Er schluckte heftig. »Das ist Schwester Heike. Die arbeitet bei uns in der Medizin.«

Christoph und Große Jäger wechselten einen raschen Blick. Das war nach Schwester Elena, die im Husumer Krankenhaus lag, die zweite Frau, der vermutlich etwas bei der Eröffnungsfeier der Klinik zugestoßen war.

»Schwester Heike war gestern auch anwesend?«

»Ja. Bis zum Schluss. Glaube ich zumindest«, antwortete der Hausmeister. »Bei dem Durcheinander hat man den Überblick verloren.«

»Und Schwester Elena? Sind die beiden zusammen gegangen?«

»Das weiß ich nicht. Ehrlich.«

»Wurde die Feier zu einem bestimmten Zeitpunkt beendet, zu dem alle gegangen sind?«

Lütfü schüttelte den Kopf. »Nein. Das kleckerte so vor sich hin. Zwischendurch sind immer wieder welche aufgebrochen. Ich bin kurz nach Mitternacht weg. Da saßen immer noch welche im Zelt und haben getrunken.«

»Erinnern Sie sich noch, wer das war?«

»Ja. Der Chef ...«

»Herr Zehntgraf?«

»Ja. Und ein paar von den Handwerkern.«

»Und alle anderen waren schon weg? Auch die Krankenschwestern?«

»Bestimmt. Von denen war keine mehr da.«

Der Hausmeister konnte den Blick von der Toten im Graben nicht abwenden. Christoph zog ihn am Ärmel ein Stück weg. »Kommen Sie. Den Rest erledigen wir nachher.« Währenddessen rief Große Jäger die Spurensicherung in Flensburg an. Christoph wusste auch, dass der Oberkommissar Dr. Hinrichsen anrufen würde, der in Husums Schlossgang eine Arztpraxis betrieb und in der Region der Polizei oft als Vertreter der im fernen Kiel ansässigen Rechtsmedizin wertvolle Hilfe geleistet hatte.

»Soll ich Anna grüßen?«, rief Große Jäger hinterher. Er meinte damit Christophs Partnerin Anna Bergmann, die bei Dr. Hinrichsen als Sprechstundenhilfe tätig war.

»Das erledige ich selbst«, sagte Christoph und stapfte mit dem Hausmeister zum Parkplatz zurück. Kurz bevor sie die bekieste Fläche erreicht hatten, hielt Christoph Lütfü zurück. Der sah ihn erstaunt an. »Vorsicht«, mahnte Christoph und wies auf Schleifspuren, die über die Ecke des geharkten Bodens führten. Daneben waren zwei schwache Fußabdrücke erkennbar.

»Wann haben Sie das hergerichtet?«, fragte Christoph.

»Gestern. So gegen Mittag, kurz bevor die Gäste kamen.«

Dann lag die Vermutung nahe, dass der Täter Schwester Heike an einer anderen Stelle erschlagen und sie im Schutze der Dunkelheit über diese Ecke zum Graben gezogen hatte.

Christoph kehrte noch einmal zu Große Jäger zurück, der sich vorsichtig über die Tote gebeugt hatte. »Du solltest die Hunde anfordern«, sagte er. »Der Mord ist an anderer Stelle geschehen.«

»Das vermute ich auch«, erwiderte Große Jäger. »Am Fundort gibt es keine Anzeichen dafür, dass die Tat hier verübt wurde.«

Christoph begleitete den Hausmeister zum Gebäudekomplex zurück. Lütfü war kurz nach Mitternacht gegangen. Er war der Meinung, zu diesem Zeitpunkt sei Schwester Heike nicht mehr anwesend gewesen. Um diese Jahreszeit erfolgte der Sonnenuntergang in dieser Gegend erst um zehn Uhr abends, überlegte Christoph. Daran schloss sich noch eine lange Dämmerung an. Richtig dunkel wurde es erst eine halbe Stunde vor Mitternacht. Und gestern war ein schöner wolkenloser Tag mit klarem Himmel gewesen. So könnte man vermuten, dass die Tat irgendwann im Dämmerlicht bis vor Mitternacht erfolgt war. Sie würden sich bei den Ermittlungen im ersten Schritt darauf konzentrieren müssen, ob sich eine Reihenfolge feststellen ließ, in der die Gäste das Fest verlassen hatten.

Willi Zehntgraf saß hinter seinem behelfsmäßigen Schreibtisch und sah gequält auf, als Christoph in sein Büro eintrat.

»Ist das wirklich erforderlich?«, fragte er.

»Sie sollten sich beeilen«, erklärte Christoph. »Schließlich haben wir auch noch einen Mordfall zu klären.«

»Oh mein Gott«, stöhnte der Verwaltungsleiter. »Wie sollen wir es schaffen, wenn Anfang nächster Woche die ersten Patienten kommen?«

»Verschieben Sie den Termin«, riet Christoph.

Zehntgraf sah ihn entsetzt an. »Sind Sie von allen guten Geistern verlassen? Wie soll das gehen?«

Christoph ging nicht auf die Klagelieder des Mannes ein. Er hatte den Termindruck nicht zu vertreten, unter den sich die Verantwortlichen selbst gesetzt hatten. Vielleicht war Zehntgraf selbst auch nur ein Opfer.

»Haben Sie die Liste schon fertig?«

Zehntgraf unternahm gar nicht erst den Versuch, den Schweiß von der Stirn zu wischen. Er ließ die Tropfen über die Nase und die Lippen auf das Papier vor sich tropfen. »Ich drucke Ihnen eine Personalliste aus«, sagte er.

»Das ist ein hoffnungsvoller Anfang«, erwiderte Christoph. »Und wenn Sie die Mitarbeiter streichen, die gestern nicht anwesend waren, haben wir schon einen Teil der gewünschten Namen. Haben Ihre Mitarbeiter Angehörige einladen dürfen?«

»Wo denken Sie hin? Das war doch keine Familienfeier.«

Christoph erkundigte sich, ob es noch mehr leitende Mitarbeiter außer dem Verwaltungsleiter gebe.

»Dr. Aufgänger. Das ist der ärztliche Leiter. Und dann natürlich die Abteilungsleiter von Küche und Hausdienst sowie den sozialen Diensten.«

»Wo finde ich den Doktor?«

»Ich bringe Sie hin«, bot sich Lütfü an und führte Christoph, nachdem Zehntgraf genickt hatte, über den Flur in das Arztzimmer. »Der Doc ist ganz okay«, erklärte der Hausmeister, der sich mittlerweile in der Rolle des Polizeiassistenten zu gefallen schien.

»Manchmal macht er ein paar komische Bemerkungen. Und er ist nicht schwul.« Dabei zwinkerte Lütfü Christoph zu. »Manche im Haus nennen ihn auch Draufgänger.«

Christoph sah den Hausmeister fragend an: »Weil er Dr. Aufgänger heißt. Und wenn man das zusammen ausspricht, kommt es zur Verballhornung des Namens.«

»Zu was?«, fragte Lütfü, der ausgezeichnet Deutsch sprach, aber diese Vokabel nicht kannte. Christoph erklärte sie ihm.

»Genau.«

»Und wie kommt der Arzt zu diesem Namen?«

»Er mag Mädchen. Und Frauen. Ich habe ihn beobachtet, wie er alle Frauen anfasst. Am Arm, auf dem Rücken, manchmal auch am Hintern.« Lütfü griente verschwörerisch. »Na ja, nicht alle. Aber, Sie wissen schon …«

»Auch Schwester Elena und Schwester Heike?«

»Ich bin nicht immer dabei«, erwiderte Lütfü. »Für einen Hausmeister gibt es sehr viel zu tun. Aber«, dabei nickte er ernst, »gesehen habe ich das schon.«

»Und wie haben die Frauen reagiert?«

»Schwester Elena ist rot geworden und hat sich schnell entfernt. Schwester Heike hat ihn angeknurrt und irgendetwas gesagt, was ich nicht verstanden habe.«

»Gibt es noch mehr Krankenschwestern?«

»Ja, noch eine. Schwester Beate. Die hat sich aber nicht gewehrt. Zumindest sah es nicht so aus. Soweit mir bekannt ist, werden aber noch zwei weitere Schwestern gesucht.«

Der Mediziner stand in Jeans und offenem Polohemd, aus dem am Hals graue Brusthaare hervorquollen, vor einem Notebook und führte Selbstgespräche. »Warum geht der Mist nicht«, schimpfte er.

»Moin«, grüßte Christoph, als er in den Raum eintrat. »Mein Name ist Johannes, Kripo Husum.«

»Guten Tag«, erwiderte der Arzt und bekundete mit dieser Art der Erwiderung, dass er nicht von der Küste stammte.

»Sie sind der Leiter der medizinischen Abteilung und Vorgesetzter der drei Krankenschwestern?«

Dr. Aufgänger antwortete nicht. Seine Körperhaltung bestätigte aber Christophs Feststellung.

»Ich habe schlechte Nachrichten für Sie, Schwester Elena und Schwester Heike betreffend.«

In den Augen des Arztes blitzte es auf. »Beide sind heute nicht zur Arbeit erschienen. Wir haben alle Hände voll zu tun. Wer feiert, muss am nächsten Tag wieder fit sein. Nachlässigkeiten kann ich nicht dulden.«

»Ich fürchte, Schwester Heike wird Ihnen nicht mehr zur Verfügung stehen. Und Schwester Elena wird eine ganze Weile ausfallen, sofern sie überhaupt zurückkehren wird.« Christoph hatte mit Bedacht ausweichend formuliert. Er wollte an der Reaktion des Arztes feststellen, ob Dr. Aufgänger diese Informationen überraschten. Der Mediziner hatte sich in der Gewalt. Durch die Gläser der dunklen Hornbrille sah er Christoph an. Kein Muskel zuckte in seinem Gesicht. Er fuhr sich nicht nervös mit der Hand durch den grauen Bürstenhaarschnitt oder den Vollbart.

»Was wollen Sie damit sagen?«

Christoph hatte den Dialekt, mit dem Dr. Aufgänger sprach, noch nicht eindeutig zuordnen können. Die Heimat des Arztes könnte die Pfalz oder das Saarland sein, überlegte Christoph.

»Schwester Heike ist tot. Und ihre Kollegin ist missbraucht worden.«

Dr. Aufgänger öffnete den Mund und schnappte nach Luft. »Das ist ja entsetzlich«, sagte er und schien erst jetzt den Hausmeister wahrzunehmen, der immer noch hinter Christoph stand. »Haben Sie nichts zu tun, Lütfü?«, sagte er barsch.

Lütfü murmelte etwas Unverständliches und entfernte sich rasch.

»Wie ist das passiert?«, wollte der Arzt wissen.

Christoph berichtete von dem, was sie bisher wussten. Dabei vermied er es, von den ohnehin dürftigen Einzelheiten zu erzählen. »Was haben Sie gestern Abend gemacht?«, fragte er zum Abschluss.

»Ich?« Es klang wie ein Aufschrei.

»Wir müssen jeden Gast befragen.«

»Es ist doch absurd, *mich* zu verdächtigen. Ich bin der Leiter der Abteilung und *Arzt*.«

»Unsere Ermittlungen erfolgen ohne Ansehung der Person.«

»Lächerlich!« Dr. Aufgänger schaffte es, in dieses eine Wort die ganze Verachtung, die er gegenüber Christoph empfand, zu verpacken. »Ich bin nicht bis zum Schluss geblieben. Irgendwann bin ich aufgebrochen.«

»Welche Uhrzeit?«

»Das weiß ich doch nicht. Ich bin direkt nach Hause gefahren. Nach Breklum. Dort habe ich als Übergangslösung eine kleine Wohnung. Und Zeugen gibt es dafür nicht.«

Christoph sah auf die Hände des Arztes. »Sie sind nicht verheiratet?«

»Was hat das damit zu tun?« Dr. Aufgänger war zornig. Sein Gesicht mit den ausgeprägten Aknenarben wies einen rosigen Schimmer auf. »Ich habe eine Lebenspartnerin, die aber noch nicht in den Norden gezogen ist. Sie wohnt noch in Winnweiler. Das ist in der Pfalz.«

»Sehen Sie sich regelmäßig?«

»Jetzt hört es aber auf«, schimpfte der Arzt. »Muss ich meine ganz persönlichen Lebensverhältnisse vor Ihnen ausbreiten?«

»Ja«, sagte Christoph knapp. »Wir können das Ganze allerdings auch als Verhör auf der Husumer Polizeidirektion durchführen. Dann dürfen Sie gern Ihren Anwalt mitbringen.«

Dr. Aufgänger hielt mitten in der Bewegung inne. Christoph bemerkte deutlich, dass seine Anmerkung den Arzt hatte aufhorchen lassen. Er wollte dem Mediziner nicht erklären, dass es Hinweise auf dessen offenbar lockeren Umgang mit weiblichen Mitarbeitern gab. Vielleicht nahm der Arzt die räumliche Trennung von seiner Partnerin auch zum Anlass, ein wenig großzügiger auf Frauen einzugehen.

»Im Augenblick ist es schwierig«, gestand der Arzt ein. »Vor der Eröffnung gibt es mehr Arbeit, als wir zunächst angenommen hatten. Da blieb keine Zeit für Heimfahrten. Wir haben uns jetzt fast zwei Monate nicht gesehen.«

Das ist eine lange Zeit, dachte Christoph und sah sich um, ob jemand ihrem Gespräch lauschte. »Haben Sie mit einer Ihrer Mitarbeiterinnen ein Verhältnis gehabt?«

»Ich bin nicht bereit, weiter mit Ihnen zu sprechen«, sagte der Arzt und umrundete den Schreibtisch. »Das ist doch absurd, was Sie hier von sich geben.« Es schien, als wollte er den Raum verlassen. Christoph stellte sich ihm in den Weg. »Es wäre einfacher, wenn Sie offen mit mir sprechen würden. Als Mediziner wissen Sie, dass wir einen DNA-Abgleich vornehmen werden.«

»Von mir erhalten Sie keine Probe«, antwortete Dr. Aufgänger energisch.

»Entweder erledigen wir es geräuschlos, oder ich besorge mir einen richterlichen Beschluss«, sagte Christoph.

»Von mir *nicht*!« Der Arzt machte mit der rechten Hand eine Wischbewegung vor seiner Stirn, um damit anzudeuten, was er von Christophs Ansinnen hielt. Das war eine nonverbale Beleidigung.

»Haben Sie gestern gesehen, wann die beiden Krankenschwestern gegangen sind? Eventuell in Begleitung?«

»Bin ich der Hüter des Privatlebens meiner Mitarbeiterinnen? Warum hätte ich das beobachten sollen? Es handelt sich um erwachsene Menschen, die selbst auf sich achten können.«

»Mit fatalen Folgen. Eine der Frauen ist tot. Ermordet«, rief Christoph die Ereignisse in das Bewusstsein des Arztes zurück.

Dr. Aufgänger seufzte tief. »Das ist tragisch. Menschlich höchst bedauerlich und unfassbar. Aber ich habe damit nichts zu tun. Suchen Sie Ihre Täter. Und zwar schnell. Es ist untragbar, welches Licht diese Ereignisse auf diese Klinik werfen. Anstatt mir hier unbotmäßige Fragen zu stellen, sollten Sie Ihren Job erledigen.«

»Würden Sie sich bitte darauf beschränken, meine Fragen zu beantworten?«

»Ich möchte nichts Schlechtes über die beiden sagen«, entschloss sich der Arzt nach einer Weile doch zu antworten. »Schwester Elena ist eine sehr attraktive Frau. Da ist es nicht verwunderlich, wenn sie die Blicke der Männer auf sich zieht. Und Schwester Heike ... Na ja. Ein Kind von Traurigkeit ist die nicht.«

»War«, korrigierte Christoph.

Zum ersten Mal wirkte Dr. Aufgänger nachdenklich, als würde ihm erst jetzt bewusst werden, dass seine Mitarbeiterin ermordet worden war. »Entschuldigung«, sagte er knapp. Dann gab er sich einen Ruck. »Gestern waren auch viele Bauarbeiter anwesend. Sicher haben die sich durch ihren Einsatz die Teilnahme mehr als verdient. Leider haben manche der Anwesenden dem Alkohol mehr zugesprochen, als gut war. Und diese Droge enthemmt. Ob da etwas aus dem Ruder gelaufen ist …? Ich weiß es nicht.«

»Wollen Sie damit andeuten, dass die beiden Frauen sich in eine Situation begeben haben könnten, die sie nicht mehr kontrollieren konnten?«

»Beide sind lebensfroh. Und im Verlauf des Abends wurden manche Gäste immer lockerer. Ich habe nicht beobachtet, wie das Trinkverhalten der beiden Frauen war.«

»Hat sich einer der Gäste besonders hervorgetan?«

Dr. Aufgänger hob abwehrend beide Hände in die Höhe. »Dazu kann ich nichts sagen.«

Christoph musterte den Arzt. Er schien erstaunlich gefasst zu sein. »Ihnen sind fünfzig Prozent Ihrer Abteilung ausgefallen. Macht Sie das nicht nervös? Am Dienstag kommen die ersten Patienten.«

»Ändert Hektik etwas an der Situation? Da sollte man einen klaren Kopf bewahren. Eine erschrockene Kopflosigkeit wie bei Zehntgraf führt nicht weiter.«

»Und Sie haben einen klaren Kopf?«

»Ja. Ganz sicher.«

»Sie hören von uns«, sagte Christoph. »Und den Inhalt unseres Gesprächs werden wir noch zu Protokoll nehmen müssen.«

»Sie sollten den Täter finden«, rief ihm der Arzt hinterher, als er den Raum verließ, »und sich nicht in die Bürokratie flüchten.«

Nach diesem Gespräch rief Christoph Hilke Hauck an und berichtete von der Entdeckung der Toten. Die Kommissarin zeigte sich ebenso überrascht wie betroffen.

»Das muss eine sonderbare Eröffnungsfeier gewesen sein«, stellte sie fest. »Ich habe inzwischen veranlasst, dass die DNA-Proben aus dem Krankenhaus und die Fotos sowie die Kleidung, die Elena Petrescu gestern trug, zur Kriminaltechnik nach Kiel überstellt werden. In der Klinik bemüht man sich um die Patientin. Leider wird vor Montagmittag kein Psychologe zur Verfügung stehen, um mit Frau Petrescu zu sprechen. Bis dahin hat Dr. Neubürger jeden Kontakt zum Opfer abgeblockt. Diese Quelle sprudelt derzeit also nicht.«

»Hast du wenigstens einen winzigen Hinweis auf den Täter erhalten?«, fragte Christoph.

»Leider nicht.«

Das wäre der beste Weg gewesen, um bei diesen Ermittlungen voranzukommen, dachte Christoph.

»Kannst du Erkundigungen über Dr. Wolfgang Aufgänger einholen?«, bat Christoph. »Wahrscheinlich hat er vor seiner Zeit bei uns in Rheinland-Pfalz gelebt.«

Hilke versprach es, bevor sie das Gespräch beendeten.

Christoph kehrte in das Zimmer des Verwaltungsleiters zurück. Zehntgraf empfing ihn mit einem gequälten Gesichtsausdruck und wedelte mit zwei Blatt Papier. »Das ist die Liste der Mitarbeiter. Ich habe zwei Namen handschriftlich dazugetragen und ein Kreuz hinter denen gemacht, die gestern nicht dabei waren.«

Christoph warf einen flüchtigen Blick auf das Papier und wollte die Namen zählen.

»Einschließlich der Ergänzungen sind es siebenundvierzig«, sagte Zehntgraf. »Vier waren gestern nicht anwesend.«

Das waren immer noch genug, überlegte Christoph. »Danke. Und jetzt benötige ich eine Übersicht über die Gäste. Notieren Sie bitte zum Namen jeweils die Funktion, in der die Leute hier waren. Vorab würden mich noch die Namen der Handwerksbetriebe interessieren.«

»Ich kann Ihnen nur die nennen, die direkt beauftragt sind. Über die eingesetzten Subunternehmer habe ich keinen Überblick«, stöhnte Zehntgraf.

Christoph warf einen Blick auf die Namensliste. Er fand Elena Petrescu und Dr. Aufgänger. Hinter beiden Namen war ein »MED« verschlüsselt. Christoph vermutete, dass es das Kürzel für die medizinische Abteilung war. Schwester Heike hieß mit Zunamen Bunge. Es gab noch eine weitere Mitarbeiterin, die die Abteilung komplettierte: Beate Rösner.

Auf dem Weg zum Ausgang kam er noch einmal am Arztzimmer vorbei. Dr. Aufgänger unterhielt sich mit einer Frau, die leger gekleidet war. Christoph sah von hinten nur ihr nussbraunes Haar, das bis zwischen die Schulterblätter reichte. Die Frau musste Aufgängers kurzes Abschweifen mit den Augen registriert haben. Sie drehte sich um. Christoph sah ein schmales Gesicht mit einer spitzen Nase und eng beieinanderliegenden Augen. Die Frau musterte Christoph durch die Gläser einer schmalen Brille aus dunklem Horn.

»Sie sind Frau Rösner?«, riet Christoph und streckte der Frau die Hand entgangen.

»Schwester Beate«, erwiderte sie. »Das ist hier die gebräuchliche Anrede.«

»Sie haben von Dr. Aufgänger erfahren, was passiert ist?«

Sie nickte. »Das ist schlimm«, sagte sie leise. »Man mag es nicht glauben. Ich kenne beide gut. Wir sind Kolleginnen.«

»Wann sind Sie gestern Abend gegangen?«

Schwester Beate wechselte einen raschen Blick mit Dr. Aufgänger. »Gegen halb zwölf«, sagte sie.

»Allein?«

Sie schluckte. »Wieso fragen Sie?«

»Es könnte sein, dass eine Ihrer Kolleginnen Sie bis zum Parkplatz begleitet hat.«

»Nein«, antwortete sie schnell. »Ich bin allein gegangen.«

»Und dann direkt nach Hause gefahren?«

»Jaaa«, sagte sie gedehnt. »Nach Almdorf. Dort haben wir ein Haus gemietet.«

»Sie und Ihr Mann?«

»Mein Freund.«

»Waren die beiden Frauen noch da, als Sie gegangen sind?«

»Ich glaube – ja«, antwortete sie zögerlich.

»Können Sie das präzisieren?«

»Ich habe Herrn Zehntgraf gefragt, ob er meine Anwesenheit noch benötigt. Dann bin ich nach Hause gefahren. Ich glaube, Heikes Auto noch auf dem Parkplatz gesehen zu haben. Sie selbst …?«

Schwester Beate zuckte mit den Schultern. »Kann sein, dass sie noch irgendwo in ein Gespräch vertieft war.«

»Wer war denn noch da?«

»Eine Gruppe mit Handwerkern. Die hatten aber schon ordentlich getrunken. Und ein paar Offizielle. Herr Zehntgraf, der Architekt, Monsignore Kuslmair.«

Christoph sah den Arzt an. »Und Herr Dr. Aufgänger?«

Auch Schwester Beate blickt zum Mediziner. »Der war schon weg«, sagte sie schnell.

»Danke«, mischte sich der Arzt ein. »Ich wusste nicht genau, wann ich gegangen bin. Ich habe nicht auf die Uhr gesehen. Er da«, dabei zeigte der Arzt auf Christoph, »hat mich vorhin danach gefragt.«

»Was für ein Wagen fährt Schwester Heike?«

»Einen grünen VW Polo, ein älteres Modell«, sagte Schwester Beate.

»Sie hören von uns. Alle beide«, sagte Christoph und ging über den Parkplatz zum Fundort der Toten zurück.

Große Jäger stand ein wenig abseits und rauchte. »Ich habe die Gegend abgesucht«, erklärte er, »aber keine Tatwaffe gefunden. Es könnte sein, dass die Frau mit einem stumpfen Gegenstand erschlagen wurde, vielleicht eine Flasche. Aber das ist sehr spekulativ.«

»Unser Sherlock Holmes von der Westküste«, lästerte Christoph. »War die Flasche leer? Oder hat der Täter hinterher noch einen Schluck zur Beruhigung genommen?«

»Es kann doch auch eine Täterin gewesen sein«, warf der Oberkommissar ein.

Christoph wiegte den Kopf. »Natürlich müssen wir uns alle Optionen offenhalten. Eine Frau schlägt nur in besonderen Situationen zu, zum Beispiel in Notwehr. Dann schleift sie aber in der Regel das Opfer nicht über einen Parkplatz, um es zu verbergen.«

»Wie vorsätzlicher Mord sieht es auch nicht aus«, entgegnete Große Jäger. »Dann hätte der Täter die Leiche woanders versteckt. Hier musste sie ja gefunden werden. Das war nur eine Frage der Zeit.«

»Schwester Heike fährt einen grünen Polo. Der Wagen müsste noch auf dem Parkplatz stehen.« Die beiden Polizisten sahen suchend über den Platz.

»Dahinten.« Der Oberkommissar streckte die Hand aus. »Neben dem Pritschenwagen der Tischlerei.«

Wenig später standen sie vor dem Kleinwagen. Christoph sah ins Innere. Auf dem Rücksitz lagen mehrere leere Einwegflaschen. Die Sorte gab es bei einem bekannten Discounter. Vom Innenspiegel baumelte ein Anhänger. Christoph erschien es wie ein Mobile, an dem bunte Federn befestigt waren. Er sah erstaunt auf, als ihn Große Jäger zur Seite zog und auf die Fahrertür und den Bereich davor zeigte.

»Das sieht aus wie Blut«, stellte Christoph fest. »Soll das heißen, dass die Frau erschlagen wurde, als sie ins Auto einsteigen wollte? Was ist geschehen, dass sie von jemandem verfolgt wurde?«

Sie wurden durch einen Mercedes Kombi abgelenkt, der auf den Parkplatz einbog. Der Fahrer suchte sich eine Lücke, stieg aus und sah sich um. Er entdeckte die beiden Beamten und kam auf sie zu.

»Moin, Dr. Hinrichsen«, begrüßte Christoph den Husumer Mediziner und gab einen kurzen Überblick über das, was sie bisher festgestellt hatten. Er war noch beim Erzählen, als ein älterer VW LT eintraf. Es war das Fahrzeug der Spurensicherung der Flensburger Bezirkskriminalinspektion. Als Erstes entstieg dem Fahrzeug ein kleinerer Mann mit fast lichtem Haupthaar.

»Moin, Klaus.« Christoph ging auf Hauptkommissar Jürgensen zu. Der zeigte auf das Gebäude.

»Da drin?«, fragte er. »Und rundherum ist alles geputzt, idealerweise von einer gründlichen Reinigungskraft, die alle Spuren vernichtet hat.«

»Die Leiche liegt in einem Graben«, mischte sich Große Jäger ein. »Und bevor du wieder fluchst über den Fundort, möchte ich dich darauf hinweisen, dass wir die Tote vor fünf Monaten entdeckt haben. Da ich aber weiß, dass du bei Kälte und Regen nicht gern in Gräben herumstolzierst, haben wir bis heute gewartet.« Der Oberkommissar zeigte zum strahlend blauen Himmel. »Wir haben schönes Wetter, es ist angenehm warm, und das brackige Wasser rund um den Fundort haben wir in den letzten zwei Wochen mit Waschmittel zu reinigen versucht. Zufrieden?«

Jürgensen sah Christoph an. »Habt Ihr keine Pförtnerloge in Husum? Für anderes ist der doch nicht zu verwenden.«

»Immerhin kann ich dir sagen, dass der Mörder von der Ostküste stammt«, griente Große Jäger und fuhr fort, als ihn Jürgensen fragend ansah. »Erstens mordet der Nordfriese nicht. Und wenn, dann erledigt er es in der guten Stube, nachdem er sich zuvor die Hände gewaschen, die Schuhe geputzt und die Haare gekämmt hat, damit du deinen klinisch reinen Tatort vorfindest.«

Jürgensen wollte antworten, zog aber plötzlich mehrfach die Nase kraus, als müsse er einen imaginären Duft besonders intensiv wahrnehmen, dann beugte er den Kopf in die Armbeuge und nieste.

»Das ist aber nicht die vornehme Art«, lästerte Große Jäger. »Wie gut, dass der Freiherr von Knigge schon tot ist.«

»Der hat seine Weisheiten von sich gegeben, als es noch keine Spurensicherung gab«, erwiderte Jürgensen und ließ sich von Christoph einweisen. Dann gab er seinen beiden Mitarbeitern erste Anweisungen, nachdem sich die Beamten in ihre Schutzanzüge gezwängt hatten.

»Wir haben Spürhunde angefordert«, erklärte Christoph. »Vielleicht können die den Weg, den das Opfer zurückgelegt hat, zurückverfolgen. Derzeit sieht es so aus, als wäre die Frau vor ihrem Auto erschlagen worden. Dann hat der Täter sie offensichtlich in den Graben gezogen. Das beweisen unter anderem die Schleifspuren an der Hecke am Ende des Parkplatzes.«

Christoph überließ es Große Jäger, mit den Spurensicherern und Dr. Hinrichsen zum Fundort der Leiche zurückzukehren. Er selbst ging ins Klinikgebäude und suchte den Hausmeister. Er fand Lütfü in der Küche. Um ihn hatte sich eine größere Gruppe des Küchenpersonals geschart, die aufmerksam seinen Erzählungen folgte. Der Hausmeister sah erschrocken auf, als Christoph eintrat und automatisch die Blicke der Leute auf sich zog.

»Das ist der Kriminalbeamte«, erklärte Lütfü rasch und schob, zu Christoph gewandt, hinterher: »Natürlich wollen alle wissen, was passiert ist.«

»Natürlich«, sagte Christoph, winkte ihn zu sich heran und schob ihn aus dem Küchenbereich. »Sie kennen Schwester Heikes Auto?« Nachdem Lütfü genickt hatte, fuhr Christoph fort: »Welche Autos standen gestern Abend neben dem grünen Polo?«

Der Hausmeister musste nicht lange überlegen. »Der war eingekeilt zwischen dem Transit der Maurer und dem Honda von Schwester Beate. Etwas weiter stand der Transporter der Elektriker. Das ist ein schwarzer Mercedes Sprinter.«

»Moment«, sagte Christoph und ging zum Parkplatz. Dort war mittlerweile einer der Beamten aus Jürgensens Kommissariat mit der Spurensicherung bei dem Polo beschäftigt. Direkt daneben stand ein grauer Honda. »Ist das Schwester Beates Wagen?«

»Genau.«

»Stehen die Autos der Mitarbeiter immer am selben Platz?«

»Nö«, erwiderte Lütfü. »Es gibt keine festen Plätze. Die parken so, wie es sich gerade ergibt.«

Christoph bat den Hausmeister, einen Moment auf ihn zu warten. Rasch kehrte er ins Gebäude zurück und klopfte pro forma an die Tür des Arztzimmers, bevor er sie aufriss. Erschrocken fuhr Schwester Beate, die auf einem Stuhl vor dem behelfsmäßigen Schreibtisch saß, herum. Ihre Hand, die eine glimmende Zigarette hielt, zitterte merklich. Auch der Arzt wirkte überrascht.

»Parken Sie immer an derselben Stelle?«, fragte Christoph die Frau.

»Nein«, antwortete sie zögerlich. »Da, wo frei ist.«

»Warum haben Sie heute früh genau dort geparkt, wo Sie gestern Ihr Fahrzeug abgestellt hatten?«

»Habe ich das?« Die Stimme vibrierte leicht. »Das ist mir gar nicht bewusst gewesen. Ich habe nicht darauf geachtet.«

»Ist Ihnen aufgefallen, dass Schwester Heikes Auto direkt neben Ihrem Wagen stand?«

»Ja – nein. Ich weiß nicht«, stammelte Schwester Beate und sah hilflos Dr. Aufgänger an.

»Ich benötige die Kleidung, die Sie gestern getragen haben«, sagte Christoph. »Von beiden«, schob er hinterher.

Er kehrte zu dem grünen Polo zurück. »Können Sie feststellen, ob der graue Honda nebenan heute Nacht bewegt wurde?«, fragte er den Kriminaltechniker.

»Ich kann es versuchen«, erwiderte der Beamte ausweichend.

Große Jäger war hinzugekommen. »Dr. Hinrichsen vermutet, dass die Tatwaffe ein Hammer war. Es sieht so aus, als hätte der Täter damit mehrfach zugeschlagen. Die hintere rechte Schädeldecke ist zertrümmert. Dabei kommt es zu Einblutungen ins Gehirn. Ob das Opfer sofort tot war, lässt sich hier nicht feststellen. Genaueres kann erst die Obduktion ergeben. Auffällig sind körnige Partikel im Haar rund um die Stelle, wo der Schädelknochen getroffen wurde. Das hat Klaus Jürgensen entdeckt.«

»Bei dieser Beschreibung muss sich der Täter von hinten an Schwester Heike herangeschlichen und dann zugeschlagen haben«, sagte Christoph.

»Mehrfach«, ergänzte Große Jäger. Er ließ seinen Blick über den

Parkplatz schweifen. »Hier stehen viele Fahrzeuge der Handwerker. Und alle sind mit Werkzeug bestückt. Mit ein wenig Glück müsste eines davon das Tatwerkzeug sein. Ich werde der Sache nachgehen.«

»Ich werde die Arbeiter befragen«, beschloss Christoph und kehrte ins Haus zurück. Auf dem Weg zum Eingang passierte er einen schmutzigen Transit mit Pritsche. »Bauunternehmen Hungerbühler«, las er im Vorbeigehen und warf einen Blick auf die Ladefläche. Dort lagen zementbespritzte Holzplanken, ein angerostetes Fass aus Eisen, an dem sich ebenfalls Zementspuren fanden. Ob die Partikel am Hinterkopf Zementspritzer waren? Außer einer Schaufel, die ebenfalls die typischen Zementspuren aufwies, fand sich jedoch kein weiteres Werkzeug auf dem Wagen.

Im Eingang stieß Christoph mit einem Mann in einer blauen Latzhose zusammen, der eine Kartusche Dichtungsmittel in der Hand hielt. »Wo finde ich die Maurer?«, fragte er.

Der Mann zuckte die Schultern. »Keine Ahnung. Versuch es mal im Keller«, riet er.

Einen Keller gab es nicht. Auf dem feuchten Marschboden, der sich, vom Deich geschützt, auf Höhe des Meeresspiegels befand, wäre es aussichtslos gewesen, wasserdicht in die Tiefe zu graben. Der »Keller« war ein Gebäudeteil mit Vorratsräumen und den Anlagen der Gebäudetechnik.

Christoph folgte der lauten Musik aus einem Kofferradio. In einem der Räume sah er einen Mann in einem ehemals hellen Arbeitsanzug, der neben sich einen Plastikeimer mit Mörtel stehen hatte, mit einer Kelle aus dem Eimer etwas auf ein Brett warf und den Mörtel dann gekonnt an die Wand klatschte, um ihn anschließend mit kreisenden Bewegungen zu verreiben. Deutlich zeigte sich eine von der Decke abwärtsführende Spur, als würde der Mann einen Mauerspalt zuschmieren.

»Sind Sie der Maurer?«, fragte Christoph.

Der Arbeiter sah kurz auf. »Nee, ich bin der Brezelbäcker«, sagte er seelenruhig und arbeitete weiter.

»Mein Name ist Johannes. Ich bin von der Kripo«, schrie Christoph gegen die laute Musik an, bückte sich und schaltete das Gerät ab.

Der Maurer war ein schon älterer Mann mit einem wettergegerbten Gesicht. »Du kommst aber nicht wegen ruhestörendem Lärm?« Er grinste dabei. »Du solltest dir den vorknöpfen, der diesen Scheiß verbockt hat«, fuhr er fort. »Der Trottel hat glatt die Stromleitung für den Lichtschalter vergessen. Und nun? Ich muss alles neu verputzen.«

»Ich muss mit Ihnen reden.«

»Tu das.«

»Können Sie Ihre Arbeit unterbrechen?«

»Geht nicht. Mensch, hast du 'ne Ahnung. Wir sind heute nur zu zweit.«

»Und sonst?«

»Einer ist schon gestern nach Hause. Irgendwo drüben im Osten. Mirko ist einfach nicht erschienen. Vielleicht ist der Arsch auch schon weg. Und Heinz, der Suffkopp, hängt schon den ganzen Tag in der Ecke rum und macht den Laumann.«

»Sie heißen?«

Der Mann warf Christoph einen misstrauischen Blick zu. »Wieso?«, fragte er, antwortete dann aber doch. »Bolle. Wie der Blöde. Und der bin ich auch. Ich reiß mir hier den Arsch auf, damit der dicke Hungerbühler keinen Ärger kriegt. Und? Nur Volltrottel, die er mir schickt.«

»Sie sind der Vorarbeiter?«, fragte Christoph.

»Polier heißt das bei uns«, klärte ihn Bolle auf.

»Fehlt Ihnen Werkzeug?«

Bolle sah ihn an. »Und sag bloß, du bist hier, weil uns einer den ollen Hammer geklaut hat, den wir aufm Wagen liegen haben, um die Zementtonne auszukloppen. So dusselig kann doch keiner sein. Vielleicht war der besoffen.«

Christoph fragte nach der Beschaffenheit des Werkzeugs.

»Na, so 'n richtiger Oschi. Kannst ordentlich draufhaun.«

»Wie lange haben Sie gestern gefeiert?«

Bolle zeigte zwei Reihen gelber Zähne. Im Oberkiefer war eine Lücke zu erkennen. »Warum?«

»Es interessiert die Polizei.«

Der Maurerpolier zog eine Flunsch und ließ Luft aus den zusammengedrückten Lippen entweichen, dass sie vibrierten. »Bis zum Ende. War so gegen halb eins, schätz ich.«

»Wer war da noch anwesend?«

»Nur wir drei, der Heinz, der Mirko und ich. Die anderen Weicheier sind vorher abgehauen. Und dann waren da noch 'n paar von den feinen Pinkels. Aber die sind dann auch weg.«

»Wer hat abgeschlossen und aufgeräumt?«

Bolle grinste erneut in Christophs Richtung. »Keine Ahnung. Ich hatte ja auch einen in der Kiste. Das hat mich nicht interessiert. Nicht die Bohne.«

»Waren Sie und Ihre Kollegen gestern den ganzen Abend zusammen?«

»Sicher. Wir haben zusammen einen gezischt. Hast du 'ne Ahnung, wie trocken Zementstaub sein kann.«

»Dann war keiner zwischendurch weg?«

»Nee.« Bolle zog die Stirn kraus. »Nur zum Pinkeln. Sonst nicht. Ja, und der Mirko war mal eine halbe Stunde abgetaucht. Ich nehme an, der hat mit seiner Freundin telefoniert. Die hat ihn wieder heißgemacht. Darum ist er heute auch nicht zur Arbeit erschienen.«

»Wissen Sie, wo er wohnt? Haben Sie seine Handynummer?«

»Quatsch. Was soll ich damit. Die hat der Alte im Büro.«

»Hat Mirko mit einer der Krankenschwestern geflirtet?«

Bolle brach in ein schallendes Gelächter aus. »Geflirtet? Mann, das sind heiße Miezen. Die hätten wir sicher gern mal … Aber da kommst du ja nicht ran. Das begreifen die Dummbeutel aber nicht. Klar! Die haben den ganzen Abend rumgetönt. Immer wenn eins von den Weibern in unsere Nähe gekommen ist. Nachher haben die aber einen großen Bogen um uns gemacht. War wohl 'nen bisschen zu doll, was die beiden im Suff von sich gegeben haben.«

»Wo finde ich Ihren anderen Kollegen, den Heinz …?« Christoph sah den Polier fragend an.

»Heinz Kohlschmidt. Versuchen Sie es mal auf der anderen Kellerseite. Vielleicht pennt der in der Heizung. Und wenn Sie ihn finden, treten Sie ihn in den Hintern und sagen Sie ihm: Schönen Gruß von Kuddl. Kuddl Bolle, das bin ich nämlich.« Dabei zeigte er mit der Kelle in seiner linken Hand auf sich, bevor er das Werkzeug wieder in den Mörteleimer eintauchte.

Christoph suchte die Heizung, deren Tür offen stand. In einer

Ecke lagen Rollen mit alukaschiertem Dämmmaterial. Inmitten des offenbar nicht benötigten Materials hockte ein Mann mit langen Haaren, einem wuchtigen Schnauzbart, der an ein Walross erinnerte, und blinzelte Christoph träge an.

»Herr Kohlschmidt?«

Der Mann grunzte etwas Unverständliches.

Christoph stellte sich vor und registrierte ein Aufflackern in den trüben Augen des Mannes, die von dunklen Ringen umgeben waren.

»Sie haben gestern mit Ihren Kollegen an der Einweihungsfeier teilgenommen. Wie lange sind Sie geblieben?«

Kohlschmidt hustete, bevor er antwortete. »Bis es nichts mehr gab. Irgendwann kam der Türke ...«

»Sie meinen Lütfü, den Hausmeister?«

»Sagte ich doch. Der hat getönt, es gibt nichts mehr. Die Party ist vorbei.«

Das stand im Widerspruch zu Lütfüs eigenen Angaben, stellte Christoph fest. Der hatte ihm erzählt, er wäre vor Ende der Veranstaltung aufgebrochen.

»Sie waren die ganze Zeit zusammen. Bolle, Mirko ... Wie heißt der eigentlich mit Zunamen?«

»Dreschnitzki. Ja. Da waren noch ein paar andere dabei. Maler, ein Elektriker. Fliesenleger.«

»Und Mirko war zwischendurch nicht mal weg?«

Kohlschmidt kratzte sich den Kopf und fingerte am Ohrring. »Tja.« Er grinste auf eine Art, die Christoph als schmierig empfand. »Die eine Mieze vom Heim, so 'ne Blonde, die hat es ihm wohl angetan. Die hat den ganzen Abend über die Männer angemacht. So richtig heiß. Unter uns Männern ...« Kohlschmidt beugte sich ein wenig in Christophs Richtung und senkte die Stimme, als würde er ihm ein Geheimnis anvertrauen. »Der Mirko ist den halben Abend mit so einer richtigen Latte herumgelaufen. So scharf war der.«

»War Ihr Kollege auf die jüngere Krankenschwester fixiert?«

»Die Blonde war die heißeste Nummer. Aber auch die anderen Weiber, die da rumliefen. Das waren alles scharfe Muttis. Denen hat man es doch angesehen, dass sie ganz was anderes wollten, als den bescheuerten Sekt durch die Gegend zu tragen. Also ... Der

Mirko war zwischendurch mal für eine halbe Stunde verschwunden. Als er zurückkam, war er merklich ruhiger. Wenn der man nicht mit der Blonden ...« Kohlschmidt bewegte dabei seine Hand im Gelenk und zog eine Grimasse.

»Wann war das?«

»Puh. Auf die Uhr habe ich nicht gesehen. Irgendwann zwischen dem achten und dem zehnten Bier.«

»Haben Sie die junge Frau danach noch einmal gesehen?«

Kohlschmidt zuckte die Schultern. »Keine Ahnung. Darauf habe ich nicht geachtet.«

»Wo ist Mirko Dreschnitzki jetzt?«

»Weiß ich das? Der ist heute Morgen nicht gekommen. Vielleicht liegt der noch in sauer.«

»Wir benötigen Ihre Aussage noch für das Protokoll«, sagte Christoph.

Kohlschmidt winkte ab, gähnte und zog sich wieder in den Stapel mit dem Dämmmaterial zurück.

Als Christoph aus dem Klinikgebäude ins Freie trat, stieß er auf Große Jäger und Hilke Hauck, die inzwischen mit drei weiteren Beamten aus Husum eingetroffen war.

»Der Onkel hat uns schon eingewiesen«, erklärte Hilke. »Wir werden die Namen aller anwesenden Personen aufnehmen und von den Männern DNA-Proben entnehmen.«

»Fragt auch, wann die Einzelnen die Feier verlassen haben, wer vor ihnen gegangen ist und wer noch blieb. Daraus erstellen wir eine Matrix. Ich hoffe, dass wir durch die vielen Aussagen eine Übersicht erhalten, in welcher Reihenfolge die Leute die Feier verlassen haben und wer noch zum Zeitpunkt der beiden Taten anwesend war. Die Tatzeiten kennen wir noch nicht.«

»Glaubst du, der Mord und die Vergewaltigung stehen in einem Zusammenhang?«, fragte Hilke.

Christoph schüttelte den Kopf. »Das wissen wir noch nicht. Es wäre denkbar, dass der Täter zunächst versucht hat, sich an Schwester Heike heranzumachen. Als er dort auf Gegenwehr stieß, hat er sie erschlagen und anschließend Schwester Elena vergewaltigt.«

»Das wäre aber ein sehr skrupelloses Vorgehen«, meinte Hilke.

»Jeder Mörder geht brutal vor. Wer weiß, welche Rolle ausufernder Alkoholgenuss, ein aus der Kontrolle geratener Sexualtrieb gespielt haben.«

Die Beamten nickten und verteilten sich auf dem Gelände und im Haus.

»Es ist merkwürdig«, sagte Große Jäger, als sie allein waren. »Bei der Toten im Graben sieht es nicht so aus, als hätte sie sich gewehrt. Auf den ersten Blick gibt es keine Abwehrverletzungen. Entweder hat der Täter sie überrascht, oder sie kannte ihn und war mit ihm so vertraut, dass sie keinen Argwohn hatte, als er hinter sie trat, während sie an ihrem Auto stand.«

»Wurden ihre Autoschlüssel gefunden?«, fragte Christoph.

»Ja. Die lagen unter dem Polo. Es könnte sein, dass Schwester Heike nach Hause fahren wollte, und dem Täter missfiel das. Aber warum?«

»Wenn es Streit gab?«, vermutete Christoph.

»Klaus Jürgensen und Dr. Hinrichsen sind auch der Meinung, dass der Frau keine Gewalt angetan wurde. Nichts deutete darauf hin. Sie war vollständig bekleidet einschließlich der Schuhe, die die Schleifspuren auf dem Beet am Rande des Parkplatzes hinterlassen haben. Damit korrespondieren auch die Kratzspuren an den Fersen. Wir können daraus schließen, dass der Täter sein Opfer unter den Armen gepackt hat und, rückwärtsgehend, die Frau mit dem Gesicht nach oben bis zu der Stelle schleifte, an der sie der Hausmeister gefunden hat.«

»Ich sehe den Zusammenhang zwischen den beiden Taten noch nicht«, sagte Christoph. »Andererseits wäre es zu viel Zufall, wenn wir es bei einer Feier gleich mit zwei unterschiedlichen Taten zu tun haben.«

Sie waren langsam über den Parkplatz geschlendert und hatten den Stellplatz des grünen Polos erreicht.

»Herr Johannes?«, rief sie der Spurensicherer herbei, der sich mit der Umgebung rund um das Auto beschäftigt hatte.

»Sie baten mich zu prüfen, ob das Auto nebenan, der graue Honda, bewegt worden war. Nein. Definitiv nicht. Hier.« Er zeigte auf die schwach erkennbaren Reifenspuren eines anderen Fahrzeuges im losen Kies, die hinter dem Honda entlangführten. »Der Parkplatz ist neu angelegt. Da hat sich der Kies noch nicht komplett festgesetzt. Wir haben Glück, dass einzelne Reifenspuren noch zu erkennen sind. Ich habe sie verfolgt. Sie gehören zum Lieferwagen der Elektriker. Der steht dort hinten.« Er zeigte zu einem mehrere Fahrzeuge entfernten Stellplatz. »Ich habe die Männer befragt. Sie sind heute Morgen gegen halb sieben gekommen und haben ihren Wagen seitdem nicht wieder bewegt. Entweder ist der Honda schon vorher da gewesen, oder er hat die ganze Nacht hier gestanden. Sonst müsste die Spur des Hondas die des Lieferwagens kreuzen. Hat sie aber nicht.«

»Das wird uns Schwester Beate erklären müssen«, sagte Christoph und dankte dem Spurensicherer für seine Arbeit.

Sie fanden Beate im Schwesternzimmer. Sie war damit beschäftigt, Medikamente aus einer Plastikbox in einen abschließbaren Schrank zu sortieren, und fuhr erschrocken in die Höhe, als Christoph sich räusperte. Sie sah Christoph mit großen Augen an, die an ihm vorbeiwanderten, als würden sie in seinem Rücken nach jemandem Ausschau halten.

»Ich bin ohne Dr. Aufgänger gekommen«, sagte Christoph »Sie müssen Ihren Vorgesetzten auch nicht um Rat fragen. Wann sind Sie heute Morgen zum Dienst gekommen?«

»Ich war so gegen halb neun hier«, antwortete Schwester Beate.

»Sind Sie ganz sicher?«

»Ja«, sagte sie leise. »Ich bin kurz nach acht von zu Hause weggefahren.«

»Das würden Sie auch unterschreiben? Und Sie waren mit Ihrem eigenen Wagen, dem Honda, unterwegs?«

Sie nickte schwach.

Warum log die Frau?, überlegte Christoph. Die Spurensicherung hatte eindeutig etwas anderes erwiesen. Der Honda war nicht bewegt worden, zumindest nicht zu den angegeben Zeiten.

»Wie sind Sie mit Schwester Heike ausgekommen?«

»Wir waren Kolleginnen. Gut«, sagte sie hastig. Es klang nicht überzeugend.

»Gab es Reibereien?« Christoph sah auf den halb eingeräumten Medikamentenschrank. »Zum Beispiel über simple Fragestellungen: Wo bringe ich welche Arznei unter?«

»Heike hatte eine sehr forsche Art, ihre Vorstellungen durchsetzen zu wollen.«

»Und darüber ist es zum Streit gekommen?«

»Streit würde ich es nicht nennen. Aber wir waren durchaus unterschiedlicher Meinung. Manchmal.«

»Und auf wessen Seite stand Schwester Elena?«

»Die hat sich herausgehalten und gemacht, um was man sie gebeten hat.«

»Und wer hat bei diesen Meinungsverschiedenheiten geschlichtet?«

»So weit sind wir nicht gegangen. Und letztlich entscheidet Dr. Aufgänger. Er ist schließlich der Chef.«

»Und der hat sich überwiegend für Ihre Ideen entschieden?«

Beate bekam einen feuerroten Kopf. »So war das nicht«, stammelte sie und schien sichtlich erleichtert, als Christoph den Raum verließ.

Auf dem Flur stieß er mit Lütfü zusammen. »Im Speisesaal sitzt jetzt einer der wichtigen Gäste«, wisperte der Hausmeister. Es klang nahezu konspirativ.

Der Raum war hell und freundlich eingerichtet, wenn er Christoph auch an die Speisesäle in den Jugendherbergen erinnerte, die er während seiner Schulzeit kennengelernt hatte. Ein paar Bottiche mit Pflanzen bildeten nur eine mäßige Auflockerung des großen Raumes. Bis auf wenige Ausnahmen waren Sechsertische angeordnet worden.

Aus der Küche klangen das Geklapper von Geschirr und lautes Stimmengewirr herüber. An einem Tisch am Fenster saß ein schlanker Mann. Das schmale Gesicht mit der Adlernase wies scharf geschnittene Züge auf, als wäre es aus Granit gemeißelt. Der Mann trug einen eleganten dunklen Anzug und trotz der angenehmen sommerlichen Temperaturen einen schwarzen Rollkragenpullover. Am Revers war ein dezentes goldenes Kreuz aufgesteckt.

»Moin«, grüßte Christoph.

Nach dem »Grüß Gott« des Mannes nahm Christoph ihm gegenüber Platz und fragte rein rhetorisch: »Darf ich?« Dann stellte er sich vor.

»Sind wegen des, äh … Ereignisses hier«, sagte der Mann. Es war keine Frage, sondern eine Feststellung.

»Herr …?«, fragte Christoph.

»Ich bin der Geschäftsführer der Trägergesellschaft, die diese

Klinik betreibt«, erwiderte der Mann und fingerte eine Visitenkarte aus einer der Innentaschen seines Sakkos.

»Monsignore Dr. phil. Gotthold Kuslmair«, las Christoph.

»Es ist schlimm, wenn so etwas passiert.« Dr. Kuslmair hatte eine feste Stimme mit einer bayerischen Klangfärbung. »Gottes Wege sind für uns Menschen nicht immer zu verstehen. Manchmal schmerzen sie.«

»Ich möchte auf irdischem Weg klären, wer die Verantwortung für die Tat trägt«, erwiderte Christoph.

»Sicher. Neben dem himmlischen Richter«, dabei vollführte der Monsignore einen gekonnten Augenaufschlag, »gibt es auch irdische. Und dem Recht muss Genüge getan werden.« Dr. Kuslmair griff mit seinen tadellos manikürten Fingern die Kaffeetasse, klemmte den Henkel zwischen Daumen und Zeigefinger, schürzte die Lippen und trank aus der dickwandigen Tasse einen Schluck Kaffee.

»Man hat mich für die Nacht in einem Hotel in Bredstedt untergebracht, ein Haus mit ausgesprochen, nun … sagen wir einmal, familiärer Atmosphäre.«

Die Missbilligung der dem Monsignore unzureichend erscheinenden Qualität des Hotels war deutlich herauszuhören, auch wenn er sie ausgesprochen geschickt in seiner Ausführung verpackt hatte. »Deshalb nehme ich mein Frühstück hier ein.« Er ließ sich durch Christophs Anwesenheit nicht irritieren und biss von einem mit Schinken belegten Brötchen ab.

»Wie lange waren Sie gestern anwesend?«

Dr. Kuslmair musste nicht überlegen. »Ich bin gegen halb eins in der Nacht aufgebrochen. Mein Fahrer hat mich kurz vor ein Uhr in meinem Hotel abgesetzt.«

»Ihr Fahrer … Der war die ganze Zeit anwesend und hat mitgefeiert?«

»Nein. Die Nacht war warm. Er hatte es sich im Wagen bequem gemacht. Ich musste ihn wecken, als ich einstieg.«

Dann fiel er als Zeuge aus, dachte Christoph.

»Sie wollen wissen, wer noch da war? Ich habe zum Schluss noch mit Zehntgraf, dem Husumer Bürgermeister, wie heißt er noch gleich …? Und dem aufdringlichen Menschen von der Kreisverwaltung zusammengesessen. Der Architekt war auch noch da.«

»Und der Arzt?«

»Der ist vorher gegangen. Hören Sie mal.« Dr. Kuslmair hatte die Stimme leicht angehoben. »Ich führe kein Protokoll über solche Dinge.«

»Für uns ist es von Bedeutung. Wir müssen uns ein Bild davon machen. Waren die Krankenschwestern noch anwesend? Ist Ihnen irgendetwas im Laufe des Abends, insbesondere im Hinblick auf die Frauen, aufgefallen?«

Jetzt zeigte der Monsignore zwischen zwei Bissen ein spöttisches Lächeln. »Sie fragen mich nicht im Ernst, ob ich die Frauen beobachtet habe? Mir ist nur aufgefallen, dass dort welche bedient haben. Es mag sein, dass sie zum Personal gehörten. Irgendwann im Laufe des Abends hat Zehntgraf das Nachschenken übernommen. Das war keine schwierige Aufgabe, denn wir haben nicht viel getrunken. Das ging alles sehr maßvoll zu. Der Schwerpunkt lag eindeutig auf dem Gespräch.«

»Über welche Themen haben Sie sich unterhalten?«

Dr. Kuslmair verdrehte die Augen. Ihn schien die Unterhaltung zu langweilen. »Über vieles. Alles war belanglos. Worüber soll man in der Runde mit dieser Zusammensetzung auch geistvoll plaudern?«

»Neben Ihrer Runde haben aber auch noch ein paar Handwerker bis zum Ende durchgehalten.«

»Im Unterschied zu uns haben die sehr intensiv dem Alkohol zugesprochen. Die Gruppe stand abseits von uns. Ich habe nur den Lärm wahrgenommen, der von ihr ausging. Nun fragen Sie mich nicht, wie viele Personen das waren.«

»Haben Sie den ganzen Abend mit den Herren Ihrer Runde verbracht?«

»Um Himmels willen. So eine Veranstaltung ist doch keine statische Angelegenheit. Sie gehen umher, reden mit diesem oder jenem. Dabei haben Sie doch nicht immer alle Leute gleichzeitig im Auge. Warum auch?«

»Waren Sie, zumindest zeitweilig, einmal allein unterwegs?«

»Eine solche Frage erübrigt sich. Es gibt gewisse menschliche Bedürfnisse. Und zwischendurch«, dabei rieb sich der Monsignore mit Zeige- und Mittelfinger beider Hände die Schläfen, »habe ich mich für ein paar Minuten von der Gesellschaft abgesondert. Ich bin ein paar Schritte in Richtung Deich gelaufen.«

»Haben Sie dabei jemanden getroffen?«

»Ihren Mörder?« Erneut zeigte der Monsignore sein spöttisch wirkendes Lächeln. »Nein. Der ist mir nicht begegnet. Ich sagte schon, ich wollte ein wenig allein sein und den Rest meiner Zigarre in Ruhe genießen.«

»Um welche Uhrzeit war das?«

»Das weiß ich doch nicht. Auf jeden Fall war es noch hell, obwohl mein Fahrer im Auto saß und schlief. Doch. Jetzt fällt mir noch etwas ein. Auf dem Weg zum Parkplatz ist mir eine der Frauen vom Personal begegnet, die mit der rotblonden Kurzhaarfrisur.«

»Schwester Heike«, sagte Christoph.

»Mag sein. Ich begegne so vielen Leuten, da kann ich mir nicht alle Namen merken.«

»Die Frau ist das Mordopfer«, erklärte Christoph.

»Ach. Das tut mir aber leid.«

»Willi Zehntgraf ist hier der Leiter?«, wechselte Christoph das Thema. Er hatte für einen Moment den Eindruck, dass Dr. Kuslmair dafür dankbar war.

»Zehntgraf ist der Verwaltungsleiter. Er ist für die administrativen und organisatorischen Angelegenheiten vor Ort zuständig. Strategische und grundsätzliche Dinge regeln wir zentral von Hildesheim aus. Dort ist der Sitz der Sanitas Klinik GmbH, deren alleiniger Geschäftsführer ich bin. Wir haben im Bistum Hildesheim die wirtschaftlichen Interessen gebündelt. Ich vertrete diese. Die Sanitas ist der Träger dieser Rehaklinik, die sich schwerpunktmäßig auf die Behandlung von Haut- und Lungenkrankheiten ausrichten wird.«

»Ist das ein gottesfürchtiges Werk, oder stehen dort wirtschaftliche Interessen im Vordergrund?«

»Was soll die Häme in Ihrer Frage? Sie werden gehört haben, dass die Kirchensteuereinnahmen kontinuierlich wegbrechen …«

»Weil aufgrund zahlreicher unschöner Vorgänge viele Gläubige die Kirche verlassen haben.«

»Es gibt viele Motive, die die Menschen leiten, sich von unseren kulturellen und religiösen, aber auch ethischen Grundwerten abzuwenden«, erwiderte der Monsignore. »Als Kirche haben wir eine Verantwortung den Menschen gegenüber, die von vielen nicht wahrgenommen wird. Was meinen Sie, wer die von uns getragenen sozialen und gesellschaftlichen Aufgaben übernehmen sollte? Soziale Einrichtungen und Beratungsstellen, Altenfürsorge, Krankenhäuser, Kindergärten, Therapieeinrichtungen …«

»Und diese Kurklinik.«

»Richtig. Ich habe es gestern dem Husumer Bürgermeister zu erklären versucht. Wir haben hier viel Geld investiert und Arbeitsplätze geschaffen. Sonst gibt es hier doch nichts. Das ist doch eine Einöde.«

»Sie scheinen Nordfriesland nicht zu kennen. Das Land kann mit seiner Natur und den Menschen, die hier leben, punkten.«

»Die haben Glück, dass die Nordsee in der Nähe ist. Das ist für uns der Grund gewesen, hier zu bauen.«

Christoph mochte den Mann nicht. Dennoch hatte er keine Lust, mit dem Monsignore eine grundsätzliche Diskussion über die Vorzüge Nordfrieslands zu führen, die er selbst seit vielen Jahren genoss, seit er mit Vorurteilen im Kopf aus Kiel nach Husum versetzt wurde. Schon lange konnte er es sich nicht mehr vorstellen, woanders zu arbeiten und zu leben. Dies war seine Heimat geworden.

»Ich werde einen Kollegen zu Ihnen schicken, der Ihre Personalien aufnimmt und eine Speichelprobe nimmt.«

»Nein!« Es war eine kraftvolle Antwort. Christoph sah den Monsignore an.

»Sie übersehen anscheinend, mit wem Sie sprechen«, sagte Dr. Kuslmair mit Entschiedenheit und fester Stimme. »Meine Personalien finden Sie auf der Visitenkarte, die ich Ihnen gegeben habe. Und die Speichelprobe für eine DNA … Das ist nicht Ihr Ernst.«

»Wir benötigen die Daten und die DNA aller anwesenden Personen. Das dient auch dazu, Unschuldige einwandfrei auszuschließen.«

»Das dürfte auch ohne DNA bei mir zutreffen.«

»Vor dem Gesetz sind alle gleich. Auch Sie.«

»Mein letztes Wort ist gesprochen.« Die Verärgerung war dem Monsignore deutlich anzumerken.

»Wir haben es hier nicht nur mit einem Mord, sondern auch mit einer Vergewaltigung zu tun«, erklärte Christoph. »Worin sehen Sie ein Problem?«

»Es ist entwürdigend, welche Unterstellungen Sie hier vorbringen. Wer ist Ihr Vorgesetzter?«

»Kriminaldirektor Nathusius bei der Polizeidirektion Husum. Der wird mit Sicherheit meine Bitte um eine gegebenenfalls notwendige Einholung einer richterlichen Anordnung unterstützen.«

»Sie scheinen die Situation zu verkennen. Guten Tag.« Dr. Kuslmair stand abrupt auf und eilte mit großem Schritt aus dem Speiseraum, ohne Christoph noch eines weiteren Blickes zu würdigen.

Auf dem Flur traf Christoph Hilke Hauck.

»Wer war das denn?«, fragte die Kommissarin erstaunt. »Hast du dem aus Versehen die Fußnägel umgebogen?«

»Das war der Monsignore«, antwortete Christoph lächelnd.

»Der ... was?«

»Der Geschäftsführer des Trägers dieser Einrichtung, ein smarter Manager, der offenbar die Demut vergessen hat, die sein Priesteramt auszeichnen sollte.«

»Das war ein Priester?«

Christoph nickte lächelnd. »Das frage ich mich auch.« Dann bat er Hilke, einen der Kollegen zu beauftragen, von Dr. Kuslmair die Personalien aufzunehmen und noch einmal zu versuchen, eine DNA zu bekommen, wenn sich der Monsignore – hoffentlich – etwas beruhigt haben sollte.

Auf einem Klappstuhl in der Nähe des Parkplatzes saß ein Mann mit grauen Haaren und hielt das Gesicht in die Sonne. Die graue Jacke hatte er über die Knie gelegt, die Ärmel des weißen Hemdes waren hochgeschoben, der Krawattenknoten gelockert. Er sprang auf, als sich Christoph näherte.

»Sie sind Dr. Kuslmairs Fahrer?«, fragte Christoph.

»Jawohl.« Es klang fast militärisch.

»Wann sind Sie gestern weggefahren?«

»Um null Uhr zweiunddreißig.«

Christoph zog eine Augenbraue fragend in die Höhe.

Der Fahrer lächelte. »Wir haben ein elektronisches Fahrtenbuch. Und elf Minuten später waren wir im Hotel in Bredstedt. Ich habe den Monsignore herausgelassen, den Wagen geparkt und bin dann auch ins Bett.« Er sah auf seine Armbanduhr. »Heute Morgen habe ich mich ab halb acht bereitgehalten. Wir sind aber erst vor zwanzig Minuten hier eingetroffen.«

»Hat Ihr Boss so lange gepennt?«, mischte sich Große Jäger ein, der inzwischen hinzugekommen war.

Der Fahrer antwortete mit einem Seitenblick. »Ich weiß nicht, was der Monsignore in der Zwischenzeit gemacht hat.«

»Nicht gefrühstückt«, erwiderte Große Jäger. »Das holt er jetzt nach.«

»Wo waren Sie gestern Abend?«, fragte Christoph.

»Ich habe zunächst eine Kleinigkeit gegessen.«

»Mit Ihrem Chef und den anderen Herren?«

»Ich war beim Personal.« Es klang nahezu empört. »So gegen neun bin ich zum Auto. Dort habe ich es mir bequem gemacht und ein wenig gelesen. Einen Krimi. Wollen Sie wissen, wie der heißt? ›Mord ist aller Laster Ende‹. Von einer Frau aus Ostfriesland. Irgendwann bin ich aber eingenickt, bis mich der Monsignore für die Heimfahrt geweckt hat. Ach ja. Dass ich im Auto saß, kann eine der Damen vom Personal bestätigen. Sie hat gegen die Scheibe geklopft und gefragt, ob ich noch etwas zu trinken wünsche. Das war kurz nach zehn.«

»Wie sah die Frau aus?«

»Ja – wie soll ich sie beschreiben. Sie trug ein Namensschild. Schwester Heike – glaube ich.«

»Haben Sie Schwester Heike danach noch einmal gesehen?«

»Nein. Sie ist vom Auto aus zurück in den Garten. Ich bin dann wieder eingeschlafen, bis mich der Monsignore weckte. Wie ich schon sagte.«

Christoph bedankte sich. »Wir benötigen noch Ihre Personalien und eine Speichelprobe für einen DNA-Abgleich.«

»Selbstverständlich«, sagte der Mann und schlug dabei wieder die militärische Tonlage an.

»Ich kümmere mich darum«, sagte Große Jäger, als sie zum Haus zurückkehrten.

Christoph berichtete von seinem Gespräch mit dem Monsignore.

»Der hat wohl zu lange das Halleluja gesungen«, schimpfte Große Jäger. »Du weißt, wir Münsterländer sind alle katholisch. Ich kenne jede Menge Land- und Gemeindepfarrer. Mit denen kannst du Pferde stehlen gehen.«

Der Oberkommissar sah Christoph erstaunt an, als der in schallendes Gelächter ausbrach. »Hast du was gegen katholische Geistliche?«

»Überhaupt nicht«, sagte Christoph. »Du kannst mit denen sicher viel anstellen. Aber ob die Herren bei ihrem Amt unbedingt losziehen, um sich als Pferdedieb zu betätigen?«

Große Jäger knuffte Christoph in die Seite. »Blödmann«, sagte er.

Christoph bellte.

Der Oberkommissar fiel in das Lachen ein, als ihm bewusst wurde, dass er mit dem als Neckerei gedachten Schimpfwort den Namen seines Hundes genannt hatte. Dann versprach er mit einem Seufzer, sich auch um die Suche nach Dr. Kuslmairs Zigarrenstummel zu kümmern.

Zehntgraf saß immer noch hinter seinem behelfsmäßigen Schreibtisch und machte ein verdrossenes Gesicht. »Ich habe jetzt auch die Liste der Gäste fertig«, sagte er. »Nach bestem Wissen und Gewissen. Nicht dass Sie mir einen Strick daraus drehen, wenn ich jemanden vergessen habe.«

Wie gut, dass Große Jäger nicht anwesend war, überlegte Christoph. Der hätte dem Verwaltungsleiter Angst eingejagt und mit einer mehrjährigen Strafe im »Zuchthaus« wegen versuchter Urkundenfälschung, Behinderung der Polizeiarbeit und Beihilfe zum Mord gedroht. Er warf einen Blick auf die neununddreißig Namen umfassende Liste.

»Das sind nur die offiziellen Gäste«, beeilte sich Zehntgraf zu versichern. »Die eingeladenen Handwerker … Da habe ich keinen Überblick.«

Es waren zu viele Personen, wenn man die Mitarbeiter hinzuzählte. Es war mit dem vorhandenen Personal nicht möglich, alle gleichzeitig zu überprüfen. Deshalb konzentrierte sich Christoph auf die männlichen Namen. Die unterteilte er in drei Gruppen. Ein »C« erhielten die Personen, die in Begleitung ihrer Ehefrau gekommen waren. Das war aus der Liste ersichtlich durch »Herr Däumling und Frau«. In die Gruppe »B« ordnete Christoph die Männer ein, die nicht allein gekommen waren. Dazu gehörte eben-

67

so der Repräsentant des finanzierenden Kreditinstituts, der mit einer Kollegin eingeladen war, wie die beiden Herren von der Wirtschaftsfördergesellschaft Nordfrieslands. Auch die Vertreter der Gemeinde Reußenköge waren zu zweit erschienen. Die verbleibenden Namen müssten sie als Erste überprüfen, entschied Christoph.

»Kennen Sie die Arbeiter Bolle, Kohlschmidt und Dreschnitzki?«, fragte Christoph den Verwaltungsleiter.

»Nein, äh ... doch. Bolle. Das ist der Vorarbeiter der Maurer.«

»Polier«, korrigierte ihn Christoph. »Und die anderen beiden?«

»Sind das Arbeiter? Tut mir leid. Nie gehört. Hier laufen so viele Handwerker herum. Die wurden nicht einzeln vorgestellt.«

»Möglicherweise kennen Sie die Vornamen. Heinz und Mirko.«

»Kann sein, dass ich die mal gehört habe. Aber die sagen mir nichts.«

Auf dem Flur stieß Christoph mit einem schlaksigen jungen Mann zusammen, der eine Rohrzange und einen Wasserhahn trug.

»Na?«, grinste der Handwerker. »Ihr solltet lieber was Vernünftiges tun, statt uns hier aufzuhalten.«

Christoph sah auf die Gerätschaften des Mannes. »Sie sind Klempner?«

Der Handwerker ließ ein helles Lachen hören. »Anlagenmechaniker für Sanitär-Heizungs-Klima-Technik heißt das heute. Nun wollen Sie auch wissen, wie ich heiße?«

Christoph nickte.

»Habe ich schon Ihrer netten Kollegin erzählt, die mir mit dem Wattestäbchen im Mund rumgebohrt hat. Fabian Beutin.«

»Sie waren gestern auch anwesend?«

»Ja. Unsere ganze Firma. Na ja, die, die hier auf der Baustelle gearbeitet haben. Wir waren zu viert.«

»Wann sind Sie gegangen?«

»Das muss so gegen zehn gewesen sein. Vielleicht ein bisschen später. Wir mussten ja heute Morgen wieder früh raus.«

»Sind Ihre Kollegen auch gegangen?«

»Klar doch. Wir waren doch mit dem Firmenwagen da. Die Stromfritzen sind zur selben Zeit aufgebrochen. Da sind nicht mehr viele übrig geblieben. Hauptsächlich die Maurer. Mensch, die haben gesoffen wie ein Loch.« Beutin hielt Christoph die Rohrzange hin. »Und? Was ist nun? Wollen Sie das nicht mal versuchen?«

Christoph tippte sich gegen die Stirn. »Danke. Ich habe mein Werkzeug immer dabei.«

»Viel Erfolg, Meister«, wünschte Beutin und zog weiter.

Christoph fand Große Jäger am Fundort der Leiche. »Dr. Hinrichsen ist schon weg«, sagte der Oberkommissar. »Wir haben übrigens den Zigarrenstummel gefunden. Er lag unweit des Parkplatzes von Schwester Heikes Polo.« Große Jäger grinste. »Der Schwarzrock hat nicht bedacht, dass wir davon auch seine DNA abnehmen können. Wenn es eine Übereinstimmung geben sollte, können wir uns immer noch einen richterlichen Beschluss besorgen. Ich hätte gute Lust, zu prüfen, ob der Kuslmair sich in der Vergangenheit schon einmal als ›Kuschelmeier‹ gezeigt hat.«

»Wir sollten Vorurteile zu Hause lassen«, mahnte Christoph. »Nicht jeder Geistliche ist ein potenzieller Sexualstraftäter.«

»So habe ich das auch nicht gemeint«, wehrte Große Jäger ab.

»Von der Tatwaffe habt ihr keine Spur gefunden?«, wandte sich Christoph an Klaus Jürgensen.

Der nieste in die Armbeuge. »Doch. Natürlich. Da klebte noch die abgeschlagene Hand des Mörders dran. Und auf dem Handrücken waren Name und Adresse tätowiert.«

»Und die Postleitzahl ist 24937.«

»Haha«, sagte Jürgensen mit einer wegwerfenden Handbewegung, als Christoph die Anschrift der Bezirkskriminalinspektion nannte.

Der Leiter der Kriminaltechnik erklärte, dass Christoph und Große Jäger am Fundort der Leiche nicht mehr benötigt würden. »Wir lassen euch den Bericht zukommen. Per Brieftaube. Oder habt ihr Schlickrutscher schon andere Möglichkeiten?«

»Wenn du dich nicht besserst«, erwiderte Große Jäger, »lassen wir die Flensburger noch einmal abstimmen, und ruck, zuck bist du Däne und arbeitest für die Kripo der Königin.«

»Das wäre gar nicht schlecht«, feixte Jürgensen. »Dann bliebe mir so etwas wie hier erspart. Und solche Kollegen wie du.« Das hinderte ihn aber nicht daran, Große Jägers Hand abzuklatschen. »Übrigens ist der Kollege mit dem Hund eingetroffen.«

Christoph sah sich um. Ein wenig abseits stand ein uniformierter Beamter und kraulte den Kopf eines Schäferhundes, den er an der kurzen Leine hielt und der neben ihm saß und zu seinem Herrchen aufblickte.

»Moin, Herr Dethleffsen«, grüßte Christoph.

Der Polizeihauptmeister erwiderte den Gruß. Die Landespolizei kannte keine zentrale Hundestaffel, obwohl alle Schutz- und Spürhunde mit ihrem Führer zentral in Eutin ausgebildet wurden.

»Wir haben dort hinten«, Christoph zeigte in Richtung des Fundorts, »eine weibliche Leiche gefunden. Irgendjemand muss sie dorthin geschleift haben. Wir möchten gern den Weg des Opfers zurückverfolgen.«

»Kein Problem«, erwiderte Dethleffsen und führte seinen Hund zu der Stelle im Graben, an der Schwester Heike immer noch lag. Der Hauptmeister ließ seinen Hund an den Schuhen des Opfers schnuppern. Dann streichelte er ihm den Kopf. »Such, Jessie. Such.«

Der Hund senkte den Kopf und zerrte an der Leine. Dethleffsen folgte ihm. Jessie suchte an der Schräge des Grabens entlang, bog an der Hecke auf den Parkplatz ab und lief direkt auf den grünen Polo zu. Dort blieb er abwartend stehen und sah sein Herrchen an.

»Fein, Jessie«, lobte der Hauptmeister und gab dem Hund ein Leckerli.

»Ist es möglich, die Spur weiterzuverfolgen?«, fragte Christoph.

Dethleffsen nickte. »Wir können es versuchen.« Er beugte sich zu seinem Hund hinab. »Such, Jessie, Such!«

Erneut senkte der Personenspürhund seine Nase und nahm die Fährte auf. Er führte die Beamten zu einer Stelle auf dem Parkplatz in Höhe der Zufahrt zur Straße. Dort schlug der Hund einen Bogen.

»Was kann das bedeuten?«, fragte Christoph. »Es scheint, als wäre Schwester Heike hier zickzack gelaufen. Hat sie sich umgedreht, weil sie jemand verfolgte? Oder ist sie angerempelt worden? Jedenfalls ist sie nicht schnurstracks zu ihrem Auto gegangen.«

Dann zerrte Jessie wieder an der Leine und lief in Richtung des Hintereingangs, der in den Garten führte. Im Flur blieb der Hund unschlüssig stehen, wandte sich nach links, nach rechts, wollte weiter ins Haus und gleichzeitig in den Garten.

»Es macht keinen weiteren Sinn«, sagte Christoph. »Vermutlich ist Schwester Heike hier den ganzen Abend hin und her gelaufen. Da weiß der Hund nicht, welche der zahlreichen Spuren er verfolgen soll. Für uns ist wichtig zu wissen, dass das Opfer direkt aus dem Haus gekommen ist und offenbar von seinem Mörder auf den Parkplatz verfolgt wurde.«

Er fragte Hauptmeister Dethleffsen, ob er versuchen könnte, eine zweite Spur, die des Täters, aufzunehmen. Sie versuchten es an den Fußabdrücken, die sie neben der Schleifspur an der Hecke gefunden hatten. Hier benötigte der Hund mehr Zeit. Zunächst schien er irritiert, dann lief er aber bis zum Fundort der Leiche.

Der Hundeführer gab erneut das Suchkommando, und Jessie verfolgte die Spur weiter, steuerte den grünen Polo an und wartete auf das Leckerli. Nach dieser Ermunterung lief der Hund zu einer anderen Stelle auf dem Parkplatz unweit des Standorts des Polos und von dort zu einem weiteren Fleck irgendwo auf dem Parkplatz, an dem er sitzen blieb, um sein Herrchen anzublinzeln und um eine weitere Belohnung zu betteln. Es half nichts. Der Hund stellte die Suche ein.

»Wir fahren jetzt zu dem Bauunternehmer«, erklärte Christoph anschließend.

Es ist mittlerweile schon Jahrzehnte her, dass sich Husum gen Osten ausgeweitet hat. Langsam ist dort ein lebhaftes Gewerbegebiet gewachsen, das nicht nur das Messegelände, sondern auch Verbraucher- und Baumärkte sowie fast alle bekannten Discounter beheimatet. Auch zahlreiche Gewerbebetriebe haben sich dort angesiedelt. Ganz am Rand, in der Johannes-Mejer-Straße, befand sich das Grundstück der »Hungerbühler Baugesellschaft mbH & Co KG«. Nur einen Steinwurf entfernt rollte der Verkehr über die Umgehungsstraße. Das Areal wirkte im Unterschied zu den Nachbargrundstücken unaufgeräumt. Ein halbes Dutzend mittelgroßer Lkws der gleichen Bauart, wie sie sie auf dem Parkplatz der Klinik gesehen hatten, mehrere Baumaschinen, Container und andere Gerätschaften standen auf dem Areal. Ein einfacher Plattenbau diente als Verwaltungsgebäude. Christoph parkte den Volvo neben einem dunkelblauen Mercedes ML Geländewagen mit der Buchstabenkombination »NF-HB«.

Große Jäger zeigte auf das Nummernschild. »Ein formidabler Firmenwagen.«

»Du benutzt doch auch einen«, entgegnete Christoph. »Und die Kosten dafür musst du im Unterschied zum Unternehmer nicht einmal selbst verdienen.«

Die Eingangstür stand offen, und im ersten Büro saß ein Mann in Sporthemd und Jeans und grüßte freundlich nach Landesart mit »Moin«.

»Wir möchten zu Herrn Hungerbühler«, sagte Christoph.

Der Mann stand auf, ohne nach dem Namen oder dem Grund zu fragen. »Ich muss mal gucken, ob der Chef noch da ist«, sagte er und beugte sich am Fenster zur Seite. Er schien den Geländewagen erspäht zu haben. »Kommen Sie mal mit durch«, bat er und ging den Gang entlang. Er klopfte an einer der gleich aussehenden Türen kurz an und steckte, ohne die Antwort abzuwarten, den Kopf zur Tür hinein. »Chef. Besuch für Sie.«

»Wer denn?«, fragte eine Stimme, die ungehalten klang.

Der Kopf tauchte wieder auf, und der Angestellte fragte: »In welcher Angelegenheit kommen Sie?«

»Polizei«, antwortete Christoph. Der Angestellte gab es weiter.

»Soll'n reinkommen«, sagte die Stimme.

In einem schlichten und zweckmäßig mit Standardbüromöbeln eingerichteten Raum thronte hinter dem Schreibtisch in kunststoffbeschichtetem Nussbaumdekor ein stark übergewichtiger Mann. Es war ein angenehmer Sommertag, aber ohne hohe Temperaturen. Dennoch lief dem Mann der Schweiß in Bächen an den Koteletten herab. Die schütteren Haare ließen die Kopfhaut durchschimmern. Pausbacken und gewaltige Tränensäcke, die fast die Augen verschwinden ließen, die fleischige Nase und ein gewaltiges Doppelkinn, das manchen Pelikan neidisch gemacht hätte, vervollständigten mit der ungesund wirkenden roten Gesichtsfarbe das Bild eines Mannes, der sich bestimmt nicht in seiner Haut wohlfühlte.

Christoph stellte sich und Große Jäger vor.

»Sie haben Mitarbeiter auf der Baustelle der ›Kurklinik Am Wattenmeer‹ in den Reußenkögen.«

»Kann sein.«

Christoph wusste, wie Große Jäger auf solche Antworten reagierte. »Nix *kann sein*«, sagte der Oberkommissar barsch. »Vereinfachen wir uns das Verfahren, indem wir schnörkellos miteinander sprechen.«

»Weshalb interessiert sich die Polizei dafür?«

»Dort ist eine Frau ermordet worden«, sagte Christoph.

Hungerbühler schien das nicht zu beeindrucken. »Ich habe sie nicht umgebracht.«

»Wir bauen keine Hühnerställe. Und Sie führen keine Mordermittlungen durch. Können wir uns darauf einigen?«, schnauzte Große Jäger.

Hungerbühler holte tief Luft, um zu antworten. Christoph fuhr schnell dazwischen. »Wir benötigen die Namen und die Anschriften Ihrer Mitarbeiter, die dort eingesetzt waren.«

Die ohnehin kleinen Schweinsäuglein verengten sich noch mehr zu einem kaum wahrnehmbaren Schlitz. »Das ist Datenschutz. Werfen Sie mal einen Blick in die Zeitung. Überall gibt es Proteste, dass der Staat in zu vielen Dingen herumschnüffelt.«

»Sie müssen nicht nur die Leserbriefe studieren, sondern gelegentlich auch auf die Überschrift der ersten Seite blinzeln.« Große Jäger war an den Schreibtisch herangetreten und hatte sich mit beiden Händen auf der Tischplatte abgestützt. »Da steht, dass die Menschen im Lande es noch mehr hassen, wenn ein Unschuldiger ermordet wird.«

Hungerbühler ließ ein meckerndes Lachen hören. »Und das soll einer meiner Jungs gemacht haben? Lächerlich.«

»Was ist nun?« Christoph hatte die Fortführung des Gesprächs Große Jäger überlassen.

»Das sind raue Burschen. Zugegeben. Aber keine Gangster. Dafür lege ich meine Hand ins Feuer.«

Instinktiv sahen die drei Männer auf Hungerbühlers fleischige Hand, an deren Gelenk eine protzige Uhr prangte. Aus dem Material des Siegelrings an seinem Finger hätte man bestimmt drei andere Ringe fertigen können.

Demonstrativ streckte Große Jäger seinen Arm aus, sodass der

Ärmel seines Holzfällerhemds hochrutschte. »Freitag, ne?«, sagte er gedehnt. »Da machen wir auch gern am Mittag Feierabend, obwohl es schon später ist. Beamte eben.«

Hungerbühler sah ihn ein wenig ratlos an.

»Ich habe keinen Bock, lange um Nonsens zu quatschen.« Dann fingerte er umständlich sein Handy aus der schmuddeligen Jeans. Christoph kannte die Geste. Der Oberkommissar streifte dabei absichtlich den Zipfel der Weste so weit zurück, dass man das Schulterhalfter mit der Dienstwaffe sehen konnte. Das machte auf Laien für gewöhnlich Eindruck. Auch Hungerbühler war die Pistole nicht entgangen. Große Jäger hielt sein Handy in der Hand und sah Christoph an. Kunstvoll zog der Oberkommissar eine Augenbraue in die Höhe und fragte lässig: »Hast du die Nummer von der Steuerfahndung im Kopf?« Er hielt sein Handy kurz in die Höhe. »Die Gewerbeaufsicht und die gemeinsame Fahndungsgruppe Schwarzarbeit habe ich hier gespeichert.«

»Eh? Was wollen Sie damit sagen?«, fragte Hungerbühler. Die aufkommende Hektik war nicht zu übersehen.

»Nichts«, erwiderte Große Jäger seelenruhig. »Manchmal kommen die Kollegen auch so. Einfach so. Das kennen Sie doch von den Baustellen. Reine Routine.«

»Wollen Sie mich damit unter Druck setzen?«

»Wir? Wie kommen Sie darauf?«, fragte Große Jäger gespielt entrüstet. »Sie behaupten doch nicht, dass staatliche Stellen Unrechtes tun, oder?«

»Nun machen Sie doch nicht so einen Heckmeck. Ich kann doch nicht jedem vertrauliche Personendaten aushändigen.«

Die beiden Beamten wechselten einen raschen Blick. »Sehen wir aus wie *jeder*?«, fragte Große Jäger.

Hungerbühler stemmte sich ächzend in die Höhe. Er schnaufte, als er aus dem Zimmer watschelte und kurz darauf mit einem Ordner zurückkam. Schwer atmend ließ er sich in den Schreibtischstuhl fallen und schlug den Ordner auf.

»Hier«, sagte er und ließ seinen fleischigen Finger am Rande des Papiers entlangfahren. »Welche Namen wollen Sie?«

»Mirko Dreschnitzki«, nannte Christoph den Namen.

»Dreschnitzki … Dreschnitzki …«, murmelte Hungerbühler,

während der Finger abwärtswanderte. »Hier!« Dann sah er Christoph an. »Was wollen Sie denn von dem? Der ist in Ordnung.«

Große Jäger machte mit dem Zeigefinger eine Bewegung, als würde er jemanden zu sich heranwinken.

»Dreschnitzki ist in den Reußenkögen auf der Baustelle.«

»Eben nicht.«

»Was? Die faule Socke. Warum weiß ich nichts davon?«

»Sehen Sie. Manchmal bemüht sich die Polizei auch in scheinbar harmlosen Dingen. Also? Adresse?«

Hungerbühler verriet nicht nur die Adresse, sondern auch, dass Mirko Dreschnitzki ursprünglich aus Thüringen stammte, zweiundzwanzig Jahre alt war und jetzt in Bayreuth wohnte. »Bei seinen Eltern«, ergänzte der Bauunternehmer.

»Ich wünsche Ihnen ausdrücklich kein schönes Wochenende«, verabschiedete sich Große Jäger, als sie das Unternehmen verließen. Auf dem Weg zum Auto schimpfte er unentwegt über Hungerbühler. »Ich möchte gern wissen, wie so eine Drangtonne zu dem Namen Hungerbühler gekommen ist«, schimpfte Große Jäger und strich sich versonnen über seinen Schmerbauch.

»Kannst du das selbst beantworten?«, fragte Christoph.

»Ja.« Es klang knapp und präzise. Mit einem erneuten Streichen über die gespannte Lederweste mit dem Einschussloch grinste der Oberkommissar.

Christoph umklammerte das Lenkrad, als sie wieder im Auto saßen. Augenblicklich wurde Große Jäger ernst.

»Fahren wir«, sagte er, ohne dass Christoph einen Laut von sich gegeben hatte. Wieder einmal war Christoph erstaunt über die Sensibilität des Kollegen, der wusste, dass die beiden Beamten jetzt die Familie des Mordopfers aufsuchen würden.

Auf dem Parkplatz des großen Verbrauchermarkts zur Linken herrschte das übliche Gedränge an einem Freitagnachmittag. Christoph schauderte bei der Erinnerung an Jörg Asmussen, den Polizeibeamten, den man dort gekidnappt und später auf grausame Weise auf den Bahnschienen ermordet hatte.

Am Kreisverkehr hatte sich die übliche Schlange aufgebaut, die den Fahrzeugen aus Richtung Innenstadt den Vorrang lassen musste.

Für eine Stadt mit knapp über zwanzigtausend Einwohnern

und relativ dünn besiedeltem Umland herrschte hier stets sehr lebhafter Verkehr. Das lag mit Sicherheit weder an der nah gelegenen Kaserne des Flugabwehrraketengeschwaders »Schleswig-Holstein« noch an der Husumer Messe, deren Eingang hier abzweigte. Die hier stattfindende weltgrößte Windenergiemesse setzte nicht nur notwendige wirtschaftliche Impulse, sondern war mit dem neu errichteten NordseeCongressCentrum einer der Glanzpunkte der bunten Stadt am Meer.

Christoph bog auf die Umgehungsstraße ab, die bereits nach einem kurzen Stück abrupt an einer scharfen Linkskurve endete.

»Jetzt sind es nur noch ein paar Jahre«, brummte Große Jäger, »dann wird das Planfeststellungsverfahren abgeschlossen sein. Dann sucht man neue Plätze für die gemeine Brennnessel, die gelb gestreifte Kampfameise und den fliegenden Hasenfisch, die hier beheimatet sind, bevor die Bundesstraße weiter ausgebaut wird und gegen Ende des Jahrhunderts vielleicht die Ortsumgehungen für Hattstedt, Breklum und Bredstedt fertiggestellt sind. Brüssel würde kopfstehen, wenn die Lkws nicht mehr durch die Dörfer rasen würden, die Bewohner nachts schlafen und die Kinder sicher über die Straße gehen könnten. Und solange wir einen bayerischen Verkehrsminister haben, können die Nordfriesen sicher sein, dass ihr Unikat erhalten bleibt: der einzige deutsche Landkreis ohne Autobahnanschluss.«

Christoph lachte. »Dafür freut sich der Innenminister in Kiel. Unter seinen Polizisten hat er wenigstens einen einzigen Beamten, der völlig frei von Vorurteilen ist.«

Kurz darauf fluchte Große Jäger unbotmäßig, als sie den Bahnübergang überquerten, dessen Huckel Ortsfremden regelmäßig beim Flug ans Autodach Kopfbeulen bescherte.

Wenig später hatten sie den Ortseingang Hattstedts erreicht. Urlauber schätzen den ruhigen Ferienort in Nordseenähe, während Musikliebhaber ihn als Heimat des Spielmannszugs kennen, der schon viele internationale Preise in die Marsch heimgeholt hat. Vielleicht wissen Kölner, dass die hier beheimateten »Hardcorefriesen« sich mit einem Wagen ihres Karnevalsvereins am Kölner Rosenmontagszug beteiligen. Die über fünfhundert Jahre alte Marienkirche mit ihrem weit über die Marsch hinausragenden Kirchturm kennen sicher weniger Menschen als den Kölner Dom, den ausländische Gäste als das bekannteste Bauwerk Deutschlands bezeichnen.

Christoph bog kurz hinter der Tankstelle in die Straße »Siede Hattstedt« ab, eine schmale Straße mit einem wunderbaren alten Baumbestand. Sie führte direkt in das Neubaugebiet »Wiedeblick«. Wie auf einem Präsentierteller waren hier auf engem Raum zahlreiche Neubauten entstanden, die sich mit ihrer architektonischen Vielfalt wohltuend von der uniformen Bauweise manch anderer neuer Wohngebiete unterschieden. Christoph empfand es als spannend, nebeneinander Häuser aus unterschiedlichen Materialien bis hin zum schwedischen Holzhaus, das ihn an Astrid Lindgrens Bullerbü erinnerte, zu sehen. Bei vielen Grundstücken waren noch keine Außenanlagen hergerichtet. Das traf auch auf ihr Ziel zu. Der rote Passat stand auf dem nackten Erdreich vor dem Haus. »Ich bin ein Alternativer«, las Christoph von einem Aufkleber ab, der am Heck klebte und den ein großes Windrad zierte.

Unter dem Klingelknopf war ein schlichtes Messingschild befestigt: »Bunge«. Deutlich war die Türglocke im Hausinneren zu hören, als Christoph die Klingel betätigte. Nichts rührte sich. Er versuchte es erneut. Es tat sich immer noch nichts.

»Vielleicht ist der Mann noch arbeiten«, überlegte Große Jäger laut.

Christoph sah sich um. Aus dem Nachbarhaus war ein älterer Mann herausgetreten. Er neigte zu einer gemütlichen Rundlichkeit und nickte freundlich in Richtung der beiden Polizisten.

»Wissen Sie, ob Herr Bunge zu Hause ist?«, fragte Christoph. Der Mann legte die Hand hinters Ohr, rückte die Brille ein wenig zurecht und kam näher.

Christoph wiederholte seine Frage.

»Eigentlich schon«, sagte der Mann. Christoph schätzte ihn auf Ende sechzig, vielleicht ein wenig älter. »Ich meine, er wäre heute Morgen von der Arbeit gekommen. Vielleicht schläft er, bis seine Frau heimkommt. Probieren Sie es noch einmal.«

Als Christoph erneut auf den Klingelknopf drückte, empfahl der Nachbar: »Halten Sie den Knopf ruhig etwas länger fest.«

Der Tipp war hilfreich. Nach einer guten Minute öffnete sich die Haustür, und ein mittelgroßer Endvierziger erschien. Er blinzelte verschlafen gegen die Sonne, entdeckte den Nachbarn und warf ihm ein »Moin, Lothar« zu. Dann musterte er die beiden Beamten.

»Herr Bunge?«

Er bestätigte es.

»Wir sind von der Polizei. Dürfen wir reinkommen?«

Bunge sah sie irritiert an. »Ja«, stammelte er. »Kommen Sie.« Er führte sie ins Wohnzimmer, das mit hellen Holzdielen ausgelegt war. Die Möblierung erschien auf den ersten Blick spärlich. Doch der Schein trog. Der Raum war nicht überfrachtet, sondern mit Liebe und Fingerspitzengefühl geschmackvoll eingerichtet. Anstelle eines Sofas waren vier bequem aussehende Sessel um einen niedrigen runden Holztisch gruppiert und auf den großen Flachbildfernseher ausgerichtet, der an der Wand hing. Das asymmetrisch angeordnete Wandbord war mit Büchern, DVDs und ein paar persönlichen Erinnerungsstücken gefüllt. Auch hier galt, dass weniger durchaus mehr sein kann. Ein Sideboard und eine Art Bauernschrank vervollständigten die Einrichtung neben dem runden Esstisch mit den vier Stühlen. Christoph fiel auf, dass man in diesem Haus offenbar nie mehr als zwei Besucher erwartete, während häufig die ungeschriebene Norm »sechs Personen« galt.

Bunge bat sie an den runden Tisch und schob ein Holzbrettchen mit einem quer darauf liegenden Messer, an dem noch Spuren von Tee- oder Leberwurst klebten, zur Seite.

»Entschuldigung, aber ich bin heute früh von der Arbeit gekommen. Wir waren an der holländischen Grenze in der Nähe von Lingen. Dann habe ich eine Kleinigkeit gegessen und bin todmüde ins Bett gefallen. In der Woche komme ich, wenn ich auf Montage bin, selten dazu, ausreichend zu schlafen. Das hole ich am Wochenende nach.« Wie um seine Worte zu unterstreichen, gähnte er herzhaft. Bunge war mittelblond und wies auf dem Kopf die ersten kahlen Stellen auf, an denen die Kopfhaut durchschimmerte. Er schien im Freien zu arbeiten. Das verriet die gesunde Gesichtsfarbe. Dennoch war ihm anzusehen, dass er abgespannt und müde war. Die Ringe unter den Augen waren eindeutige Anzeichen dafür.

»Sie arbeiten als was?«, fragte Christoph.

»Ich bin Monteur für Windkraftanlagen. Wir nehmen neue Anlagen in Betrieb. Überwiegend beschäftigen wir uns aber mit der Wartung. Meistens ist es die planmäßige Routineuntersuchung. Manchmal müssen wir aber auch Störungen beheben. Die Anlage muss laufen. Time is money.«

»Dann ist es Ihr Passat vor der Tür? Der mit dem Aufkleber?« Bunge schien ein wenig irritiert zu sein. »Ach, Sie meinen: ›Ich bin ein Alternativer‹. Ja. Damit verdiene ich mein Geld.« Plötzlich stutzte er. »Ist was mit dem Wagen? Ich meine, weil die Polizei …?«

Christoph räusperte sich. In seiner langjährigen beruflichen Laufbahn war er schon oft dieser Situation ausgesetzt gewesen, dass er schlechte Nachrichten zu überbringen hatte. Bis heute hatte er sich nicht daran gewöhnen können.

»Es geht um Ihre Frau.«

»Ja? Was ist mit der? Die arbeitet.«

»Ihr ist etwas zugestoßen.«

Bunge sah Christoph an. Es schien, als würde er durch ihn hindurchsehen. Christoph kam es wie eine Ewigkeit vor. Dann schüttelte der Mann den Kopf.

»Das kann nicht sein. Die ist auf Arbeit. In der Rehaklinik. Da draußen, in den Kögen.«

»Da war sie gestern«, sagte Christoph behutsam. »Haben Sie Ihre Frau nicht vermisst, als Sie nach Hause gekommen sind?«

»Wieso denn? Die hat gestern gefeiert, nachdem das Personal sich zwei lange Monate bis auf die Knochen abgeschuftet hat. Sie wusste nicht, wie lange es dauert und ob sie eventuell etwas trinkt. Dann wollte sie dort schlafen. Das hatte man den Gästen der Einweihung angeboten. Die haben da ja genug Zimmer. Und die ersten Kurgäste sollen erst nächste Woche kommen. Glaube ich. Außerdem wusste Heike gar nicht genau, wann ich zurück bin. Das habe ich nicht gesagt, weil das nicht vorhersehbar ist. Wir hatten eine Störung, und da kann man nie im Voraus sagen, wie lange es dauert. Manchmal geht es auch übers Wochenende. Darum habe ich sie nicht vermisst. Und telefonieren kann man auch schlecht. Auf dem Festnetz mag Heike es nicht, wenn man sie auf der Arbeit anruft. Da weiß man nicht, wer am Apparat ist. Sie sagt, der Doktor wäre so komisch. Und Handyempfang ist da ganz schlecht. Manchmal klappt es überhaupt nicht. Deshalb habe ich …«

»Herr Bunge!« Christoph unterbrach den Redefluss des Mannes. Er konnte verstehen, dass Bunge die Tragweite der Nachricht noch gar nicht richtig erfasst hatte. Er hatte lediglich vernommen, dass ihr »etwas zugestoßen« war. Das konnte alles Mögliche bedeuten. Christoph schien es, als wäre der Mann gar nicht an Einzelheiten interessiert, als würde er krampfhaft bemüht sein, durch seinen Redefluss der nächsten entscheidenden Frage ausweichen zu wollen.

Jetzt sah er Christoph an und rieb sich über die Augen, als wäre er aus einer Trance erwacht.

»Herr Bunge, wir müssen Ihnen die traurige Mitteilung machen«, begann Christoph und ärgerte sich im selben Moment über sich selbst, weil er diesen abgedroschen klingenden Satz benutzte, »also: Ihre Frau ist durch Fremdeinwirkung verstorben.«

»Das geht doch nicht. Sie ist doch kerngesund.« Bunge sah Christoph an, als würde er Märchen erzählen.

»Es ist kein medizinischer Notfall gewesen, auch kein Unfall, sondern …«

Mitten im Satz beugte sich Große Jäger vor und legte seine Hand auf Bunges Unterarm, weil beide Beamten dem Mann ansahen, dass er dem Inhalt von Christophs Worten nicht hatte folgen können.

»Hör mal«, sagte der Oberkommissar in vertraulicher Tonlage. »Deine Frau ist ermordet worden. Gestern Abend. Auf dem Klinikgelände.«

»Das geht doch nicht.« Bunges Antwort klang wie ein energischer Protest. »Die haben doch gefeiert. Da ist man doch fröhlich. Bei so was stirbt man doch nicht.«

»Genaue Umstände kennen wir auch noch nicht. Wir stehen noch am Anfang unserer Ermittlungen.« Christoph hatte betont ruhig gesprochen. Dann ließ er dem Mann ein wenig Zeit. Bunge knetete die Hände, die auf dem Esstisch lagen. Ihn schien es nicht zu stören, dass die rauen und rissigen Finger dabei in den Gelenken vernehmlich knackten.

»Hat Ihre Frau von der Arbeit berichtet? Davon, dass es dort Ärger mit jemandem gab?«

»Natürlich war da Stress. Wundert Sie das? Aber das ist doch normal.«

»Haben Sie mit Ihrer Frau über die Kurklinik gesprochen?«

»Kaum. Mensch! Wir haben uns fast gar nicht mehr gesehen. Sie war ja Tag und Nacht in diesem Scheißladen. Und wenn ich am Wochenende nach Hause gekommen bin, war sie kaputt. Alle.« Bunge hatte laut gesprochen. Er schrie fast. Es war, als müsse er den beiden Beamten etwas erklären.

Christoph erinnerte sich, dass ihm verschiedene Zeugen von den Annäherungsversuchen einiger der männlichen Gäste berichtet hatten. Und Schwester Heikes Vorgesetzten, Dr. Aufgänger, hatte der Hausmeister ein wenig vorlaut als »Draufgänger« bezeichnet. Diese Formulierung war mit Sicherheit nicht am Vorabend entstanden.

»Hat Ihre Frau sich früher schon einmal über Aufdringlichkeiten am Arbeitsplatz beklagt?«, fragte Christoph.

Bunge schenkte ihm einen giftigen Blick. »Was soll das heißen? Soll Heike …? Sind Sie total bekloppt? So eine ist meine Frau nicht. Die geht nicht fremd.«

»So war das nicht gemeint. Wenn Ihre Frau Aufdringlichkeiten anderer ausgesetzt war, heißt es nicht, dass sie den Annäherungsversuchen auch stattgegeben hat.«

»Neiiin!« Bunge sah Christoph mit Augen an, die ein wenig an Fieberglanz erinnerten. »Natürlich ist sie immer wieder mal angemacht worden. Nicht nur bei der Arbeit. Da liefen jede Menge Handwerker herum. Aber Heike geht auf so was nicht ein. Sie geht nicht fremd. Ganz bestimmt nicht. Ich auch nicht. Wir wissen, was wir aneinander haben. Wir lieben uns.«

»Wir haben von den Maurern auf der Baustelle gehört, dass …«

Bunge winkte ab. »Ach, hören Sie doch auf. Natürlich gucken die Burschen jedem Rock nach. Aber Heike hat nie etwas verlauten lassen, dass jemand übers Ziel hinausgeschossen ist. Sie hat darüber gelacht, dass es wohl einen jüngeren unter den Maurern gab, der hinter jeder Frau her war. Der muss immer notgeil gewesen sein.«

Christoph dachte an das andere Opfer, Schwester Elena, die im Husumer Krankenhaus lag.

»Hat Ihre Frau irgendwann einmal einen Namen genannt?«

»I wo. Nur so 'n Schnösel. Sie sagte, der fährt regelmäßig irgendwo am Wochenende zu seinen Eltern in den Süden.«

»Bayreuth?«

»Keine Ahnung.« Bunge winkte ab. »Der Typ muss wohl heiß gewesen sein. Der hatte das ganz besonders auf eine junge Kollegin abgesehen, die irgendwo aus dem Osten kam.«

»Schwester Elena?«

»Kann sein. Ich hab nicht wirklich hingehört, wenn Heike von der Arbeit erzählt hat. Der Kerl hat alle angebaggert. Der hätte wohl gern jede Frau flachgelegt.«

»Auch Ihre?«

Bunge schlug mit der Hand auf die Tischplatte. »Sind Sie schwer von Begriff? Ich sagte schon, dass Heike für so was nicht empfänglich war. Die ist nicht fremdgegangen. Nie!« Bunge atmete tief durch. »Und jetzt – raus! Ich muss allein sein.«

»Wir müssen alle Alibis überprüfen«, sagte Christoph und hatte ein wenig Scheu, dem Witwer die folgende Frage zu stellen. »Kann jemand bezeugen, dass Sie bis gestern Abend oder heute Nacht im Emsland gearbeitet haben?«

»Sicher. Ich war doch nicht allein, sondern mit einem Kollegen auf der Anlage.«

»Der ist mit Ihnen zurückgefahren?«

»Nee. Herberts Frau ist am Wochenende zu ihm gekommen. Der ist dageblieben.«

Sie ließen sich noch den Namen des Arbeitskollegen geben. Anschließend überreichte ihm Christoph seine Visitenkarte. »Wenn Ihnen noch irgendetwas einfällt, dann melden Sie sich bitte bei uns. Es gibt grundsätzlich keine Nebensächlichkeiten. Für uns sind auch scheinbare Bedeutungslosigkeiten wichtig.«

Bunge nickte. »Ist in Ordnung.« Achtlos warf er die Karte auf den Esstisch.

»Ist dir auch aufgefallen, dass der Ehemann gar nicht nach den Umständen des Todes gefragt hat?«, wollte Große Jäger wissen, als sie wieder vor dem Haus standen.

»Ist das verwunderlich? Das sind die Fragen aus Fernsehkrimis: ›Wie ist das geschehen?‹ und ›Wer war das?‹. Menschen, die von solchen Nachrichten überrascht werden, reagieren aber nicht nach Drehbuch. Wir bekommen immer mehr Hinweise, dass sich Mirko Dreschnitzki an die Frauen herangemacht hat. Ich halte ihn für einen der Hauptverdächtigen bei der Vergewaltigung Elena Petrescus. Heike Bunge hingegen sah auf den ersten Blick nicht so aus, als wäre ihr Gewalt angetan worden.«

»Und wenn es derselbe Täter ist, der zunächst versucht hat, Schwester Heike zu vergewaltigen? Als das erfolglos blieb, hat er die Frau ermordet. Entweder aus Angst, entdeckt zu werden, oder aus Ärger darüber, dass der Versuch gescheitert war. Wenn die Hormone durcheinandergeraten, verlieren manche Menschen die Kontrolle über sich selbst. Und Alkohol, der reichlich geflossen sein soll, enthemmt zusätzlich.«

Christoph musste Große Jäger recht geben. Das war eine der Hauptspuren, die sie verfolgen mussten.

»Warum hat Bunge mehrfach betont, ja – er ist fast zornig geworden – als du gefragt hast, ob seine Frau sich gegen Anmache am Arbeitsplatz hat wehren müssen?«

»Das ist mir auch aufgefallen.« Christoph sah sich um. »Vielleicht weiß der Nachbar mehr«, sagte er und wandte sich zum Nebenhaus um. Das Schild unterm Klingelknopf ähnelte dem der Familie Bunge. »Lange«, las Christoph vor und strich gedankenverloren mit dem Zeigefinger über den Namenszug.

Der ältere Mann sah sie erstaunt an, als er die Tür öffnete und die beiden Beamten erblickte.

»Wir sind von der Polizei Husum«, sagte Christoph. »Haben Sie einen Moment Zeit für uns?«

Herr Lange reagierte überrascht wie viele Menschen, die plötzlich der Polizei gegenüberstanden. »Ist etwas mit Bertram?«, fragte er und nickte in Richtung des Nebenhauses. Ohne die Antwort abzuwarten, bat er die Beamten ins Haus und führte sie ins Wohnzimmer.

Christoph sah sich automatisch um. Sein Blick blieb bei einem voll ausgestatteten Computerarbeitsplatz haften. Herr Lange hatte es bemerkt.

»Mein Hobby«, erklärte er. »Wenn es meine Zeit erlaubt, bin ich im Internet unterwegs. Man glaubt es nicht, dass Leute in meinem Alter – ich bin schon über siebzig – Freude daran haben.« Er sah an Christoph vorbei und sagte: »Meine Frau.«

Die grauhaarige Frau, die aus dem Hintergrund herangetreten war, begrüßte die beiden.

»Die Herren sind von der Polizei«, erklärte Herr Lange.

»Was ist denn passiert, Lothar?«, fragte seine Frau, und es klang erschrocken.

»Irgendwas mit Bertram«, sagte Lothar Lange. Ein blasser Schimmer huschte über das Gesicht mit der gesunden Farbe.

»Es geht um Frau Bunge«, sagte Christoph.

»Heike?«, fragte das Ehepaar fast synchron.

Christoph berichtete in wenigen Sätzen, dass Heike Bunge einem Verbrechen zum Opfer gefallen war, ohne Einzelheiten preiszugeben.

»Oh mein Gott.« Frau Lange hielt sich die Hand vor den Mund.

»Sie wollen aber nicht Bertram verdächtigen?«, fragte Lothar Lange.

»Die Polizei verfolgt verschiedene Spuren«, erwiderte Christoph ausweichend. »Wir waren eben bei Ihrem Nachbarn, um ihm die Nachricht zu überbringen. Bei einer solchen Tat versuchen wir uns auch ein Bild des Opfers zu machen. Kennen Sie das Ehepaar Bunge gut?«

»Heike und Bertram?«, überlegte Lothar Lange laut. »Ja. Wir sind seit zehn Jahren Nachbarn. Oder sind das schon mehr?« Als er Christophs fragenden Blick gewahrte, ergänzte er: »Nicht hier. Wir haben schon in Husum in der Nachbarschaft gewohnt.« Lange sah seine Frau an. »Das sind ruhige und anständige Leute. Wir sprechen miteinander, passen während des Urlaubs auf den Briefkasten des anderen auf, und im Sommer grillen wir auch mal zusammen oder trinken 'nen Bier miteinander. Nein. Die sind in Ordnung.«

»Haben Sie irgendwann einmal etwas von Meinungsverschiedenheiten gehört?«

Herr Lange lächelte schwach. »Meine Frau und ich – wir haben die goldene Hochzeit überstanden, trotzdem gibt es die wohl in jeder Ehe. Das wäre auch schlimm, wenn nicht. Nein. Krach, ich meine so einen richtigen, haben die nie gehabt. Beide sind ungeheuer fleißig. Bertram ist oft die ganze Woche über unterwegs. Und Heike hat auch viel zu tun, seitdem sie da in den Reußenkögen ist. Wie gut haben wir das, was?« Er schenkte seiner Frau einen Blick. »Ich war Berufssoldat in Husum bei der Bundeswehr. Danach sind wir hierhergezogen. Vorher war ich in Münster stationiert. Bei der Luftwaffe. Ach ja – Heike«, fiel ihm wieder ein. »Die waren ein glückliches Paar. Denen hat es ja auch an nichts gefehlt. Und Kinder haben sie auch keine.«

»Haben Sie beobachten können, dass Heike Bunge Besuch empfangen hat, wenn Bertram Bunge auf Reisen war?«

»Wie meinen Sie das?« In Lothar Langes Frage lag etwas Lauerndes. Dann schüttelte er energisch den Kopf. »Nein. Da hat sich nichts abgespielt. Da war nie jemand. Und sie selbst ist auch nie ausgegangen. Ganz selten mal, dass sie nach Husum ins Kino ist. Oder irgendwo zu einem Vortrag. Doch – sie war doch auf so einem Kursus bei der Volkshochschule ...« Ein hilfesuchender Blick streifte sein Frau.

»Yoga«, sagte Frau Lange.

»Genau. Dafür hatte sie wohl ein Faible.«

»Hat Heike Bunge sich Ihnen gegenüber einmal negativ über jemanden aus ihrem Arbeitsumfeld ausgelassen?«

Lothar Lange zuckte die Schultern. »Mir gegenüber nicht. Weißt du was?«

Frau Lange legte die Fingerspitzen an den Mund und hüstelte. »Sie hat nur gesagt, dass es dort sehr chaotisch zuginge und sie nicht wüssten, wie sie alles bis zur Eröffnung schaffen sollten.«

»Gab es irgendwelche Beschwerden über Zudringlichkeiten von Mitarbeitern oder Handwerkern?«

»Nein. Davon hat sie nie gesprochen.«

Christoph bat das Ehepaar Lange um Nachricht, falls ihnen noch irgendetwas einfallen würde. Dann kehrten die Beamten auf die Dienststelle zurück.

Dort las Christoph den Bericht, den Hilke Hauck in aller Eile zusammengefasst hatte. Die Aufnahme der Personalien und die Erfassung der Speichelproben für die DNA-Analyse war bis auf wenige Ausnahmen unproblematisch abgewickelt worden. Monsignore Kuslmair hatte seine Weigerung, eine DNA-Probe abzuliefern, standhaft beibehalten. Das war nicht schlimm. Sie hatten den Zigarrenstummel.

Heinz Kohlschmidt, der Maurer, den Christoph im Heizungskeller aufgestöbert hatte, war nicht mehr angetroffen worden. Sein Polier, Bolle, wusste nicht, wo der Mitarbeiter abgeblieben war. »Der war noch mächtig vom Besäufnis des Vorabends angegriffen«, erinnerte sich Christoph an den angeschlagenen Zustand des Mannes. »Es ist denkbar, dass er sich heimlich davongeschlichen hat, um seinen Kater zu pflegen.«

Erstaunt war Christoph, dass selbst Kuddl Bolle die Abgabe der Speichelprobe abgelehnt hatte. »So was mach ich nicht«, hatte er dem Beamten diktiert, der ihn darum ersucht hatte.

Hilke hatte weiterhin notiert, dass man nicht alle, die auf der Personalliste standen, angetroffen hatte. Die Leute würden in den nächsten Tagen von den Beamten aufgesucht, zum Verlauf des Abends befragt und um die Probe gebeten werden. Zu guter Letzt hatte Hilke noch gute Wünsche für das Wochenende angefügt und viel Erfolg gewünscht.

Mehr Aufwand versprach die Gästeliste zu bereiten, die der Verwaltungsleiter erstellt hatte. Die Leute waren nur an diesem Abend anwesend und wohnten zum Teil nicht einmal in der Region. Christoph konzentrierte sich auf die Namen der Männer, die nach dem, was er bisher an Informationen zusammengetragen hatte, bis zum Ende der Veranstaltung oder kurz davor anwesend gewesen waren. Es waren der Papierform nach alles honorige Persönlichkeiten, denen der Laie eine solche Tat nie zutrauen würde. Monsignore Kuslmair hatte es durch sein Verhalten deutlich bekundet, wie er allein über die Bitte, seine DNA abzuliefern, dachte. Leider gab es immer wieder Menschen, durchweg führende Persönlichkeiten, die glaubten, sich nicht den gleichen Bedingungen, die für die Mehrheit galten, unterordnen zu müssen.

Gedankenverloren notierte sich Christoph den Namen Mirko Dreschnitzki auf seiner Schreibtischunterlage. Der junge Mann musste nach den Aussagen anderer Teilnehmer viel getrunken haben.

Monsignore Kuslmair war sicher unverdächtig, leichtfertig Beschuldigungen auszusprechen. Er hatte aber auch Andeutungen gemacht, dass Dreschnitzki eine sehr lockere Tonart gegenüber den Frauen angeschlagen hatte. Sein Kollege Kohlschmidt und der Polier Bolle hatten sich unabhängig voneinander ähnlich geäußert. Warum war der junge Arbeiter direkt nach dem Fest verschwunden und ohne Nachricht am Freitag nicht am Arbeitsplatz erschienen?

Christoph wählte die Mobilfunknummer Dreschnitzkis an. Sofort schaltete sich die Mobilbox ein. Der Versuch, jemanden unter der Festnetznummer der Eltern in Bayreuth, bei denen er wohnte, zu erreichen, war ebenfalls erfolglos. Er beschloss, die örtliche Polizei um Amtshilfe zu bitten, und musste dabei feststellen, dass auch die Polizei eine Behörde mit einem langen Dienstweg ist. Ein Hauch »königliches Bayern« schwebte ihm entgegen, als er erfuhr, dass die zuständigen Ordnungshüter offiziell als »Oberfränkische Polizei« firmierten, immerhin unter der gerade noch geduldeten Überschrift »Polizei Bayern – der Garant für Ihre Sicherheit«. Er unterließ es, Große Jäger auf diesen Text aufmerksam zu machen. Der Oberkommissar hätte mit Sicherheit längere Ausführungen zu seiner persönlichen Ansicht über die Vorstellung von »Law and Order« des einen oder anderen bayerischen Innenpolitikers von sich gegeben.

Es schien, als würden die süddeutschen Kollegen ähnliche Dienstzeiten haben wie Addi Blödorn aus der Husumer Kreisverwaltung, der am Nachmittag Zeit für ein Schläfchen gefunden hatte. Im Polizeipräsidium für Oberfranken fand sich kein Ansprechpartner mehr, der sich für zuständig erklärt hätte.

»Kennen Sie die Adresse?«, fragte der Beamte.

»Tristanstraße in Bayreuth.«

»Da gebe ich Ihnen die Durchwahl der Polizeiinspektion Bayreuth-Stadt.«

Dort hörte sich eine junge Frau Christophs Bitte um Amtshilfe an und stellte interessiert Fragen, um nach einer ganzen Weile festzustellen: »Da sind Sie bei uns falsch. Wenden Sie sich an die Kriminalpolizeiinspektion Bayreuth.« Immerhin erhielt Christoph die Telefonnummer.

Der nächste Gesprächspartner fragte: »Wen möchten Sie denn sprechen?«

Christoph wiederholte in Kurzform seine Bitte.

»Ja, das habe ich verstanden. Und mit wem verbinde ich Sie jetzt?«

Man musste nordfriesische Gelassenheit aufweisen, dachte Christoph, um sich durch die Geheimnisse der bayerischen Polizeiorganisation führen zu lassen.

»Ich verbinde Sie mit dem KDD«, sagte der Mann schließlich. Christoph vermutete, dass sich hinter dieser Abkürzung der Kriminaldauerdienst verbarg. Der schien aber gerade die Teepause einzunehmen. Es dauerte ewig, bis sich jemand meldete.

Erneut erzählte Christoph seine Geschichte.

»Von wo rufen Sie an?«, fragte jemand auf Fränkisch. Christoph musste seine ganze Konzentration aufbieten, um den fremden Tonfall zu verstehen.

»Aus Husum an der Nordsee.«

Der Gesprächspartner deckte die Sprechmuschel mit einer Hand ab. Es war aber unzureichend, sodass Christoph unfreiwillig mithören könnte. Es ertönte ein tiefes Lachen, dann sagte der Beamte: »Da ist ein Fischkopf. Die haben Probleme und brauchen unsere Hilfe.«

»Alles andere tät mich wundern«, antwortete jemand aus dem Hintergrund.

Dann ließ sich der Franke alles erklären, fragte nach, worin sich der Verdacht gegen Dreschnitzki begründete, und meinte schließlich: »Das ist alles sehr vage. Wir können doch nicht dorthin fahren und sagen: Haben Sie jemanden umgebracht oder vergewaltigt?«

»Doch. Genau darum ersuche ich Sie.«

Der Beamte aus Bayreuth blieb skeptisch. »Uns fehlt aber die Rechtsgrundlage.«

»Haben Sie schon einmal etwas von Gefahr im Verzug gehört? Bei uns lernt jeder junge Kollege zudem, dass der erste Angriff immer der wichtigste ist.«

Die im Dialekt vorgetragene Antwort verstand Christoph nicht. »So ... auf Verdacht. Das können wir nicht«, beschied ihn der Franke. »Wer sind Sie überhaupt?«

»Greifen Sie zum Telefonbuch«, sagte Christoph, »suchen Sie die Nummer der Polizeidirektion Husum und verlangen Sie den Leiter der Kripo. Dann können wir unser Gespräch fortsetzen.«

Wenigstens das schien den Mann beeindruckt zu haben. »Ich brauche schon etwas Schriftliches«, sagte er.

»Klei mi doch am Mors«, erwiderte Christoph und erhielt prompt eine Nachfrage: »Bitte? Ich habe Sie jetzt nicht verstanden.«

Christoph ließ sich die Mailadresse des Kriminaldauerdiensts geben und sandte, nachdem er das Gespräch beendet hatte, die gewünschte Nachricht in die oberfränkische Metropole. Er hatte die Mail gerade abgesandt, als sich sein Telefon meldete.

»Hier ist eine Frau, die möchte jemanden sprechen, der mit dem Todesfall Heike Bunge zu tun hat«, sagte die Polizistin von der Wache, die nach allgemeinem Dienstschluss den Pfortendienst mit wahrnahm.

»Ich komme«, erwiderte Christoph und ging eine Etage abwärts. Vor dem Tresen stand eine Frau mit langem tiefschwarzen Haar, das durch ein gesticktes Stirnband gehalten wurde. Sie hatte ein faltenreiches, nahezu zerklüftetes Gesicht, in dem die Augen durch einen kräftigen Kajalstrich und tiefgrüne Lidschatten betont wurden. Auch der grellrote Lippenstift war außergewöhnlich auffallend. Insgesamt war die Frau eine ungewöhnliche Erscheinung. Dazu trug sicher auch der wollene Poncho bei, der locker über ihren Oberkörper hing und ihre Konturen verbarg, doch der faltenreiche Hals und die knochigen Arme, die aus dem Poncho hervorlugten, ließen eine hagere Gestalt vermuten. Die nackten Füße steckten in Sandalen. Lediglich die Jeans war eine Konzession an die bürgerliche Kleiderordnung. Christoph hätte sich nicht gewundert, wenn eine Feder ihr Haar geschmückt hätte.

Sie kam Christoph entgegen und streckte die Hand aus, die mit zahlreichen Armreifen verziert war.

»Sie sind für den Todesfall Heike Bunge zuständig?«, fragte sie mit einer erstaunlich festen, fast rauen Stimme.

Christoph nickte.

»Ich bin Catori«, stellte sie sich vor.

»Ist das der Vor- oder der Zuname?«, fragte Christoph und gewahrte, wie die uniformierte Beamtin mit vor Staunen offenem Mund dem Dialog folgte.

»Es gibt keine Unterscheidung«, erklärte die Frau. »›Catori‹ ist indianisch und stammt aus dem Volk der Hopi. Ich habe bei diesem Stamm über zwanzig Jahre gelebt und bin erst nach dem Tod meines Mannes wieder nach Deutschland zurückgekehrt.«

Christoph bat sie, ihm in sein Büro zu folgen. Dort stellte er sie dem Oberkommissar vor, der den Gast neugierig betrachtete. »Catori« schien Musterungen dieser Art gewohnt zu sein. Gelassen ließ sie Große Jägers Inaugenscheinnahme über sich ergehen.

Dann nahm sie auf dem angebotenen Besucherstuhl an Christophs Schreibtisch Platz.

»Sie sagten, Ihr Name wäre indianischen Ursprungs. Welche Bedeutung hat er?«, fragte Christoph.

»Mein Mann gehörte zum Stamm der Hopi. Er war ein Weiser und Gelehrter und hochgeachtet. Ich habe viel von ihm gelernt über das Leben und die Dinge zwischen Himmel und Erde, die den meisten Menschen verschlossen bleiben. So hat man mir den Namen Catori zugewiesen. Er bedeutet ›Spirit‹. Auf Deutsch würden Sie eher Geist sagen.«

»Ich bin Sitting Bull«, knurrte Große Jäger. »Und wenn wir beide uns mit dem richtigen Namen vorstellen, wie heißen Sie dann?«

»Was bedeutet ein Name, den sich früher Menschen ausgedacht haben, die wenig von den Geheimnissen dieser Welt wissen?«

»Mein Name ist Große Jäger.«

Catori warf ihm einen vernichtenden Blick zu. »Wollen Sie seriös mit mir reden? Oder mich auf den Arm nehmen.«

»Sorry. Ich heiße wirklich so.« Er zückte seinen Dienstausweis und hielt ihn Catori hin. Die Frau studierte das Dokument ausführlich. Dann verneigte sie leicht den Kopf und verschränkte ihre Arme vor der Brust, von deren weiblicher Gestalt unter dem Poncho nichts zu erkennen war.

»Oh, Verzeihung«, sagte sie.

»Und? Jetzt möchte ich Ihren Namen wissen.«

Sie seufzte tief. »Ich hieß früher Hildegard Oehlerich.«

Große Jäger streckte ihr die Hand entgegen. »Darf ich bitte Ihren Ausweis sehen?«

Frau Oehlerich schien sich zunächst zu zieren. Dann tauchte ihre Hand unter dem Poncho ab und beförderte kurz darauf einen Personalausweis hervor.

»Na bitte«, sagte der Oberkommissar und reichte das Dokument an Christoph weiter.

Die Frau war zweiundsiebzig Jahre alt und wohnte in Westerschnatebüllkoog. Christoph gab ihr den Ausweis zurück, während Große Jäger sich vor seinen Bildschirm setzte und etwas eingab.

»Sie wollen eine Aussage machen«, eröffnete Christoph das Gespräch.

»Keine Aussage. Ich habe Ihnen etwas mitzuteilen. Ich hatte einen sehr engen spirituellen Kontakt zu Heike. Sie war meine Schülerin. Eine hochbegabte Frau mit außergewöhnlichen geistigen Fähigkeiten.«

»Eine intelligente Frau«, warf Christoph ein.

»Es gibt noch eine andere Welt als die, die Sie mit Ihren begrenzten Fähigkeiten wahrnehmen. Die geistige Welt.«

»Spiritistisch?«

Frau Oehlerich nickte. »Man muss die Begabung dazu haben, um sie zu spüren. Aber auch den Willen, die Energie aufzunehmen. Nichts geschieht, ohne dass es einen tieferen Sinn hat. In jedem Tun und Handeln steckt ein Sinn, auch wenn wir es nicht verstehen. Nur wenigen Menschen ist die Gabe verliehen, das zu verstehen, Dinge zu interpretieren und die Botschaften darin zu lesen.«

»Aha!«

Christoph und die Frau sahen zu Große Jäger, der sich seines Kommentars nicht enthalten konnte.

»Ich habe gewusst, dass etwas mit Heike nicht in Ordnung ist, dass sie in Not war. In höchster Not.«

»Wann war das?«, kam Christoph seinem Kollegen zuvor.

»Gestern.«

»Genauer?«

»Die geistige Welt lebt nicht mit der Armbanduhr. Das sind andere Dimensionen. Ich merkte, das Heike in höchster Not war.« Hildegard Oehlerich streckte ihre mageren Hände vor, als würde sie etwas beschwören wollen. Dabei hatte sie ihre Augen geschlossen. Für Christoph erschien die Szene unwirklich. »Ich habe versucht, es zu verstehen, bis ich sah, dass sich ihr Ich von der Hülle des Körpers gelöst hatte.«

»Ich glaube, ich spinne«, ließ sich Große Jäger nicht bremsen. »Da wird ein Mensch ermordet, und Sie quatschen einen solchen Humbug.«

Die Schamanin öffnete kurz die Augen und blinzelte den Oberkommissar an. »Es ist schlimm, wenn ein Mensch, zumal ein guter, auf diese Weise in eine andere Dimension wechselt. Der Körper mag ausgetauscht werden. Er ist eine nutzlose Hülle, die ihre Pflicht erfüllt hat. Heike wird wiederkommen. In einer anderen Gestalt, in einem anderen Körper.«

»Sie sprechen von der Reinkarnation?«, fragte Christoph, während Große Jäger sich beide Hände vor den Mund hielt, um nicht laut loszulachen.

»Sie zweifeln daran.« Es klang wie eine Feststellung. »Wir waren alle schon einmal da. Deshalb sollte es Sie nicht verwundern, wenn ich nicht erschrocken bin über Heikes Tod. Ich selbst habe schon einige grausame Tode durchleben müssen, ich bin gefoltert und verbrannt worden.«

»Offenbar nicht gründlich genug«, knurrte Große Jäger. »Vielleicht waren die Leute im Mittelalter doch nicht so blöd mit ihren Strafgerichten.«

Ein Ruck ging durch die Frau. »Ich kann aufhören zu sprechen«, sagte sie mit anklagender Stimme, »wenn Sie alles ins Lächerliche ziehen, was Sie mit Ihrer begrenzten Wahrnehmung nicht verstehen.«

»Mein Kollege ist ein kritischer Zeitgenosse«, sagte Christoph und bedeutete dem Oberkommissar durch einen Blick, sich künftig jeden Kommentars zu enthalten. »Warum haben Sie uns den Anschlag auf Heike Bunge nicht sofort gemeldet?«

»Wie sollte ich. Unser aller Schicksal ist vorbestimmt. Wir haben eine Aufgabe zu erfüllen. Manche verstehen die Botschaften, andere nicht. Heike hatte begriffen. Deshalb tröstet es mich, dass sie ohne Angst und frohen Herzens hinübergewechselt ist.«

»Wie heißt Ihre Glaubensgemeinschaft?«, fragte Christoph.

Hildegard Oehlerich holte tief Luft. Es schien, als würde sie den Sauerstoff bis in die letzten Winkel ihrer Lunge pressen wollen. Dann legte sie die Hände für einen Moment auf die Knie, verschränkte die Arme vor der Brust und öffnete wieder die Augen. »Es ist keine Religion, sondern die geistige Welt, die von energetischen Kräften bestimmt wird. Niemand nimmt Ihnen Ihren Glauben. Es ist gleich, ob Sie an Christus, Mohammed, Jahwe oder einen anderen Gott glauben. Der Name ist Schall und Rauch. Gott ist Gott.«

»Und Sie nennen Ihren Gott Manitu?«

»Die Indianer haben in Jahrhunderten im Einklang mit der Natur gelebt und gelernt, sie zu verstehen. Erde – Feuer – Wasser – Luft. Bis sie von den Europäern überrollt und ihre Kultur unwiederbringlich zerstört wurde. Einige wenige haben sich die uralten Weisheiten erhalten können. Mein Mann war so ein Weiser. Er hat es verstanden, mir seine Fähigkeiten und seine Kraft zu vermitteln, aufbauend auf dem, was mir in der Gnade meiner Geburt und der Erfahrung meiner früheren Leben bereits geschenkt worden war.«

»Frau Oehlerich!« Christoph sah demonstrativ auf seine Armbanduhr. »Ich muss gestehen, nicht verstanden zu haben, was der Zweck Ihres Besuchs ist.«

»Ich fühle mich verpflichtet, Ihnen mitzuteilen, dass Heikes Tod, so grausam er Ihnen auch erscheinen mag, vorbestimmt war. Wie uns allen. Sie sollten wissen, dass es ihr gut geht und sie ohne Zorn ist. Sie müssen mir glauben, dass ich alles in meiner Macht Stehende versucht habe. Meine Aufgabe ist es, zu helfen. Ich habe versucht, die Seele zurückzuholen. Durch Traumata ist es möglich, dass sich ein Teil unserer Präsenz abspaltet. Hier war es anders. Meine Kräfte reichten nicht aus. Ich habe eine schamanische Reise versucht, aber die Energien der geistigen Welt waren zu mächtig.«

»Und? Wer ist der Täter?«, fragte Große Jäger.

Hildegard Oehlerich warf ihm nur einen verächtlichen Seitenblick zu.

»Wenn Sie übersinnliche Fähigkeit haben, sollte es Ihnen nicht schwerfallen, uns den Namen des Mörders zu nennen. Wir müssten dann nur noch gerichtsfeste Fakten sammeln.«

Erneut traf Große Jäger der durchdringende Blick. Der Oberkommissar beugte sich vor. »Wenn das nicht klappt, so sprechen Sie einfach mit Heike Bunge. Die wird uns sagen können, wer sie ermordet hat. Bei diesem Fernsehsender, der oft die Reste sendet, sozusagen Rudis Resterampe, gab es doch auch diese Show. Da hat eine Seherin mit Uwe Barschel gesprochen. Aber der war schüchtern vor dem großen Publikum. Er hat jedenfalls nicht das Geheimnis um seinen Tod gelüftet. Ist das nicht merkwürdig? Stellen Sie sich vor, Sie nennen uns einen Namen, und der ist falsch. Rums. Schon haben Sie eine Anzeige wegen Verleumdung am Hals. Anderseits … Wenn Sie den Täter kennen und uns nicht nennen, dann begehen Sie eine Straftat.« Er wiegte den Kopf. »Das ist schon ein schweres Leben als Schamanin.«

Hildegard Oehlerich stand auf. »Sie haben nichts verstanden«, sagte sie in Große Jägers Richtung und fuhr, zu Christoph gewandt, fort: »Denken Sie an meine Worte.« Dann verließ sie den Raum.

»Gegen unsere Squaw ist einmal wegen Betrugs ermittelt worden«, sagte Große Jäger und zeigte auf seinen Bildschirm, um zu zeigen, dass er sich über Hildegard Oehlerich informiert hatte und dass die Frau aktenkundig war. »Das Verfahren ist aber unter Hinweis auf ein Urteil des Bundesgerichtshofs eingestellt worden. Ein geprellter Kunde hatte sie angezeigt, weil die versprochenen Leistungen ausgeblieben waren. Er wollte sein Geld zurück, das Catori klugerweise auf dem Wege der Vorkasse eingesammelt hatte. Insgesamt etwas mehr als viertausend Euro.«

Christoph pfiff leise durch die Zähne. »Ein lohnendes Geschäft mit dem Jenseits.«

»Die Masche spielt sich wohl eher im Diesseits ab. Es ging in diesem Fall um Energieübertragung über die Telefonleitung.«

»Das machen die Telefongesellschaften für eine günstige Flatrate im Monat«, warf Christoph ein.

»Ignorant«, sagte der Oberkommissar mit vorgespieltem Ton der Maßregelung. »Das hat natürlich nicht geklappt, und der Kunde fühlte sich geneppt.«

»Und? Was hat der BGH dazu gesagt?«

»Da sitzen ja nicht die dümmsten Menschen«, erklärte Große Jäger. »Das Gericht hat mit Hilfe von Gutachtern entschieden, dass es unmöglich ist, in die Zukunft zu sehen oder irgendeinen anderen Firlefanz zu verrichten. Man könne auch nicht Kontakt zum Jenseits aufnehmen oder mittels Kaffeesatz oder Tarotkarten in die Zukunft blicken. Das ist rational nicht möglich. Der Kunde jedoch wisse sehr wohl um diese Tatsachen. Wenn er solche irrationalen Leistungen dennoch in Anspruch nimmt, ist es seine eigene freie Entscheidung, wenn er für eindeutig als unmöglich erkannte Leistungen Geld ausgibt.« Große Jäger sah auf. »Laienhaft könnte man es so erklären, dass jemand, der impotent ist und trotzdem zu einer Prostituierten geht, nicht deshalb sein Geld zurückverlangen kann, weil er nicht zum Abschluss gelangt ist.«

Christoph lachte. »Das ist ein sehr hinkender Vergleich. Es ist aber schon erstaunlich, wie leichtfertig manche Menschen mit ihrem Geld umgehen. Niemand würde in einem Kaufhaus ein Paket mit unbekanntem Inhalt erwerben, das tausend Euro kosten soll. Und bevor der Deutsche einen neuen Fernseher kauft, liest er ein Dutzend Testberichte und jagt mehrere Wochen durch die Elektronikmärkte auf der Suche nach dem Schnäppchen. Aber für den Draht ins Übersinnliche oder den Blick in die Sterne löhnen manche Menschen viel Geld.«

»Ich möchte den Leuten ihren Glauben ja nicht absprechen. Aber weshalb verlangt man von einem Spökenkieker nicht erst einmal einen Test? Er soll etwas Konkretes voraussagen, was sich am nächsten Tag erweisen soll«, überlegte Große Jäger. »Und überhaupt … Wie unwahr das ist, erkennt man am Verhalten der Wahrsager. Wäre ich mit übersinnlichen Kräften ausgestattet, würde ich nur noch Lotto spielen.« Der Oberkommissar stieß einen tiefen Seufzer der Erleichterung aus. »Wie gut«, stöhnte er theatralisch, »dass ich noch nie mit einem Kartendeuter gepokert habe. Wenn der mit seinen Wahrsagerfähigkeiten meine Karten errät, wäre ich heute insolvent. Mensch! Das ist doch eine Geschäftsidee. Man wird Hellseher und pokert.« Er legte seine Stirn in Falten und versuchte, einen schwärmerischen Gesichtsausdruck anzunehmen. Das misslang ihm sehr deutlich. »Noch besser: Als Hellseher würde ich Roulette spielen. Ich würde innerhalb von Stunden jede Bank sprengen.«

Christoph lachte. »Leider fallen immer wieder Menschen auf so etwas herein. Oder auf dubiose Gewinnversprechen. Dabei ist es doch ganz einfach. Traue keinem Fremden. Niemand hat etwas zu verschenken. Nun möchte ich aber gern wissen, wie Frau Oehlerich von dem Mord erfahren hat. Ich glaube nicht an Übersinnliches, habe dafür aber eine Idee.«

Christoph griff zum Telefon und wählte die Nummer Bertram Bunges. Es dauerte eine Weile, bis sich Schwester Heikes Witwer meldete. Seine Stimme klang belegt. Das war nicht Trauer, sondern eine Schwere, die ihre Ursache im Alkohol hatte.

»Haben Sie mit Frau Oehlerich gesprochen?«, fragte Christoph, nachdem er zwei Mal hatte erklären müssen, wer anrief.

»Oehlerich? Oehlerich? Ich kenne keinen Oehlerich«, sagte Bunge.

»Hildegard Oehlerich. Die Frau behauptet, sie wäre die schamanische Lehrerin Ihrer Frau gewesen.«

Einen Moment war es ruhig in der Leitung. Dann schrie Bunge ins Telefon, dass Große Jäger jedes Wort verstand, obwohl der Apparat nicht auf Mithören geschaltet war.

»Diese verdammte alte Hexe. Im Mittelalter hätte man so etwas verbrannt. Das ist das einzig Wahre, um mit solchen Weibern umzugehen. Die … die …«

Bunge brach inmitten seiner Ausführungen ab. Christoph hörte ein Schluchzen am anderen Ende der Leitung. Er glaubte auch, dass Bunge einen Weinanfall erlitten hatte.

»Herr Bunge?«, fragte Christoph vorsichtig, nachdem er dem Mann Zeit für den Ausdruck seiner Trauer gegeben hatte.

»Ja?«, kam es mit tränenerstickter Stimme zurück.

»Haben Sie mit Frau Oehlerich – oder Catori, wie sie sich nennt – gesprochen?«

»Nein … äh … ja.«

»Was denn nun?«

Erneut vernahm Christoph nur ein Schluchzen. Dann schnupfte Bunge vernehmbar mehrfach aus. Anschließend klang seine Stimme ein wenig freier.

»Die Hexe hat angerufen und nach Heike gefragt. Sie sagte, die beiden hätten für heute vereinbart, dass sie Reiki schicken wollte.« Er sprach es wie »Rei-ki« aus. Christoph war sich nicht sicher, ob es seitens Bunge Unwissenheit oder eine Provokation war. Korrekt nannte man es »Re-iki«.

»Dabei haben Sie ihr gesagt, dass Ihre Frau einem Verbrechen zum Opfer gefallen ist?«

»Hören Sie doch auf!« Bunge war kaum zu verstehen. Seine Stimme überschlug sich. Dann war nur noch das Besetztzeichen zu hören.

»So klären sich mysteriöse Dinge«, sagte Christoph zu Große Jäger. »Frau Oehlerich hat bei Bunge angerufen. Der hat ihr vom Tod seiner Frau berichtet.«

»Und die erscheint hier und versucht uns weiszumachen, dass Sie eine außerirdische Eingebung gehabt hat.« Große Jäger ließ die Handfläche vor seiner Stirn kreisen. Deutlicher konnte er seine Ansicht hierzu nicht kundtun. Dann wurde er wieder ernst. »Warum hat uns der Ehemann nichts von den Neigungen seiner Frau erzählt? Das wäre doch von Bedeutung gewesen, wenn wir uns ein Bild vom Opfer machen wollen.«

»Er hat dem keine Bedeutung beigemessen«, antwortete Christoph. »Heike Bunge ist nicht in einem Zirkuszelt erschlagen worden. Und wenn dir jemand die unheilvolle Nachricht überbringt, dass deine Frau ermordet wurde, dann kannst du nicht mehr klar denken.«

»Wahrscheinlich hast du recht«, stimmte Große Jäger zu und wählte die Telefonnummer des Lübecker Architekturbüros de Frontier an.

»Der Chef ist schon ins Wochenende«, sagte die freundlich klingende Männerstimme.

Große Jäger bat um die Mobilfunknummer.

»Die dürfen wir nicht weitergeben«, antwortete der Mann unsicher.

»Das verstehe ich. Es ist aber dringend, sonst würden wir Herrn de Frontier nicht in der Freizeit behelligen. Ermittlungen in einem Mordfall dulden keinen Aufschub. Und die Zeugenaussage Ihres Chefs ist wichtig.«

»Ich weiß nicht«, sagte der Mann, nannte dann aber doch die Ziffernfolge des Handyanschlusses. »Der Chef ist an den Wochenenden meistens mit seinem Boot auf der Ostsee unterwegs. Wenn Sie Pech haben, hat er keinen Funkkontakt.«

Das traf zu, als Christoph es versuchte. Sofort nach dem ersten Ton meldete sich die Mobilbox.

»Johannes, Kripo Husum. Es geht um eine wichtige Zeugenbefragung zu einem Mordfall, der sich gestern Abend auf dem Gelände der ›Kurklinik Am Wattenmeer‹ ereignet hat. Bitte melden Sie sich umgehend auf meinem Mobilanschluss«, sprach Christoph und nannte seine Telefonnummer.

Anschließend versuchte er Ewald Kirchner, den Husumer Bürgermeister, zu erreichen.

»Mein Mann ist auf einer Sitzung«, sagte seine Frau und gab ihm bereitwillig die Handynummer. »Das hat er aber abgeschaltet.«

Sie hatte recht. Christoph wiederholte den Text, den er zuvor dem Architekten aufgesagt hatte.

Zwischendurch sah er auf, weil Große Jäger, ihm den Rücken zugewandt, lässig in seinem Bürostuhl hockte, die Füße in der Schreibtischschublade parkte und lautstark telefonierte. »Geht's nicht ein wenig leiser?«, beschwerte sich Christoph, aber der Oberkommissar hob nur die Hand und winkte ab.

Christoph sah auf die Gästeliste. Zwei Namen standen dort noch. Als Nächstes wählte er den Anschluss von Pastor Frode Hansen in Bredstedt an.

»Hansen«, meldete sich eine energische Frauenstimme. Vor Christophs geistigem Auge tauchte das Bild der blonden Frau mit der etwas zur Rundlichkeit neigenden Figur auf.

»Johannes«, meldete er sich. »Moin. Ist Ihr Mann zu sprechen?«

»Sie werden nie raten, wo der sich aufhält.« Ein sympathisches Lachen drang aus dem Telefonhörer.

»Ich vermute, er hat eine Rosenschere in der Hand. Dann dürfte er im Augenblick nicht auf dem Dachboden sein«, riet Christoph.

»Sind Sie Hellseher? Moment. Ich hole ihn.« Er hörte, wie die Anwältin mit dem Mobilteil des Telefons das Haus verließ und im Garten »Frode« rief. Dann sagte sie: »Für dich. Die Polizei.«

»Große Jäger?«, antwortete der pensionierte Pastor.

»Nein. Der andere.«

»Gott sei Dank.«

Dieser Dialog war mit Sicherheit nicht für Christophs Ohren bestimmt gewesen. Darum stellte er sich auch unwissend, als er die sonore Stimme vernahm.

»Sie waren gestern Gast bei der Eröffnung der Kurklinik in den Reußenkögen.«

»Ich habe davon gehört, dass dort eine junge Frau ermordet wurde. Vorhin, in den Nachrichten. Ich hätte mich heute noch bei Ihnen gemeldet«, sagte Hansen.

»Wir brauchen Ihre Zeugenaussage. Außerdem benötigen wir eine DNA von Ihnen. Der Mord ist nicht das einzige Verbrechen, das gestern geschehen ist.« Christoph berichtete vom Missbrauch an Schwester Elena.

Für einen Moment war es still in der Leitung. »Schrecklich«, sagte Hansen dann. »Selbstverständlich komme ich zu Ihnen. Und die Sache mit der DNA ... selbstredend. Ich nehme an, Sie möchten etwas über den Verlauf des Abends wissen.«

Sie verabredeten sich für den kommenden Vormittag in der Poggenburgstraße.

»Mir brennt zuvor noch eine Frage unter den Nägeln. Zeugen haben berichtet, dass sich auf der Feier ein paar Handwerker zu sehr mit dem Alkohol beschäftigt haben.«

»Die Handwerker waren im Großen und Ganzen sehr diszipliniert. Es war lediglich eine kleine Gruppe, die, nun ... sagen wir einmal ... den Stressabbau mit Bier und Korn forciert hat.«

»Ist es dabei zu Auffälligkeiten gegenüber weiblichen Teilnehmern gekommen?«

Hansen zögerte mit der Antwort. »Es ist schwierig, bestimmte Beobachtungen zu kommentieren. Ich möchte nichts Falsches wiedergeben und niemanden zu Unrecht ins falsche Licht rücken.«

»Ihre Bedachtsamkeit und Ihr Bestreben um objektive Ausgewogenheit in allen Ehren, Herr Hansen, aber wir haben nicht nur eine Tote, sondern eine schwer traumatisierte Frau, die im Husumer Krankenhaus liegt.«

Erneut war es einen Moment leise. Dann sagte Hansen vorsichtig: »Im Laufe des Abends habe ich verschiedene männliche Teilnehmer beobachten können, die Interesse an den Frauen gezeigt haben. Dazu gehörten auch die drei – ich glaube, es waren Maurer –, die sehr freizügig in der Ausgestaltung ihrer Bemerkungen gegenüber den Damen waren.«

»Zu der Gruppe gehörte auch ein jüngerer Handwerker?«

»Der hat mit dem ungezügelten Freimut seiner Jugend verbale Annäherungsversuche unternommen«, sagte Hansen ein wenig umständlich.

»Ist es bei der verbalen Annäherung geblieben?«

»Das habe ich nicht beobachtet. Aber ... ich will nichts Falsches sagen. Der junge Mann schien sehr an den Frauen interessiert gewesen zu sein.«

Christoph verabschiedete sich von Frode Hansen. »Bis morgen in Husum.«

Bei seinem nächsten Telefonat musste Christoph eine ganze Weile Geduld aufbringen, bis sich eine verschlafene Stimme meldete.

»Blödorn? Was gibt's?«

»Johannes, Polizei Husum.«

»Hä? Polizei? Wollen Sie mich veräppeln?«

»Es wäre schön, wenn ich jetzt mit Ja antworten könnte«, sagte Christoph. »Ich muss Sie bitten, uns in der Polizeidirektion in Husum zu besuchen. Wir benötigen Ihre Zeugenaussage.«

Blödorn gähnte herzhaft. »Entschuldigung«, sagte er immerhin und fügte an: »Ich war gestern Abend feiern. Es ist ein wenig später geworden.«

»Deshalb möchten wir Sie befragen.«

»Wie das?«

»Bei der Veranstaltung hat es zwei Geschädigte gegeben.«

»Ist jemand bestohlen worden?«

»Ja«, sagte Christoph. »Man hat einem Menschen das Leben geraubt.«

Es entstand eine längere Pause. »Das ist doch nicht wahr?«, sagte Blödorn ungläubig. »Ich bin nur zufällig da gewesen. Die Offiziellen des Landkreises hatten keine Zeit und mussten anderen dringenden Terminen nachkommen. Ich kann gar nichts sagen. Am besten ist es, Sie wenden sich an den Landrat.«

»Nein! Wir benötigen die Aussagen der Teilnehmer. Und eine Speichelprobe. Sie haben doch nichts dagegen einzuwenden?«

»Ich? Ja, aber ... warum denn? Ich meine, von mir. Ich habe doch nichts getan.«

»Genau das möchten wir gern feststellen. Also. Morgen auf unserer Dienststelle.«

»Morgen ist aber Sonnabend.« Es war ein letzter schwacher Protest.

»Die Polizei ist rund um die Uhr im Einsatz«, erwiderte Christoph.

»Gut. Ich komme.« Sie vereinbarten noch eine Uhrzeit.

Große Jäger telefonierte immer noch. »Das mag ja ein Ferngespräch sein«, versuchte Christoph auf ihn einzuwirken. »Warum nimmst du dann der Einfachheit halber nicht das Telefon? Mach wenigstens das Fenster auf. Vielleicht versteht dich dein Gesprächspartner dann besser, und du musst nicht so schreien.«

»Ich habe bei der Polizeiinspektion Rockenhausen Erkundigungen über Dr. Aufgänger eingezogen«, erklärte der Oberkommissar, nachdem er den Hörer aufgelegt hatte.

»Rockenhausen?«, fragte Christoph.

»Das liegt im Donnersbergkreis in der Westpfalz. Die Polizei ist auch für das nahe Winnweiler zuständig. Dort hat der Arzt gewohnt und gearbeitet, bevor er nach Nordfriesland gezogen ist. Obwohl die Kollegen sich recht kooperativ gezeigt haben, war es ein schwieriges Unterfangen«, erklärte Große Jäger. Als Christoph auf diese Anmerkung nicht einging, fuhr der Oberkommissar mit einem Grinsen fort: »Die sprechen einen Dialekt, den man auch mit zwei gesunden Ohren kaum versteht. Der Kollege, mit dem ich telefoniert habe, wohnt in Winnweiler. Gegen Aufgänger liegt nichts vor. Es hat nie eine Anzeige oder gar Ermittlungen gegeben. Hinter vorgehaltener Hand wird aber gemunkelt, dass sein Ruf als Frauenheld größer sein soll als der als Mediziner. Er war wohl ein stadtbekannter Schürzenjäger und hat nichts anbrennen lassen. Obwohl nie Klagen über ihn gekommen sind, soll er auch vor Verhältnissen mit Patientinnen nicht zurückgeschreckt haben. Ob das nur böse Gerüchte waren von Leuten, die ihm nicht wohlgesinnt waren, konnte der Kollege aus Rockenhausen nicht sagen.«

Christoph war mittlerweile nicht mehr darüber erstaunt, welche informellen Quellen der Oberkommissar anzuzapfen verstand und welche Auskünfte er auf diesem Weg einholte. Wie gut, dachte Christoph, dass sich das Bildtelefon noch nicht durchgesetzt hat. Dann würde sicher niemand dem Kriminalbeamten mit dem gewöhnungsbedürftigen Äußeren Auskünfte erteilen. Er sah auf die Uhr.

»Es ist schon spät geworden. Wir sollten aufbrechen.«

»Wird auch Zeit«, knurrte Große Jäger und strich sich über den Bauch. »Ich sterbe vor Hunger.«

Christoph lächelte. »Bei deinem Leibesumfang muss sich der Tod aber mächtig anstrengen, um bis ins Zentrum vorzudringen.«

Auf der Straße empfing sie die milde Luft eines herrlichen Junitages. Schräg gegenüber vor dem Bahnhof standen ein paar Männer, die sich diesen Platz als Treffpunkt erwählt hatten, um die überflüssige Zeit, von der sie genug hatten, irgendwie totzuschlagen.

Direkt neben der Polizeidirektion ödete das schon seit Jahren verlassene Gelände, über dessen Verwendung man seit Langem stritt, vor sich hin. Gewerbe oder Wohnraum? Parkhaus oder Lebensmittelmarkt? Die Meinungen gingen weit auseinander. Nur dass dieses Areal ein Schandfleck war – darin bestand Übereinstimmung. Bis zu ihrem Ziel waren es nur wenige Schritte. Husums ältestes Gasthaus, das Dragseth's, lag neben dem frisch renovierten Thomas Hotel und gegenüber den Stadtwerken. Unterwegs stieß Große Jäger Christoph an.

»Im Vergleich zum Ausgang der Einweihungsparty gestern Abend ist der Zickenkrieg richtig fröhlich gewesen.« Er spielte damit auf die Auseinandersetzung der beiden Geschäftsführerinnen der Stadtwerke an, die durch die genervten Herren des Aufsichtsrates beendet wurde, indem man kurz entschlossen beide Damen vor die Tür setzte. Ein Stück weiter lag das neue Rathaus der Stadt. Dort residierte Ewald Kirchner als Bürgermeister, mit dem Christoph am folgenden Tag einen Termin vereinbaren wollte.

Christoph warf einen schnellen Blick auf die Uhrensäule, die auf der anderen Straßenseite auch das Datum und die aktuelle Temperatur anzeigte. »Das gibt Ärger«, meinte er, bevor sie den Durchgang des Gasthofes durchquerten und den Innenhof betraten. Das lauschige Plätzchen war ein Idyll und deshalb bei gutem Wetter auch gut besucht. An einem Tisch unter dem Baum entdeckten sie die anderen drei.

»Ihr seid reichlich spät«, empfing sie Anna, Christophs Partnerin, und streckte ihm den Mund für einen Kuss entgegen. Ein kahlköpfiger Mann in einer etwas zu großen gelben Pumphose und einem lilafarbenen Hemd tat es ihr gleich.

»Ich auch«, säuselte Karlchen gekonnt übertrieben und schloss dabei die Augen.

Christoph reichte ihm die Hand und lachte. Er kannte Mommsens Lebenspartner schon lange und war immer wieder über das ungleiche Paar erstaunt. Auf der einen Seite der Kommissar – pardon: Kriminalrat seit der Beförderung und Versetzung – und auf der anderen Seite der schrille Karlchen, der als beliebter Animateur mittlerweile überregional bekannt war.

»Hallo«, grüßte Harm Mommsen, der ehemalige Kommissar bei der Husumer Kripo.

»Haaallooo?«, echote Große Jäger. »Was sind das für Töne?

›Moin!‹ Heißt das hier.« Er klopfte Mommsen herzhaft auf die Schulter. »Du bist in dieser Runde der einzige echte Nordfriese und dann das. ›Hallo‹!«

»Man wird entwöhnt«, entgegnete Mommsen. »Im Lauenburgischen sagen die alle ›Hallo‹.« Dann musste er zahlreiche Fragen zu seiner neuen Dienststelle beantworten.

»Wie fühlt man sich als Chef?«, wollte Große Jäger wissen.

»Es ist eine neue Herausforderung. Und das Studium allein ersetzt noch nicht die Erfahrungen«, antwortete Mommsen in der ihm eigenen Bescheidenheit.

»Wie kommst du mit den Subalternen aus?«

»Dort gibt es keine Subalternen, sondern nur Kolleginnen und Kollegen.«

Zwischendurch bestellten sie. »Viele Grüße an die Chefin«, ließ Große Jäger die Bedienung ausrichten. »Fragen Sie Judith, ob sie inzwischen wieder frei ist. Ich würde mich auf eine der oberen Positionen der Bewerberliste setzen lassen.«

Alle lachten.

»Wieso? Erstens bin ich ein wohlgenährter Beamter mit Pensionsanspruch. Und zweitens«, dabei verdrehte er kunstvoll die Augen, »wäre Judith mein Traum. Und dann – überlegt einmal.« Er fuhr sich mit der Zunge über die Lippen und wischte den Bierschaum ab. »Die Frau kocht einfach klasse. So etwas musst du in Husum – ach, was sage ich –, an der ganzen Küste suchen. Und außerdem nennt sie einen Bierhahn ihr Eigen. Prost.« Er griff zu seinem Glas und nahm den nächsten herzhaften Schluck. »Schlimm«, fuhr er fort und knuffte Mommsen in die Seite. »Am nächsten Freitag müssen wir schon wieder feiern. Oder?« Er sah Anna an.

Die legte ihre Hand auf Christophs. »Was heißt oder? Es bleibt dabei. In einer Woche wird geheiratet.«

»Na ja«, sagte Große Jäger grinsend. »Ihn?« Dabei zeigte er auf Christoph. »Oder doch lieber einen gestandenen Oberkommissar?«

»Ich bleibe bei Christoph. Bei mir hat er keine Dienstbezeichnung. Außerdem war es schwer genug, ihn so weit zu bringen.«

Karlchen verzog das Gesicht zu einer Grimasse. »Ehrlich? Ich hatte immer die romantische Vorstellung, dass Christoph jeden

Abend auf die Knie gefallen ist und dich gebeten hat, ihn endlich zu erhören.«

»Das wäre eine gute Idee gewesen«, mischte sich Christoph ein. »Das hätte Anna gut gefallen, wenn ich auf Knien hinter ihr durchs Haus gerutscht wäre. Das hätte die Bodenpflege erspart.«

»Auf dem Leuchtturm auf Pellworm?«, fragte Karlchen.

Anna nickte. »Das war mein Wunsch, dort zu heiraten.«

»Schööön«, säuselte Karlchen. »Heiraten ist eine wunderbare Sache.« Er verdrehte ebenfalls die Augen. »Aber? Muss es unbedingt eine Frau sein?«

In das schallende Gelächter der Runde hinein meldete sich Christophs Handy.

»Ach nö«, beschwerte sich Anna.

»De Frontier«, meldete sich eine Stimme, die Christoph fast ein wenig arrogant klingend erschien.

»Sie sind der Architekt der ›Kurklinik Am Wattenmeer‹?«, fragte Christoph. Es klang mehr wie eine Feststellung.

»Normalerweise gebe ich mich nicht mit solchen Kinkerlitzchen ab. Ich habe lediglich einem Freund einen Gefallen getan«, sagte de Frontier.

Und der dir?, dachte Christoph. Eine Hand wäscht die andere. Und wenn beide schmutzig sind, wird keine sauber.

»In der Folge der gestrigen Einweihungsfeier sind schwerwiegende Straftaten begangen worden.«

»Ich habe davon gehört.« Der Architekt schien völlig unbeeindruckt zu sein.

»Deshalb müssen wir die Teilnehmer der Veranstaltung verhören und eine DNA-Probe nehmen, zunächst auf freiwilliger Basis.«

»Das sind Selbstverständlichkeiten, Herr, äh …«

Christoph unterließ es, seinen Namen zu wiederholen.

»Schön. Wann können Sie bei uns in Husum auf der Polizeidirektion sein?«

»Bitte?«, kam es gedehnt über die Leitung. »Sie wollen mich nicht im Ernst dazu verhören?«

»Ich spaße in solchen Dingen nie.«

»Guter Mann. Wissen Sie, mit wem Sie sprechen?«

»Mit jemandem, der ebenso zum Kreis der Verdächtigen wie der Zeugen gehört«, antwortete Christoph ungerührt.

Er vermeinte, de Frontier schlucken zu hören. »Gut. Dann fragen Sie. Machen Sie es aber kurz. Ich bin zum Essen verabredet und würde die Dame nur ungern warten lassen.«

»Sie könnten der Dame absagen, weil wir Sie noch heute Abend nach Husum vorladen. Bei Mord ist jede Stunde wertvoll.«

»Also schön. Ich bin auf meinem Boot. Kommen Sie morgen früh um zehn Uhr nach Kappeln. Mein Schiff ist die ›Karin II‹. Es liegt im Yachthafen Kappeln. Ich hoffe, es dauert nicht zu lange. Ich bin ein schwer arbeitender Mann mit wenig Freizeit. Und die möchte ich nur ungern mit der Staatsgewalt teilen. Es reicht hin, wenn ich mein mühsam erarbeitetes Geld mit Ihnen teilen muss«, klagte de Frontier. Er gab Christoph keine Gelegenheit einer Erwiderung, weil er das Gespräch beendet hatte.

Große Jäger hatte nicht mitgehört, konnte sich aber aus Christophs Worten den Inhalt zusammenreimen. Mit dem Mund formte der Oberkommissar lautlos jenes Schimpfwort, das einen Körperteil bezeichnete, für den medizinisch der Proktologe zuständig ist. »Wenn das nicht so traurig wär«, sagte er laut, »dann müsste man über die Beteiligten fast lachen. Heute Nachmittag tauchte eine alte Kräuterfee bei uns auf und wollte uns etwas von Weissagungen verkaufen.«

»Kräuterfee?«, fragte Anna.

Christoph winkte ab. »Eine Frau, die vorgab, Schamanin zu sein. Sie meinte, Kontakt zu unserem Opfer gehabt zu haben. Welcher Art dieser war, müssen wir noch eruieren.«

»Eine tolle Frau«, schmunzelte der Oberkommissar. »Winnetous Weib. Und dann hat sie dieses Dingsbums geschickt. Reiki. Einfach so – durch die Luft.« Große Jäger ließ seinen ausgestreckten Arm einmal über den Kopf schweben.

»Weißt du, was Reiki ist?«, fragte Anna ernst.

Der Oberkommissar trank den nächsten großen Schluck und setzte mit einem lauten »Ahhh« das Glas ab. »Ja«, sagte er dann und schob nach, als ihn alle anstarrten: »Tühnkram.«

»Kannst du es uns erklären?«, bat Christoph, der den Unterton in Annas Frage vernommen hatte.

»Ich bin kein Experte«, erwiderte Anna. »Aber ich will es versuchen, wenn auch unvollkommen und lückenhaft. Wir haben manchmal Patienten, die nach Reiki fragen.«

»Und? Verschreibt dein Doc das? Gibt's das nur für Privatpatienten oder auch für die Holzklasse?«, lästerte Große Jäger.

»Es ist erstaunlich, dass diese Szene größer ist, als man gemeinhin annimmt«, erklärte Anna. »Du musst dich nur einmal umsehen. Da wimmelt es von Geisterheilern, Sehern, Schamanen und was weiß ich. Aber zurück zu Reiki. Das ist noch relativ jung und stammt aus Japan, wo es Anfang des letzten Jahrhunderts entwickelt wurde.«

»Was heißt das – Reiki?«, fragte Christoph dazwischen.

»Das ist japanisch und heißt ›Volksverdummung‹«, rief Große Jäger.

Anna winkte ab. »Das heißt etwa ›Geist‹ oder ›Seele‹ und ›Lebensenergie‹. Dabei wird durch Handauflegung kinetische Energie übertragen. Es soll das allgemeine Wohlbefinden steigern und im Krankheitsfall die Selbstheilungskräfte aktivieren.«

»Wenn man es nicht Reiki nennt, könnte ich es nachvollziehen«, gab Christoph zu bedenken. »Sicher ist es für das kranke Kind oder den Sterbenden eine Wohltat, wenn ihm die Hand gehalten wird. Und zwei Liebende halten sich auch an den Händen. Nun bin ich kein Mediziner, ich meine aber, dass der Körper dabei Hormone ausschüttet, die der Laie Glückshormone nennt.« Er sah Anna an. »Jeder hat sicher schon erlebt, wie sich der Pulsschlag beschleunigt, wenn man sich küsst.«

»So würde ich das auch sehen«, stimmte Anna zu. »Es gab zahlreiche Studien dazu, ob Reiki Auswirkungen im Hinblick auf die Heilung von Krankheiten hat. In keiner konnte das nachgewiesen werden. Und wo die Urheber glaubten, den Nachweis erbracht zu haben, zeigten sich entweder methodische Schwächen, oder es durfte an der Seriosität gezweifelt werden.«

»Inwiefern?«, warf Karlchen ein.

»Es muss dem Placeboeffekt gutgeschrieben werden. Die Leute glauben ganz einfach an die Wirkung der Reiki-Behandlung. Man darf also getrost behaupten, dass Reiki nichts nützt, aber auch nicht schadet, wenn nicht suggeriert wird, dass ernsthafte Erkrankungen statt mit einer fundierten medizinischen Behandlung durch Reiki geheilt werden können.«

»Das wäre ja eine Art Körperverletzung«, meinte Große Jäger und erntete Zustimmung durch Kopfnicken.

»Reiki wird deshalb auch im Allgemeinen neben der Schulmedizin angewandt. Deshalb ist es für eine Reiki-Behandlung auch nicht erforderlich, eine Diagnose zu stellen.«

»Großartig. Ich heile dich, egal was du hast.« Obwohl Skepsis in der Runde herrschte, konnte der Oberkommissar sein Misstrauen nicht zurückhalten. »Und? Was kostet das?«

»Soweit mir bekannt ist, gibt es keine festen Sätze. Das wird zwischen den beiden Partnern ausgehandelt.«

»So ungefähr?«, drängte Große Jäger.

»Wenn du einen Wert ›über den Daumen nennst‹, dann etwa so viel wie für eine Massage. Es kann aber auch erheblich darüber liegen«, sagte Anna vorsichtig.

»Das ist eine echte Marktlücke. Ich mache das auch.« Große Jäger nahm den nächsten großen Schluck Bier zu sich.

»Die Fähigkeit, Reiki zu geben, wird durch einen Reiki-Lehrer weitergegeben. Nur so soll es funktionieren. Sonst wird der Reiki-Kanal nicht geöffnet, und der Schüler kann kein Reiki geben. Übrigens darf es in seiner Urform nicht verändert werden, hat der Entwickler angewiesen. Dann wirkt es – angeblich – nicht mehr.«

»Das klingt doch sehr nach Mystik und bestärkt meine Zweifel daran«, sagte Christoph und zog die Stirn kraus.

»Dafür könnte auch sprechen, dass manche Reiki-Meister damit werben, auch persönliche Probleme, Beziehungskrisen oder finanzielle Probleme lösen zu können. Reiki soll auch bei Leuten wirken, die nicht daran glauben. So kann es auch auf Tiere und Pflanzen einwirken.«

Mommsen sah der Reihe nach alle Anwesenden an. »Wie sind wir eigentlich auf dieses Thema gekommen?«, fragte er.

»Die merkwürdige Frau, die bei uns aufgetaucht ist und vorgab, die Ermordung Heike Bunges gespürt zu haben, als sie versuchte, ihr Reiki zu schicken«, erklärte Christoph.

»Anna hat uns eben erläutert, dass Reiki durch Handauflegung erfolgt. Wie kann die Frau dann behaupten, sie hätte Reiki über Distanz geschickt?«, fragte Mommsen und sah Anna an.

Die hob abwehrend ihre Hände. »Ich bin kein Experte, sondern habe mich mit dem Thema nur beschäftigt, weil es Patienten gibt, die daran glauben. Es ist schwierig, Menschen von Irrglauben abzubringen. Sonst hätten viele Sekten keinen Zulauf.«

»Mir ist noch eine Merkwürdigkeit aufgefallen.« Christoph sah Große Jäger an. »Erinnerst du dich an den Wagen der Toten auf dem Parkplatz?«

»Was ist damit?«

»Vom Innenspiegel hing so ein merkwürdiges Mobile mit Federn herab.«

»Ein Talisman?«, riet Große Jäger.

»Möglicherweise. Hildegard Oehlerich ist in einem – wir würden sagen – Indianerkostüm bei uns erschienen. Und sie hat vorgegeben, Heike Bunge zu kennen. Ob dieser Talisman damit zusammenhängt?«

»Das sollte uns nicht interessieren«, meinte Große Jäger. »Schließlich ist Heike Bunge nicht mit Pfeil und Bogen ermordet worden, sondern mit einem schweren Gegenstand. Vielleicht einem Hammer, und der ist deutsche Wertarbeit.«

»Kaum«, protestierte Karlchen. »Der stammt wahrscheinlich aus China. Also liegt ein asiatischer Ritualmord vor.«

Große Jäger sah sich im Biergarten um. »Wenn wir noch weiter auf diesem Thema rumreiten«, sagte er, »dürften wir auch bald Zulauf haben. Komm, Karlchen, erzähle uns etwas über deine nächsten Vorhaben. Wen willst du auf die Bäume schicken?«

»Alle«, sagte Karlchen mit gespieltem Ernst. »Ich will mich damit zum Retter der Menschheit aufschwingen. Wenn die Leute auf den Bäumen sitzen, sind sie vor dem großen Jäger sicher.«

Die Ludwig-Thoma-Straße südlich des historischen Bayreuther Stadtzentrums beherbergte zahlreiche Polizeidienststellen, darunter neben dem Polizeipräsidium Bayreuth auch die Kriminalpolizeiinspektion.

An den Schreibtischen des unscheinbaren Gebäudes hatten schon Generationen von Polizisten ihren Frust abgelassen. So sahen sie aus – abgestoßen, zerkratzt, beschmiert, und an den Kanten waren einige der typischen Brandflecken zu sehen, wenn Zigaretten dort abgelegt werden und der Raucher sie nicht wieder aufnimmt, bevor die Glut die Kante erreicht hat. Das war Vergangenheit. In Bayern rauchte niemand mehr am Arbeitsplatz.

»Griß Godd«, sagte der mittelgroße Mann mit den welligen dunklen Haaren.

»Servus, Heinz«, erwiderte Hauptkommissar Lohmeyer und sah nur kurz auf. Dann fluchte er. »Diese verdammte Papierarbeit. Die da oben haben keine Ahnung, was sie uns damit antun. Für jeden Furz sollen wir einen Bericht verfassen.«

»Ist noch Kaffee da?«, fragte Oberkommissar Heinz Hilpoldinger.

»Musst noch kochen. Aber zuerst müsst ihr noch einmal raus.«

»Scheißdreck – elender. Lecks mi am Orsch. Was hast du denn?«

»Da hat ein Fischkopf angerufen und um Amtshilfe gebeten. Der Tatverdächtige soll sich hier in Bayreuth bei seinen Eltern aufhalten.« Lohmeyer gab einen kurzen Überblick über das, was Christoph ihm geschildert hatte.

»Die Nordlichter sollen ihren Mist allein erledigen. Die kommen mit nichts klar. Zeig mol.« Hilpoldinger las die kurze Notiz. »I nehm den Manfred mid«, sagte er und verabschiedete sich mit einem Fluch.

Kurz darauf saß er mit Kommissar Manfred Gottschlich im Auto und ließ den BMW durch die oberfränkische Metropole rollen. Über den Wittelsbacher- und Hohenzollernring umfuhren sie das urige Stadtzentrum Bayreuths und ließen die ZOH rechts liegen. Diese Abkürzung sorgte bei Ortsfremden häufig für Verwirrung, da sie nicht für den Tierpark, sondern die Zentrale Omnibushaltestelle stand. Das neue Rathaus war alles andere als ein städtebauliches Kleinod, sondern erinnerte eher an triste Bauten in den sozialen Brennpunkten der Großstädte. Auch dem Roten Main, der sie ein kurzes Stück begleitete, schenkten sie keine Beachtung. Der Weg führte sie am Hauptbahnhof vorbei, bis sie wenig später das weitläufige Areal des »Hügels« erreichten, wie das Festspielgelände gemeinhin genannt wurde.

Kurz darauf hielten sie vor dem unscheinbaren Mietshaus in der Tristanstraße nahe dem »Hügel« mit dem Festspielhaus, das während der Festivalsaison Pilgerstätte für Wagner-Liebhaber aus aller Welt war.

Hilpoldinger sah sich um. Schräg gegenüber lag eine Kindertagesstätte. Auf dieser Straßenseite waren grau geputzte zweigeschossige Wohnblocks älterer Bauart, die durch eine kleine Rasenfläche vom Gehweg abgegrenzt waren.

»Da lang«, entschied er, um nach wenigen Schritten mit dem Zeigefinger an den Klingelknöpfen entlangzufahren und bei »Dreschnitzki« den Finger auf den Knopf abzusenken. Das hässliche Läuten war bis auf den Fußweg zu hören. Als der Türöffner schnarrte, drückte Hilpoldinger die Tür mit der Schulter auf und stapfte die Treppe empor. In der ersten Etage wurde er von einer Frau mit künstlich erblondetem Haar erwartet, die eine Zigarette in der Hand hielt, auf der sich deutlich Lippenstiftspuren abzeichneten. Das gelbe Poloshirt verbarg nur unzureichend die tief herabhängenden Brüste und den wuchtigen Speckgürtel, der die Hüften umsäumte.

»Polizei Bayreuth«, sagte Hilpoldinger unfreundlich. »Wohnt hier Mirko Dreschbumski?«

»Dreschnitzki«, erwiderte die Frau. Sie schien Hilpoldingers Spitze nicht mitbekommen zu haben. »Das ist mein Sohn.«

»Ist er da?«

»Ja. In seinem Zimmer.« Die Mutter war wie viele Menschen erkennbar von der Präsenz der Staatsmacht eingeschüchtert. »Mirko«, rief sie halblaut, ohne eine Antwort zu erhalten.

»Lassen Sie uns mal«, entschied Hilpoldinger. Er wusste, dass er von der Mutter keinen Widerstand zu erwarten hatte. Vermutlich hatte die Frau das erste Mal in ihrem Leben Kontakt mit der Polizei.

»Gleich hier«, sagte sie schüchtern und zeigte auf die erste Tür neben dem Wohnungseingang. Deutlich war das Zischen und Knallen eines Videospiels zu hören, das aus dem Zimmer drang. Hilpoldinger klopfte kräftig gegen das Holz und öffnete im selben Moment die Tür.

Erschrocken sah Mirko Dreschnitzki auf. Er lag halb auf einem ausgedienten Schreibtischstuhl, der an der Seite aufgeplatzt war und aus dem Schaumstoff hervorquoll. Die Arme waren ausgestreckt und lagen auf der Tastatur. Auf dem Kopf trug der junge Mann ein Headset. Dann wandte er sich wieder seinem Bildschirm zu und ließ seine Finger in abenteuerlicher Geschwindigkeit über die Tastatur gleiten. Dabei zuckte sein Kopf vor und zurück, als müsse dieser die Bewegung auf dem Bildschirm begleiten. Unruhig fuhr die Zunge über die Lippen hin und her.

»Eh, wir wollen was von Ihnen«, sagte Hilpoldinger laut.

»Gleich«, erwiderte Dreschnitzki geistesabwesend und ließ es erneut knallen und zischen.

Kurz entschlossen trat Hilpoldinger an den Computer, und ehe der junge Mann reagieren konnte, hatte der Oberkommissar den Aus-Knopf gedrückt.

»Eh, Mann. Sind Sie bescheuert? Meine ganze Session ist kaputt.«

»Da geht gleich noch mehr kaputt«, knurrte Hilpoldinger, »wenn wir unsere Session fertig haben.« Über die Schulter bedeutete er Gottschlich, die Tür zu schließen. Widerstandslos ließ sich die Mutter aus dem Zimmer drängen.

»Polizei Bayreuth«, sagte Hilpoldinger, sah sich um, schob angewidert einen Berg schmutziger Wäsche auf der Liege zur Seite und nahm Platz. Ihm entging nicht, dass Dreschnitzki blass wurde. Der junge Mann wusste, weshalb die Polizei vorstellig geworden war, dachte der Oberkommissar.

»Wie heißt der Mist?«, fragte Hilpoldinger und zeigte auf den Computerbildschirm.

»Call of Duty.«

»Ist das geiler, als junge Frauen zu überfallen?« Der Oberkommissar sparte sich alle einleitenden Worte.

»Ich … ich hab niemanden überfallen«, stammelte Dreschnitzki.

»Sie haben einen Job an der Nordsee.« Es war keine Frage, sondern eine Feststellung.

»Zeitarbeit. Ich bin dort auf einem Bau als Handlanger.«

»Weiter Weg. Warum da oben? Hier gibt es doch auch Jobs.«

»Keine Ahnung. Hat hier nicht geklappt.«

»Gestern war Party?«

Dreschnitzki steckte seinen Zeigefinger in den Mund und knabberte daran herum.

»Ich will eine Antwort. Ist doch nicht schwer, oder?«

Der junge Mann nickte.

»Und dabei habt ihr gesoffen wie sonst was?«

»Der Bauherr hat was hingestellt. Ja.«

»Sie waren aber nicht so blau, dass Sie heute Morgen in Husum nicht zum Bahnhof kommen konnten.« Hilpoldinger konnte nicht erkennen, ob Dreschnitzkis Mundgeruch noch vom Vorabend herrührte oder von der angebrochenen Flasche Weißbier, die neben der Tastatur stand.

»Da waren auch Frauen auf der Party.«

»Kann sein.«

Hilpoldinger rückte ein wenig an Dreschnitzki heran.

»Nix kann sein. Ist doch nicht schwer zu kapieren.«

»Ja«, quetschte Dreschnitzki zwischen den Zähnen hervor.

»Und die habt ihr angemacht?«

»Wir haben ein bisschen geflirtet, meine Kumpels und ich.«

»Und als die Frauen nicht willig waren, haben Sie sie missbraucht.« Der Oberkommissar nutzte den direkten Weg.

»Nein – nicht.«

»Was denn?«

»Die wollte das doch auch. Die war doch geil.«

»Wer?«

»Die Blonde.«

»Und dann ist sie mit einem Besoffenen in die Büsche gegangen.« Hilpoldinger tippte sich mit dem Finger gegen die Stirn. »Das ist doch bescheuert. Wer soll das glauben?«

Dreschnitzkis Adamsapfel sprang aufregt auf und ab. Der Mann schluckte und vermied es angestrengt, die beiden Beamten anzusehen. Er streckte seine Hand aus und schob die Tastatur nervös hin und her.

»Die hat uns schon die ganzen Tage vorher heißgemacht. Wie die mit dem Hintern in ihrer engen Jeans gewackelt hat. Und die Titten sind auch fast aus der Bluse gesprungen. Wenn die nur in unsere Nähe kam, hatte die die Brustwarzen ausgefahren. Die war doch scharf darauf, flachgelegt zu werden.«

»Und das hat sie Ihnen gestern Abend gesagt?«

»Nein, nicht direkt. Mann. Wenn so eine ständig vor dir herumschwänzelt, dann platzt dir das Ding irgendwann. Erst macht sie dich an, und dann … Plötzlich bist du nicht mehr fein genug, nur weil da so ein paar Geldheinis herumeiern. Die alten Säcke sind doch impotent. Da hat die Tussi doch nichts davon.«

»Und das haben Sie ihr handfest klargemacht, nachdem die Frau solche Äußerungen getan hat?«

»Die wollte doch auch. Die hat sich doch nur geziert. Das ist doch so bei den Weibern. Die können dir doch nicht sagen, dass sie gevögelt werden wollen. Dann machen die das eben anders.«

»Wie – anders?«

»Na – eben anders.«

»Sie geben also zu, die junge Frau gegen ihren Willen missbraucht zu haben.«

Dreschnitzki wischte sich mit dem Handrücken über den Mund, um den Speichel abzuwischen, der ausgetreten war.

»Frau …«, Hilpoldinger sah kurz auf seinen Zettel, »Petrescu hat ihrem hartnäckigen Werben widerstanden, und Sie haben daraufhin Gewalt angewendet.«

»Die hat mir eine gescheuert. Mitten ins Gesicht, nur weil ich ihr an die Titten gefasst habe. Dann soll sie doch einen Pullover tragen, wenn sie das nicht will. Aber nein. Die wollte die Geldsäcke geil machen. Mensch!« Dabei zeigte er auf seine Brust. »Wir sind doch auch nur Kerle. Wir arbeiten hart. Viel härter als die anderen. Und wenn du einen Kleinen getrunken hast, wirst du ein bisschen mutiger. Aber die Tusse hatte doch selber Schuld.«

»Hat sich Frau Petrescu gewehrt?«

»Na klar. Die blöde Kuh hat um sich geschlagen.« Dreschnitzki zog den Ärmel seines Pullovers hoch. »Hier.« Er zeigte auf Schürf- und Kratzwunden. »Warum nur? Wir wollten doch nur ein bisschen Spaß haben. Da ist doch nichts dabei. Das macht die doch sonst auch. Was weiß ich mit wem alles.«

»Haben Sie schon einmal etwas über das Recht auf sexuelle Selbstbestimmung gehört?«

»Das was?« Der junge Mann machte ein ratloses Gesicht.

»Sie haben es nicht bei Busengrapschen belassen, sondern die körperliche Vereinigung gegen den Willen der Frau vollzogen.«

»Hä?«

Hilpoldinger sah ihm an, dass Dreschnitzki die Worte nicht verstanden hatte.

»Wenn du so richtig heiß bist, so auf hundertachtzig, dann platzt dir das Ding. Dann musst du die Alte flachlegen. Das ist so.«

Der Oberkommissar stand auf. »Packen Sie ein paar Sachen zusammen«, sagte er. »Wäsche zum Wechseln. Zahnbürste, Zahnpasta, Rasierzeug.«

»Hä?«

»Sie werden uns begleiten. Sie sind vorläufig festgenommen. Alles andere wird der Untersuchungsrichter entscheiden.«

»Oh, verdammte Scheiße!«

Dreschnitzki raffte wahllos ein paar Wäschestücke zusammen, ohne darauf zu achten, ob sie zueinander passten oder gewaschen waren. Hilpoldinger sah angewidert zur Seite, als der junge Mann die Sachen in eine Plastiktüte stopfte, die auch schon arg mitgenommen aussah.

Widerstandslos ließ er sich abführen. Dreschnitzkis Mutter schien hinter der Tür gelauscht zu haben. Erschrocken wich sie zurück.

»Aber, Junge! Was ist mit dir? Was wollen die Leute von dir?«

»Ihr Sohn wird uns begleiten«, erwiderte Hilpoldinger und knuffte Dreschnitzki unfreundlich in die Seite. »Zahnbürste, Zahnpasta, Wasch- und Rasierzeug«, erinnerte er.

»Brauch ich nicht«, antwortete Dreschnitzki trotzig.

»Von mir aus. Vorwärts.«

Die Mutter sah die beiden Beamten aus großen Augen an. »Was hat das zu bedeuten? Das ist doch mein Sohn.«

»Vielleicht hätten Sie früher ein Auge auf ihn werfen sollen«, sagte Hilpoldinger unfreundlich zum Abschied.

DREI

Christoph hatte sich den Luxus gegönnt, ein wenig länger zu schlafen als an den Werktagen. Während Anna den Frühstückstisch deckte und den Kaffee kochte, hatte Christoph sich aufs Rad geschwungen und war die gut zwei Kilometer zum Bäcker gefahren. Mit »Knackis«, der Brötchenspezialität, und Roggenbrötchen hatte er Annas Auftrag erfüllt. »Kieler«, eine weitere Brötchensorte, so hatte Anna ihm aufgetragen, »musst du heute nicht mitbringen.« Dabei hatte sie ihm zärtlich in den Allerwertesten gekniffen. »Du bist mein ›Kieler‹. Und das reicht mir für heute.«

Gestärkt war Christoph über den Damm in die Kreisstadt gefahren. Im Vergleich zu den Wochentagen wirkte der Parkplatz hinter der Polizeidirektion nahezu verwaist. Christoph hatte Tee gekocht und Kaffee aufgesetzt. Er wusste, dass Große Jägers erste Frage beim Betreten des Büros die nach dem schwarzen Gebräu war. Per definitionem hatte der Oberkommissar »das Kind«, wie er Mommsen stets genannt hatte, zum Kaffeekocher erklärt. Nach dessen Versetzung hatte Große Jäger »demokratisch« beschlossen, dass Christoph dieses Amt übernehmen müsse. Hilke Hauck hatte sich standhaft geweigert, als »Kaffeetante« missbraucht zu werden.

Missbraucht! Unwillkürlich zuckte Christoph bei diesem Wort zusammen. Er versuchte, im Husumer Klinikum Dr. Neubürger zu erreichen. Der Oberarzt führte gerade die Visite durch und konnte nicht gestört werden. Die Stationsschwester versprach aber, den Arzt um Rückruf zu bitten.

Dafür meldete sich die Kriminalpolizeiinspektion Bayreuth.

»Grüß Gott«, sagte eine nur schwer verständliche männliche Stimme. Christoph meinte, der Franke hätte sich mit »Kotzbauer« vorgestellt. Nachfragen oder den Namen wiederholen wollte er aber nicht.

»Kollege Hilpoldinger von der vorherigen Schicht hat den Verdächtigen, den ihr uns genannt habt«, der Randbayer benutzte das kollegiale Du, »gestern festgesetzt. Der Tatverdächtige hat eingestanden, sich der Geschädigten körperlich genähert zu haben. Er sagt, dass das Ganze aus seiner Sicht ein Missverständnis gewesen wäre, weil die Geschädigte seiner Meinung nach durchaus Bereitschaft hat erkennen lassen. Nach dem Überschreiten einer gewissen Grenze, vielleicht auch durch den Alkoholgenuss begünstigt, habe sich der Verdächtige nicht mehr an die gesellschaftlichen Normen gehalten.«

»Das hat er mit Sicherheit nicht so formuliert«, sagte Christoph.

»Das waren jetzt meine Worte«, gestand Kotzbauer. »Aber der Sinn ist der gleiche. Nach anfänglicher Weigerung hat sich der Tatverdächtige nach dringlicher *Ermahnung* unserer Kollegen mit der Entnahme einer DNA-Probe einverstanden erklärt.«

Christoph war die besondere Betonung des Wortes aufgefallen. Es klang fast ein wenig belustigt.

»Was versteht ihr unter ›dringlicher Ermahnung‹?«, fragte er.

»Das ist so länderspezifisch wie die Polizei in Deutschland«, wich der Oberfranke aus. »Wir haben das Geständnis jedenfalls schriftlich. Und das Protokoll. Und da ihr Nordlichter nicht die schnellsten seid, sind wir derzeit dabei, einen Haftbefehl zu besorgen. Dann könnte der Tatverdächtige zur Kur an die Nordsee verschubt werden.«

Auch in Bayern, registrierte Christoph nebenbei, benutzte man das für Laien unverständliche Wort »verschubt« für die Verlegung von Strafgefangenen und Untersuchungshäftlingen, die nach einem ausgeklügelten System quer durch die Republik »verschubt« werden und manchmal erst nach tagelanger Irrfahrt am Ziel ankommen.

»Bekommen wir das ohne Auslieferungsantrag an die bayerische Staatsregierung hin?«, stichelte Christoph.

»Wenn ihr wieder einmal ein Problem habt«, erwiderte der Franke schlagfertig, »dann angelt ruhig in Frieden weiter. Wir erledigen gern eure Arbeit.«

Christoph unterließ es zu erwidern, dass es schon reichen würde, wenn die Nordbayern ihre Straftäter bei sich behalten würden. Stattdessen bedankte er sich und wünschte Kotzbauer noch einen schönen Tag, um sich mit einem breiten »Tschüss ock« zu verabschieden.

»Moin«, begrüßte er Große Jäger, der während des Telefonats

ins Büro gekommen war und dabei einen Hund, der einem hochbeinigen Dackel ähnelte, mit sich führte. Es war eine Dachsbracke, die zur Gattung der Schweißhunde gehörte. In Anbetracht der schlechten Erziehung des Hundes hatte Christoph früher einmal in Frage gestellt, ob das »w« in der Gattungsbezeichnung überhaupt seine Berechtigung hätte. Inzwischen hatte aber auch Große Jäger akzeptiert, dass der Hund »Blödmann« hieß und auf diesen Namen reagierte.

Blödmann schnupperte sich einmal durch das Büro, blieb vor Christoph stehen, fletschte die Zähne und knurrte, bevor er sich unter Große Jägers Schreibtisch zusammenrollte.

»Bevor du einen Kommentar abgibst«, sagte der Oberkommissar anstelle einer Begrüßung, »Blödmanns Tagesmutter hat heute keine Zeit. Wir haben Wochenende, und so musst du den Hund akzeptieren, wenn dir meine Gegenwart lieb und teuer ist.«

»Kaffee ist fertig«, sagte Christoph ausweichend.

»Das ist das Mindeste, was ich erwarten kann.« Große Jäger schenkte sich das braune Getränk in seinen schmuddeligen Becher, an dessen Rand noch Gebrauchsspuren des Vortags zu erkennen waren, und hörte sich aufmerksam Christophs Bericht an.

»Prima, dass wir das Schwein so schnell geschnappt haben. Dem möchte ich im Verhör gegenübertreten.«

»Das wird ein paar Tage dauern, bis Dreschnitzki bei uns eingetroffen ist. Die Bayern wollen einen Haftbefehl besorgen. Vielleicht haben wir bis dahin auch eine Aussage von Elena Petrescu.«

»Wie geht's der?«, fragte der Oberkommissar. Wie auf Kommando klingelte das Telefon.

»Neubürger«, sagte der Oberarzt der Gynäkologie des Husumer Klinikums. »Um es kurz zu machen: Wir machen langsam Fortschritte in der Stabilisierung der Patientin. Das bezieht sich ausschließlich auf die Physis. Die Psyche ist immer noch ausgesprochen labil. Da müssen wir bis Montag warten. Dann steht uns der Psychologe zur Verfügung.«

»Könnten wir ein kurzes Gespräch mit …?«, fragte Christoph, wurde aber barsch durch Dr. Neubürger unterbrochen.

»Ausgeschlossen. Ich erlaube niemandem, die Patientin zu besuchen. Schon gar nicht, um mit ihr über den Missbrauch zu sprechen. Und nun entschuldigen Sie mich bitte. Wir haben Wochenende. Da fahren wir in der Belegschaft mit halber Kraft. Aber die Patienten und ihre Bedürfnisse kennen keine Differenzierung in den Wochentagen.«

So entscheidend es für den Fortgang der Ermittlungen auch gewesen wäre, Christoph hatte Verständnis für die Weigerung des Arztes und dessen Verantwortung für das Wohl der Patientin.

Sie unterhielten sich fast eine Viertelstunde über den offenbar schnellen Erfolg bei der Suche nach dem Vergewaltiger, obwohl es noch galt, die Beweise gerichtsfest zu untermauern. Christoph war sich sicher, dass der Abgleich der DNA-Probe, den die Mediziner im Husumer Klinikum vom Opfer genommen hatten, mit der Speichelprobe Mirko Dreschnitzkis ein weiteres hieb- und stichfestes Indiz sein würde. Sicher würde es in einem Prozess schwierig werden, dem Täter nachzuweisen, dass das Opfer sich nicht freiwillig in diese Situation begeben hatte. Sehr oft mussten die Frauen weitere Leiden und auch Demütigungen ertragen, wenn vor Gericht hinterfragt wurde, ob sie nicht zumindest eine Teilschuld an der Straftat tragen würden. Der nächste Besucher wurde angekündigt und unterbrach den Dialog der beiden Beamten.

Christoph stand auf, ging Frode Hansen entgegen und schüttelte dem Pastor die Hand.

»Herr Hansen, schön, dass wir uns einmal wiedersehen, auch wenn ich mir gewünscht hätte, dass es andere Umstände gewesen wären.«

»Sie sind meiner Einladung ja nie nachgekommen, uns mit Ihrer Partnerin in Bredstedt zu besuchen«, entgegnete Hansen. »Ich soll übrigens auch von meiner Frau viele Grüße ausrichten.«

»Ab nächstem Freitag dürfen Sie sagen, dass Sie den Ersten Hauptkommissar und *seine Frau* einladen«, gab Große Jäger voreilig zum Besten.

»Sie wollen heiraten?« Frode Hansen war sichtlich erfreut und fragte nach Ort und Datum.

»Gratuliere«, sagte er später. »Und nun widmen wir uns den unerfreulichen Dingen.«

Christoph stellte die Fragen, die er auch schon den anderen Zeugen vorgetragen hatte.

»Ich bin zufällig dort gewesen, weil mein Freund, der Propst, verhindert war. Mit Ausnahme des Husumer Bürgermeisters

Kirchner kannte ich niemanden. Ich kann auch nicht behaupten, dass ich bisher etwas versäumt habe.«

»Es geht uns im Wesentlichen um die Frauen und wie sich die männlichen Anwesenden ihnen gegenüber verhalten haben.«

»Die haben mir leidgetan«, sagte Hansen nach kurzem Nachdenken. »Es war ausgesprochen unschön, wie die behandelt wurden. Da waren zum einen die Arbeiter, die schon relativ früh betrunken waren. Ich habe mich zum Beispiel mit Schwester Heike unterhalten, als sie einer quer durch den Garten als ›Sexbombe‹ titulierte und unverblümt aufforderte, sie solle zu den Leuten herüberkommen. Wie war das noch gleich?« Hansen legte die Stirn in Falten. »Das war ein Jüngerer. Der meinte, sie würden es so richtig krachen lassen. Der machte eindeutige Angebote etwa der Art, dass die Bauarbeiter es verdient hätten, na, Sie wissen schon ...«, umschrieb Hansen das Gesagte. »Es wurden auch Schmähreden auf die anderen Gäste gehalten. Dabei fielen Worte wie ›Langweiler‹, ›Kragenproleten‹ und dass der Pfaffe Schwester Heike sexuell nicht befriedigen könne.« Frode Hansen schüttelte sich, als müsse er böse Erinnerungen vertreiben.

»Wie hat Schwester Heike darauf reagiert?«, fragte Christoph.

»Sie war sichtlich verlegen. Es war ihr unangenehm. Ich hatte den Eindruck, dass sie nur um des lieben Friedens willen geschwiegen hat. Das war aber noch nicht alles. Später hat sich der Architekt an sie herangemacht. Er ist ihr auf unangenehme Weise nahe gekommen und wollte sie zu Champagner nach der Veranstaltung einladen. Ein richtiger Angeber.« Hansen sah Christoph an. »Sie verzeihen, wenn ich hier freimütig meine Meinung kundtue. Aber der Architekt ist dann auch von Dr. Kuslmair zurechtgewiesen worden. Der Monsignore hat de Frontier vorgeworfen, dass er seine Leute nicht mehr im Griff hätte. Der Architekt hat energisch bestritten, dass er etwas mit den pöbelnden Arbeitern zu tun habe, und daraufhin versucht, Erkundigungen über die blonde Krankenschwester ...«

»Schwester Elena ...«, warf Christoph ein.

»Richtig. Ich hatte es nicht mitbekommen, aber die muss irgendwann ins Haus gegangen sein. Schwester Heike jedenfalls warf dem Architekten vor, dass er ihrer Kollegin nachgeschlichen sei.«

»Mir scheint, als wären die Frauen von vielen Gästen als Freiwild angesehen worden«, sagte Christoph.

»Ich teile Ihre Auffassung.« Frode Hansen nickte ernst. »Ja, das könnte man so sagen. Auch der Arzt hat sich nicht zurückgehalten. Er hat es auf eine ganz andere Weise versucht, indem er Vertraulichkeit vortäuschte und seine Hand auf Schwester Heikes Arm legte, die sie aber sofort abgeschüttelt hat.« Der Pastor hob den Zeigefinger. »Noch etwas. Da war noch ein unangenehmer Mensch von der Kreisverwaltung. Der war auch eine Zeit lang verschwunden. Wer war das noch gleich? Der Architekt, der meinte, dieser Verwaltungsmensch wäre zu den Schwestern ins Haus verschwunden. Mir reichte das. Anscheinend glauben viele Leute, dass solche Veranstaltungen ebenso wie Betriebsfeste ein Marktplatz für lüsterne Männer sind. Ich bin dann gegangen.«

»Wann war das?«, fragte Christoph.

»Ich habe meine Frau angerufen. So gegen neun. Sie hat mich eine Viertelstunde später abgeholt. Übrigens – Bürgermeister Kirchner schien auch nicht sehr angetan zu sein von der Atmosphäre auf dieser sogenannten Feier. Er ist mit mir zusammen gegangen.«

»Sie haben auf Ihre Frau gewartet, und Herr Kirchner war schon weg?«

»Nicht ganz. Ich bin zum Parkplatz und habe da gewartet. Der Bürgermeister wollte auch gehen, musste zuvor aber noch einmal die gewisse Örtlichkeit aufsuchen.«

»Und ist anschließend zu Ihnen auf den Parkplatz gekommen?«

Hansen schüttelte den Kopf. »Nein. Während ich auf dem Parkplatz gewartet habe, habe ich keinen mehr gesehen. Auch Herrn Kirchner nicht.« Dann rümpfte Hansen die Nase und schien ein wenig verlegen nach Luft zu schnappen. Ein beißender unangenehmer Geruch breitete sich im Zimmer aus. Es roch, als wenn jemand große Verdauungsprobleme hätte.

»Blödmann«, schimpfte Große Jäger.

Pastor Hansen schluckte und wusste nicht, wohin er blicken sollte.

Der Oberkommissar zeigte unter seinen Schreibtisch. »Da liegt mein Hund. Der bekommt von seiner Tagesmutter nicht immer die optimale Ernährung, was sich in unangenehmen Winden äußert. Ach – der Blödmann. So heißt der Hund.«

»Ein merkwürdiger Name«, sagte Hansen.

»So hat Christoph ihn genannt, weil dieses Missgeschick nicht das erste Mal passiert ist.«

»Ah!« Mehr brachte der Pastor nicht über die Lippen.

»Ich habe früher schon erklärt, dass der Hund eines Jägers ein Jagdhund ist. Und der Hund eines Polizisten ist ein Polizeihund. Und da ich Jäger heiße, ist *mein* Hund gleichzeitig ein Jagd- und ein Polizeihund.«

»Wie gut, dass du nicht Seemann bist«, spottete Christoph. »Sonst wäre Blödmann ein Seehund.«

Frode Hansen erklärte sich sofort bereit, eine Speichelprobe abzugeben. Dann drückte er Christoph fest die Hand und wünschte ihm für die bevorstehende Hochzeit alles Gute. Den Oberkommissar maß er mit einem langen Blick und verabschiedete sich von ihm mit einem legeren »Ciao«, ohne ihm die Hand zu geben.

Der nächste Besucher wartete schon.

»Blödorn«, stellte er sich vor und machte dabei die Andeutung eines Dieners. »Ich kann eigentlich gar nichts sagen. Man hat mich dorthin geschickt, weil sonst keiner in der Kreisverwaltung Zeit hatte.«

»Sie haben also den Landrat vertreten?«

»So kann man das nicht sagen«, erwiderte Addi Blödorn mit schriller Stimme. Unentwegt strich er sich mit den Händen über die Oberschenkel. Auf der abgewetzten Jeans waren deutlich die Spuren seiner feuchten Hände ersichtlich.

»Sie sind der zuständige Fachbereichsleiter?«, riet Christoph.

»Der ist im Urlaub«, druckste Blödorn herum. »Und der Fachdienstleiter, also die Ebene darunter, das also, äh … das ist mein direkter Vorgesetzter, der hatte auch keine Zeit. So bin ich dahin.«

»Dann war der Kreis ja toll repräsentiert«, schob Große Jäger dazwischen.

»Wenn ich gewusst hätte, also … Wenn ich geahnt hätte, was da passiert, dann wäre ich nicht hingefahren. Ehrlich. Aber einer musste es ja tun.«

Christoph wiederholte seine Fragen. Blödorn hatte nicht die Beobachtungsgabe Frode Hansens, konnte aber die Ausführungen des Pastors bestätigen. »So nach und nach sind die Leute gegangen.«

»Wissen Sie noch, wann?«

»Darauf habe ich nicht geachtet«, sagte Blödorn kleinlaut. »Ich kannte die meisten ja gar nicht. Der Chef ist bis zum Schluss geblieben.«

»Dr. Kuslmair?«, warf Christoph dazwischen.

»Der auch. Nein, ich meine den Herrn Zehntgraf. Der Architekt war noch da und ich. Ach, richtig. Und der Bürgermeister.«

»Da sind Sie sich sicher?«, fragte Christoph erstaunt, weil Pastor Hansen kurz zuvor etwas anderes berichtet hatte.

Blödorn überlegte. »Doch. Schon. Ich hatte zwar etwas getrunken, aber nicht so viel, dass ich nichts mehr mitbekommen habe. Und dann waren da noch ein paar Unentwegte bei den Arbeitern. Das waren aber auch nicht mehr viele. Zwei oder drei. Die meisten Handwerker waren früh gegangen. Die haben am Abend erzählt, dass es noch viel zu erledigen gibt. Da können die es sich gar nicht leisten, bis in die Nacht hinein zu trinken, wenn sie am nächsten Morgen wieder fit sein müssen.«

»Haben Sie mitbekommen, dass von den Handwerkern Pöbeleien in Richtung der Frauen ausgesprochen wurden?«

»Nicht von den Handwerkern«, protestierte Blödorn. »Das war nur eine kleine Gruppe. Ich glaube, die Maurer. Das haben die Leute jedenfalls erzählt. Die standen auch für sich. Da war so ein junger, der hat sich ziemlich viele Frechheiten herausgenommen. Ich fand das sehr dreist.«

»Haben Sie beobachtet, ob es zu Handgreiflichkeiten gekommen ist?«

Blödorn schüttelte den Kopf. »Das ist mir nicht aufgefallen. Nur die Unflätigkeit, Mannomann. Da waren harte Sprüche dabei. Ich habe mich – ehrlich gesagt – gewundert, dass da keiner eingeschritten ist. Nur der Boss der Truppe hat seine Kollegen zwischendurch ermahnt, sich gesitteter zu geben. Das war aber erfolglos.«

Blödorn musste damit Kuddl Bolle, den Polier gemeint haben, überlegte Christoph.

»Sie waren zwischendurch verschwunden, haben uns Zeugen berichtet.«

»Vielleicht war ich mal kurz bei den kleinen Königstigern. Bei so vielen Stunden muss das mal sein.«

»Sie waren aber länger abwesend.«

Blödorn sah abwechselnd zu Christoph und zu Große Jäger. »Ich hatte zwischendurch einen flotten Otto. Das war mir sehr unangenehm«, gestand er kleinlaut. »Da habe ich eine Weile … Na, Sie wissen schon.«

»Wo hat der flotte Otto denn am meisten gedrückt?«, mischte sich Große Jäger ein. »Hinten oder vorne?«

Blödorn machte einen ratlosen Eindruck. »Das verstehe ich nicht.«

»Ich wollte damit sagen: Hatten Sie plötzlich das dringende Bedürfnis nach einer Frau?«

Der Mann sah den Oberkommissar mit einer fast panischen Miene an. »Um Himmels willen. Ich habe damit nichts, wirklich nichts zu tun. Ich schwöre es.«

»Wir haben in diesem Zimmer schon manchen Meineid gehört«, gab Große Jäger ungerührt zurück.

»Ganz bestimmt! Ich habe nichts getan. Oh, wäre ich doch bloß nie zu dieser Einweihung gegangen«, jammerte Blödorn.

Er atmete immer noch schwer, als er sich verabschiedete und den Raum verließ.

Christoph sah auf die Uhr. »Ich erwarte den Rückruf von Ewald Kirchner.«

»Dem Bürgermeister?«, fragte Große Jäger.

Christoph nickte und wählte die Rufnummer. Es meldete sich ein Junge, der der Stimme nach an der Schwelle zur Pubertät stand. Christoph fragte nach dem Vater. Kurz darauf meldete sich Kirchner.

»Ich habe auf Ihren Anruf gewartet«, sagte Christoph.

»Es tut mir leid, aber mir ist etwas dazwischengekommen. Wenn ich ehrlich bin, passt es derzeit überhaupt nicht.« Der Bürgermeister sprach höflich, aber bestimmt.

»Das hören wir immer«, entgegnete Christoph. »Darauf können wir aber keine Rücksicht nehmen. Straftaten werden auch immer zu unpassenden Zeiten verübt.«

»Sie haben ja recht.« Kirchner sagte es mit einem Seufzer. »Wie lange brauchen wir denn?«

»Das hängt von Ihnen ab.«

Der Bürgermeister erklärte sich einverstanden, dass Christoph ihn in einer Viertelstunde aufsuchen könnte.

»Ich habe mich über Ewald Kirchner schlaugemacht«, meldete sich Große Jäger. »Der Mann ist zweiundvierzig Jahre alt, verheiratet und Vater zweier Kinder. Geboren ist er in Seelze bei Hannover. Bevor er 2009 auf dem Ticket seiner Partei Bürgermeister in Husum wurde, war er Leiter des Bürgerbüros der Stadt Hildesheim.«

»Hildesheim?« Christoph wurde hellhörig. »Ist das ein Zufall? Dort sitzt auch die Sanitas Klinik GmbH, die Träger der neuen Rehaklinik in den Reußenkögen ist. Und Dr. Kuslmair ...«

»Der Kuschelmeyer?«

Christoph ging nicht auf Große Jägers Anmerkung ein. »... kommt auch aus Hildesheim. Von dort verwaltet er das wirtschaftliche Imperium des dortigen Bistums.«

»Das sind aber merkwürdige Zufälle. Oder sind wir hier auf eine Seilschaft gestoßen?«

»Da bin ich mir nicht sicher. Aber der Architekt hat auch eine merkwürdige Äußerung getan, als er mir großspurig verkündete, das Projekt in den Reußenkögen wäre eigentlich eine Nummer zu klein für ihn. Er hat es nur aus alter Verbundenheit übernommen.«

»Mich würde interessieren, ob Kirchner dabei eine Rolle gespielt hat. Warum lädt man zu dieser Einweihung den Husumer Bürgermeister ein, wenn die Stadt selbst in keiner Verbindung zur ›Kurklinik Am Wattenmeer‹ steht?« Große Jäger kratzte sich hörbar die Bartstoppeln, dann drängte er vorsichtig mit der Fußspitze Blödmann wieder unter den Schreibtisch, als der Hund neugierig seine Nase hervorstreckte.

»Es gibt viele spannende Fragen auf dieser Welt. Wir können uns aber nicht der Lösung aller annehmen, sondern müssen uns auf den Mord und die Vergewaltigung konzentrieren.«

»Mit hoher Wahrscheinlichkeit hat Mirko Dreschnitzki Schwester Elena vergewaltigt«, sagte der Oberkommissar. »Besitzt der junge Mann wirklich so viel Kaltblütigkeit, dass er es zuerst bei Schwester Heike versuchte? Und als er dort nicht zum Zuge kommt, erschlägt er sie, um sich dann seelenruhig über Schwester Elena herzumachen?«

»Wenn die Aussagen einiger Zeugen zutreffen«, ergänzte Christoph, »dann hat er nach der einen oder nach beiden Straftaten seelenruhig bis zum Ende der Veranstaltung weitergetrunken. Erst danach ist ihm in den Sinn gekommen, sich zu seinen Eltern nach Bayreuth aus dem Staub zu machen.«

»Ich werde mich auf dem Bahnhof umhören. Vielleicht erinnert sich jemand an Dreschnitzki. Es gibt stündliche Verbindungen von Husum nach Bayreuth. Außerdem muss er irgendwo geblieben sein zwischen dem Ende der Veranstaltung und seiner Abreise.«

Kirchner wohnte im Lundweg, der lange Zeit den nördlichen Stadtrand markierte, bis mit dem Nordhusumfeld ein neues Baugebiet erschlossen wurde. In der ruhigen Wohnstraße standen auf der rechten Seite kleine Siedlungshäuschen aus rotem Backstein. Auf der linken Straßenseite waren ein paar moderne Häuser entstanden. In einem wohnte Familie Kirchner.

Der Bürgermeister öffnete selbst die Tür. Er trug legere Freizeitkleidung und führte Christoph in ein Arbeitszimmer, das offenbar von der ganzen Familie genutzt wurde. Auf der Ecke des Schreibtischs lagen Pappdeckel, deren Beschriftung auf Verwaltungsvorgänge verwiesen, daneben Schulbücher. Christoph konnte auf einem Ausdruck ein Kochrezept erkennen. Kirchner schloss die Tür, sodass die Geräuschkulisse des Familienbetriebs nur gedämpft zu hören war.

Christoph wiederholte die Schilderung des Vorgangs, soweit es für das Verständnis der Zeugen von Bedeutung war.

»Sie waren eingeladen worden?«, fragte er dann.

»Ja. Von Monsignore Kuslmair. Wir kennen uns aus meiner Hildesheimer Zeit. Dort gab es ein paar Berührungspunkte. Zudem sind wir Husumer ja Nachbarn der neuen Kureinrichtung. Davon profitieren sicher alle, nicht nur die Gemeinde Reußenköge, sondern auch unsere Stadt als Zentrum der Region. Schließlich stellen wir Husumer einen Großteil der Infrastruktur zur Verfügung, vom Krankenhaus und von den Ärzten über die Einkaufsmöglichkeiten, den Bahnhof bis hin zu Kultur und Unterhaltung. Natürlich bedeutet es auch für Husum, dass wir zusätzliche Besucher gewinnen können.«

Dann schilderte Kirchner das Auftreten der Bauarbeiter. Seine Aussage deckte sich im Wesentlichen mit dem, was Christoph schon wusste.

»Nein, ich habe nicht beobachtet, dass es zu Übergriffen gegenüber den Frauen gekommen ist«, sagt Kirchner. »Obwohl einige der Männer sehr aggressiv in ihrer Tonlage waren. Ich bedaure, Ihnen in diesem Punkt nicht weiterhelfen zu können. Es bringt Sie nicht weiter, wenn ich meine persönliche Meinung dazu äußere. Aber ich könnte mir schon vorstellen, dass die Situation später eskaliert ist.«

»Wie lange waren Sie anwesend?«

»Nicht lange. Ich habe noch andere Verpflichtungen. Sehr häufig bin ich die ganze Woche auch in den Abendstunden unterwegs, manchmal zusätzlich am Wochenende. Da bin ich froh, wenn ich die Termine in überschaubarer Zeit erledigen kann. Es war ein Höflichkeitsbesuch und ohne jeglichen persönlich vergnüglichen Aspekt.«

»Wann sind Sie gegangen?«

»Das muss gegen neun Uhr gewesen sein. Ich bin zusammen mit Pastor Hansen aus Bredstedt aufgebrochen.«

»Hmh.« Christoph ließ diesen Laut eine Weile wirken und stellte fest, dass sich Kirchner dadurch beeindrucken ließ. »Uns liegen Informationen vor, dass Sie zwar dieses Vorhaben geäußert, aber nicht umgesetzt haben.«

»Doch.« Kirchner klang entschieden. »Wir sind zusammen aufgebrochen.« Plötzlich schien ihm noch etwas einzufallen. »Wir hatten gutes Wetter und haben die Zeit im Garten verbracht. Bevor ich aufgebrochen bin, habe ich noch einmal die Toilette aufgesucht. Danach bin ich gefahren.«

»Ihr Auto stand auf dem Parkplatz?«

»Ja. Sicher.«

»Und da ist Ihnen niemand begegnet?«

»Ich weiß nicht, ob mich jemand gesehen hat. Ich habe nicht darauf geachtet, sondern bin ins Auto gestiegen und nach Hause gefahren.«

»Das kann Ihre Frau bestätigen?«

Bürgermeister Kirchner zeigte einen Anflug von Verärgerung im Antlitz. »Worauf wollen Sie hinaus?«

»Wir müssen allen Eventualitäten nachgehen.«

»Meiner Frau ging es gestern nicht gut. Sie hatte sich früher schlafen gelegt. Ich weiß nicht, ob sie mich gehört hat. Ich bin noch ins Wohnzimmer gegangen, habe ein Glas Wein getrunken und mir zur Entspannung den Fernseher eingeschaltet.«

»Haben Sie noch mit Ihren Kindern gesprochen?«

»Hören Sie.« Kirchner war deutlich die Verstimmung anzumerken. »Es wäre mir lieb, wenn Sie meine Familie aus Ihren Ermittlungen heraushalten würden. Sie muten mir schon eine Menge damit zu, dass Sie hierherkommen und solche Fragen stellen.«

Christoph nahm sich vor, diese Ungereimtheit später zu prüfen.

»Sie erwähnten, dass die Bauhandwerker sehr derbe mit den Frauen umgegangen sind. Haben Sie beobachtet, ob es auch noch andere Nachstellungen gab?«

Kirchner spitzte die Lippen. »Die Beantwortung einer solchen Frage ist heikel. Mir schien, als wenn der Arzt einen sehr vertrauten Umgangston mit seinen Krankenschwestern pflegt. Ob die damit einverstanden waren … Ich hatte den Eindruck, dass es ein wenig einseitig wirkte. Pastor Hansen hat eine Weile mit der älteren ein wenig abseitsgestanden. Die Herren Zehntgraf und der von der Kreisverwaltung … ich habe den Namen nicht verstanden … haben zwar mit allen gesprochen und waren mal hier und mal da, aber soweit ich das mitbekommen habe, war ihr Verhalten gegenüber den Frauen höflich distanziert. Der Architekt mit dem französischen Namen hat sich sehr für die Damen interessiert und sich auch nicht gescheut, ihnen Avancen zu machen. Er hat deutliche Einladungen zu Champagner und einer Spritztour von der Veranstaltung fort ausgesprochen. Für mich war es ganz eindeutig, dass er sich um eine der Frauen bemüht hat.«

»War er erfolgreich?«

»Ich glaube nicht. Der Mann trat zu überdreht auf. Die Krankenschwestern machten auf mich nicht den Eindruck, als würde sie das Gehabe des Architekten beeindrucken. Das hat ihn noch rasender gemacht. Solche Leute haben Probleme zu akzeptieren, dass sie nicht bei allen Frauen landen können. Für solche Männer scheinen die Frauen nur Freiwild zu sein.«

»Und die anderen Gäste?«

»Von denen hat sich keiner auffällig benommen. Ja, und der Monsignore und ich stehen außerhalb jeden Zweifels.«

»Für uns gibt es keinen Unterschied.«

Kirchner begehrte auf. »Wie bitte? Wir sind Persönlichkeiten, die in der Öffentlichkeit stehen. Wenn auch nur der Hauch eines Verdachts auf uns fällt, bedeutet das ein allgemeines Schlachtfest. Bei mir würde die Opposition unsachlich solche Mutmaßungen ausbeuten. Hinterher interessiert es niemanden, dass Sie nichts mit der Sache zu tun haben. Allein die Erwähnung Ihres Namens reicht.«

»Wir veröffentlichen keine Kommuniqués über unsere Gespräche«, sagte Christoph. »Darf ich Sie noch um eine freiwillige Speichelprobe bitten?«

Der Bürgermeister sah Christoph an. Es war ein Blick zwischen Ratlosigkeit und Entrüstung. »Das ist nicht Ihr Ernst? Ich habe eben gerade erklärt, wie es auf die Öffentlichkeit wirkt, wenn mein Name mit diesen schlimmen Ereignissen in Zusammenhang gebracht wird.« Kirchner schüttelte energisch den Kopf. »Nein, ich glaube, ich möchte das nicht. Außerdem ist es überflüssig.«

»Ich kann Sie nur bitten, nicht zwingen. Im Zweifelsfall müssten wir die Speichelprobe über eine richterliche Anordnung anfordern.«

Kirchners Gesicht wurde von einem Rotschimmer überzogen. »Das würden Sie nicht machen«, sagte er.

»Doch«, erwiderte Christoph ungerührt. »Bei uns gibt es keinen Promibonus.«

Der Bürgermeister nagte an seiner Unterlippe. »Um was geht es bei dieser Speichelprobe? Um den Mord? Oder um die Vergewaltigung?«

»Im Missbrauchsfall sind wir ein gutes Stück vorangekommen. Jetzt interessiert mich vorrangig der Mord.«

»Da habe ich nichts mit zu tun.« Kirchner nagte immer noch an seiner Unterlippe. »Schön«, sagte er schließlich. »Wenn es Ihre Ermittlungen voranbringt, bin ich dazu bereit. Soll ich am Montag zu Ihnen kommen?«

Christoph zog ein Teströhrchen mit dem Wattestab aus der Tasche. »Das können wir gleich hier erledigen.«

Widerwillig öffnete der Bürgermeister den Mund und gestattete den Abstrich aus der Mundhöhle.

Danach bat Christoph, Kirchners Frau noch eine Frage stellen zu dürfen.

Die Frau des Bürgermeisters war eine sportliche Blondine, die Christoph freundlich begrüßte und mit geübter Handbewegung ihre langen Haare hinters Ohr steckte.

»Mir ging es gestern nicht gut«, sagte sie. »Ich habe Ewald angerufen und ihm auf die Box gesprochen, dass ich früher schlafen gehe. Er soll leise sein, wenn er heimkommt.« Sie sah ihren Mann an. »Du musst die Nachricht doch noch auf der Mobilbox haben.«

»Richtig.« Kirchner verschwand und tauchte kurz darauf wieder mit dem Handy auf. Er wählte die Mobilbox an, lauschte kurz in den Hörer und reichte den Apparat an Christoph weiter.

Eine Frauenstimme nannte die Uhrzeit. Es war neunzehn Uhr zweiunddreißig, als die Meldung auf der Mobilbox auflief. »Hallo, Waldi. Ich habe Kopfschmerzen und leg mich hin. Sei leise, wenn du kommst. Küssi.« Christoph unterdrückte ein Schmunzeln. Es war amüsant zu hören, wie Partner im vertrauten Umgang miteinander sprachen. Er gab Kirchner das Handy zurück. Der Anruf der Ehefrau bestätigte die Aussage des Bürgermeisters.

»Ich wünsche Ihnen viel Erfolg«, sagte Kirchner mit frostigem Unterton bei der Verabschiedung.

Für die Rückfahrt wählte Christoph den Weg durch die Nordhusumer Straße mit dem eher rustikalen Ambiente. Im Gegensatz zum Ostenfelder Bauernhaus, dem ältesten Freilichtmuseum Deutschlands, konnte Christoph beim Weihnachtshaus keinen Besucherandrang feststellen. Dafür wimmelte es von Menschen rund um den Binnenhafen und an der Kleikuhle, dem Platz, der die Hafenstraße abschloss. Wie an jedem schönen Wochenende war Husum auch heute ein Magnet für zahlreiche Besucher von nah und fern. Kurz darauf saß er im tristen Büro Große Jäger gegenüber.

»Ich habe mich am Bahnhof umgehört«, sagte der Oberkommissar. »Eine Verkäuferin vom Kiosk kann sich an Dreschnitzki erinnern. Zumindest passt die Beschreibung. Sie hat um sieben Uhr mit ihrer Arbeit begonnen. Kurz darauf kam ein heruntergekommen wirkender junger Mann in den Laden. Er war ihr aufgefallen, weil er sich fortwährend umsah. Sie hatte für einen Moment Befürchtungen, dass er den Kiosk überfallen wollte. Außerdem hat er unangenehm gerochen, so als hätte er die ganze Nacht über durchgefeiert. Sie meinte, er hätte sich zwei belegte Brötchen, einen Coffee to go und ein paar Süßigkeiten gekauft. Er hat sehr umständlich nach seinem Geld gesucht. Wenn wir davon ausgehen, dass Dreschnitzki den nächsten Zug genommen hat, so ist er um sieben Uhr einunddreißig mit der Nord-Ostsee-Bahn nach Hamburg gefahren, noch einmal in Nürnberg umgestiegen und wäre dann um halb vier nachmittags in Bayreuth gewesen. Das Ganze kann man als Flucht deuten. Dafür spräche auch sein auffälliges Verhalten.«

»Das sind Anhaltspunkte für uns«, gab Christoph zu bedenken. »Aber beweissicher ist das nicht.«

»Das ist auch nicht das Bauchgefühl, das uns schon manches Mal geleitet hat.« Dabei strich Große Jäger sich versonnen über seinen Schmerbauch. »Für uns ist das nur ein kleines Mosaiksteinchen, das zum großen Puzzle passt.«

Christoph musste ihm recht geben.

»Außerdem hat sich die Squaw noch einmal gemeldet. Sie meint, Heike Bunge hätte ihr die Nachricht zukommen lassen, dass ein dem Opfer nahestehender Mensch der Täter war.« Große Jäger lachte auf. »Das hätte ich auch sagen können. Wenn man jemanden mit einem Hammer erschlägt, dann muss man ihm schon auf die Pelle rücken.«

»Großartig«, erwiderte Christoph. »Ich meine deine Analyse. Wir glauben beide nicht an Übersinnliches. Ich werde aber das Gefühl nicht los, dass Hildegard Oehlerich mehr über das Opfer berichten kann.«

»Das habe ich mir auch gedacht. Deshalb habe ich gesagt, dass wir sie heute noch einmal aufsuchen werden.«

Christoph sah auf die Armbanduhr. »Damit haben wir den Sonnabend wieder verplant.«

»Versuchen wir, das Beste daraus zu machen, und entfliehen dem Westküstenrummel mit einem Ausflug an die Ostküste«, schlug Große Jäger vor und versuchte, seinen Hund unter dem Schreibtisch hervorzulocken. Doch Blödmann knurrte nur. Widerwillig ließ er sich überreden, zu Christoph ins Auto zu steigen.

Auf der Bundesstraße Richtung Schleswig herrschte reger Verkehr. Die Kennzeichen der Autos verrieten, dass Einheimische und Touristen gleichermaßen die Straße bevölkerten.

»Hilke hat es gut«, sagte Große Jäger, als sie Treia durchquerten, den Heimatort der blonden Kommissarin.

»Auch wenn sie heute freihat«, erwiderte Christoph, »wird sie die Eindrücke, die sie von ihrem Besuch bei Elena Petrescu mitgenommen hat, nicht abschütteln.«

»Es wäre ein kleiner Trost, wenn wir mit Mirko Dreschnitzki wirklich schon den Täter gefasst hätten. Viele Anzeichen deuten darauf hin, dass er Schwester Elena missbraucht hat. Aber ist er auch der Mörder?«

Christoph deutete ein Schulterzucken an. »Das ist noch fraglich.«

Sie hatten kaum das Ortsausgangsschild erreicht, als der Kopf des Oberkommissars sanft zur Seite gegen die Scheibe kippte. Auf halber Strecke bis zum Kreisverkehr am Ortseingang von Silberstedt vernahm Christoph gleichmäßige tiefe Atemzüge vom Nebensitz. Auch Blödmann schlief. Haben Hunde Träume?, überlegte Christoph, als er aus dem Fußraum vor Große Jäger einen Seufzer hörte.

An der Anschlussstelle Schleswig/Schuby erfüllte sich Christophs Hoffnung nicht, dass eine Reihe von Verkehrsteilnehmern auf die Autobahn abbiegen würde. Viele hatten den Blinker gesetzt, aber es war nur ein Austausch gegen andere Autos, die von der Autobahn herunterkamen und Richtung Schleswig oder Kappeln wollten. Der Weg führte weiter durch das hügelige Angeln, bis Christoph den »Yachthafen Kappeln« erreichte.

Die beiden Beamten mussten eine Weile suchen, bis sie die »Karin II« fanden. Große Jäger entdeckte das Schiff, das am äußeren Steg lag.

Auf dem Weg dorthin begegnete ihnen ein sonnengebräunter Mann mit weißem Haar, Turnschuhen und heller Hose. Große Jäger hielt ihn an.

»Entschuldigung, aber das ist ja interessant hier.« Er musterte den Mann. »Sie sind sicher ein Experte.«

Der Mann lachte und zeigte dabei ein tadelloses Gebiss. So ebenmäßig können nur die Dritten sein. »Ich segle seit vierzig Jahren. Was wollen Sie denn wissen?«

Der Oberkommissar zeigte auf die »Karin II«.

»Ist das ein besonderes Boot? Ich meine, eine andere Klasse als die anderen?«

»Das ist eine Bavaria 43 Cruiser«, erklärte der Segler. »Die ist nicht schlecht. Wenn Sie raus auf die Ostsee wollen … das geht schon ganz gut. Die hat einen Volvo-Diesel. Unter Wind geht die ab. Sie lässt sich gut handhaben. Wie die Ausstattung ist, weiß ich nicht.«

»Für so etwas muss man doch bestimmt eine halbe Million hinblättern«, sagte Große Jäger fast beiläufig.

»Nö, mit hunderttausend und 'nem bisschen dazu kommen Sie aus. So was hatte ich auch einmal. Aber mit den Jahren steigen die Ansprüche. Seitdem ich meinen Betrieb übergeben habe, bin ich fast den ganzen Sommer über auf dem Boot. Da will man ein bisschen Komfort haben.«

Der Segler tippt sich an den Haaransatz. »Scheun Tach«, wünschte er und ging weiter.

Die »Karin II« lag mit dem Bug zum Steg. Niemand war zu sehen. Große Jäger rief: »Hallo«, aber sein Ruf blieb ungehört. »Wenn die keine Klingel haben, müssen wir so eintreten«, sagte er und hangelte sich mühsam auf das schwankende Boot.

Christoph musste lächeln, als er dem Oberkommissar folgte, der sich an der niedrigen Reling festhielt und auf dem schmalen Deck balancierte. Plötzlich blieb er stehen, sodass Christoph ihn anstieß.

»Hoppla«, sagte Große Jäger und erhielt als Antwort einen kräftigen Fluch.

»Was machen Sie hier?« Aus dem Cockpit tauchte ein zerfurchtes Gesicht auf. Die Sonnenbrille saß nicht auf der langen Nase, sondern steckte in den lockigen Haaren.

»Hier gibt es keine Klingel. Und auf unser Rufen haben Sie nicht reagiert. Wir wollten Sie nicht in Ihrem Nahkampf stören.«

Christoph vermutete, de Frontier vor sich zu haben. Er musste einen Lachanfall herunterschlucken und bekam auch gleich die Erklärung für den »Nahkampf« geliefert, als sich im Cockpit eine

Weißhaarige mit millimeterkurz geraspeltem Haar aufrichtete. Die Frau trug einen Bikini und war schlank. Christoph war sie zu schlank. Deutlich zeichneten sich die Rippen ab, und die Beckenknochen stachen wie Speerspitzen hervor. Sie maß die beiden Beamten mit einem giftigen Blick.

»Polizei Husum«, sagte Große Jäger. »Wir waren verabredet.«

»Aber doch nicht mit Ihren dreckigen Schuhen. Sie zerkratzen mir das ganze Deck.«

»Das war nicht unsere Absicht. Dann kommen Sie jetzt mit zur Kappelner Zentralstation. Dort können wir uns in aller Ruhe unterhalten.«

»Wollen Sie mich unter Druck setzen?«, fluchte der Architekt.

»Ja«, erwiderte Große Jäger ungerührt.

De Frontier schnappte nach Luft wie ein Fisch auf dem Trockenen. Mit dieser Antwort hatte er nicht gerechnet.

»Heben Sie die Füße hoch und trampeln Sie nicht so«, schnauzte er und zeigte auf das Cockpit.

Als Christoph und Große Jäger Platz genommen hatten, fuhr der Architekt sie an. »Machen Sie's kurz. Ich will aufs Wasser raus.«

Christoph sparte sich den Vortrag, den er bei anderen Zeugen gehalten hätte.

»Sie waren am Donnerstag bei der Einweihungsfeier in den Reußenkögen.«

»Ich musste notgedrungen in dieses Kaff. Schließlich hat dieser Kirchenverein aus Hildesheim sich die Einöde als Standort ausgeguckt. Und dann diese albernen Bauvorschriften. Weißes Mauerwerk und grünes Dach. Ich frage mich sowieso, weshalb ich den Auftrag überhaupt angenommen habe.«

»Ach«, lästerte Große Jäger. »War der eine Nummer zu groß für Sie?«

»Wissen Sie nicht, mit wem Sie sprechen?« De Frontier war entrüstet.

»Doch. Mit einem Verdächtigen.«

Der Architekt lachte verächtlich. »Ich? Das ist doch 'n Witz.«

»Dann wollen wir einmal sehen, wie lange wir Sie kitzeln müssen, bis Sie lachen«, sagte der Oberkommissar. »Und da Ihre Zeit knapp bemessen ist – hatten Sie intimen Kontakt zu einer der anwesenden Frauen? Möglicherweise sogar gegen deren Willen? Andere Zeugen haben ausgesagt, dass Sie die Krankenschwestern sehr bedrängt haben.«

»Jean!« Die Blonde sprach den Namen wie einen Zischlaut aus. De Frontier sah Große Jäger verdutzt an. Mit einem solchen Frontalangriff hatte er nicht gerechnet.

»Mach, dass du bei Anatol einen Drink nimmst«, fauchte er seine Begleiterin an.

»Willst du mich rauswerfen?«, giftete sie zurück.

»Sieh zu, dass du Land gewinnst.«

»Mich würde aber interessieren, was sich dort abgespielt hat.«

»Hau ab. Die wollen mit mir allein sprechen. Mich nur als Zeugen vernehmen. Hast du verstanden? Als *Zeugen*!«

»Du und deine Weibergeschichten.« Die Frau tauchte in die Kabine ab.

»Du bist doch selbst eine Weibergeschichte«, rief er ihr hinterher.

Nach zwei Minuten kam die Blonde wieder hervor. Sie hatte sich eine hautenge Jeans angezogen und ein Top übergeworfen. Sie schenkte den drei Männern einen wütenden Blick und tastete sich an der Reling entlang Richtung Steg.

»Die Weiber bilden sich Wunder etwas ein«, schimpfte de Frontier. »Zuerst setzen sie alles daran, um auf sich aufmerksam zu machen. Und dann scheiden sich die Geister. Die einen zieren sich, und die anderen machen bereitwillig die Beine breit, um Porsche fahren zu können, auf dem Boot hier Champagner zu trinken oder auf eine In-Party mitkommen zu dürfen.«

»Und den Frauen auf der Einweihungsfeier haben Sie das alles angeboten, um sie ins Bett zu bekommen? Oder sollten die mit Ihnen am Wochenende auf die Ostsee?«

»Blödsinn. Das waren doch alles Blümchen. Mit solchen Gewächsen machen Sie sich doch lächerlich, wenn Sie sich in der Öffentlichkeit zeigen.«

»Und trotzdem haben Sie die Frauen belästigt und ihnen eindeutige Angebote unterbreitet.« Christoph hatte dem Oberkommissar die Gesprächsführung überlassen.

Instinktiv griff sich de Frontier in den Schritt. »Na und? Die Blonde flachzulegen … Da wäre doch nichts bei gewesen.«

134

»Haben Sie Schwester Elena gegen ihren Willen zu überzeugen versucht?«

»Bin ich verrückt? Bei mir sagen die Weiber nie Nein. Und wenn, was ausgesprochen selten vorkommt, sind sie entweder lesbisch oder haben den roten Freund zu Besuch.«

»Merken Sie gar nicht, wie abfällig Sie sich über Menschen äußern?«

»Ich drücke nur das aus, was andere sich nicht zu sagen trauen.«

»Gott sei Dank ist so etwas wie Sie eine Rarität. Wenn noch mehr Typen wie Sie herumlaufen würden, wäre die Menschheit schon ausgestorben, weil die Frauen die Männer ermordet hätten.«

»Quatsch.« De Frontier winkte ab. »Das ist doch alles nur ein Abbild unserer degenerierten Gesellschaft. Sehen Sie sich die Naturvölker an. Dort hat man begriffen, worin der biologische Unterschied zwischen Mann und Frau liegt.«

Große Jäger schüttelte verächtlich den Kopf.

»Wenn Sie so abfällig über Frauen sprechen, erklären Sie mir, weshalb Sie sich auch an Schwester Heike herangemacht haben. Die ist schon älter gewesen und in Ihren Augen sicher auch nicht mehr so attraktiv wie Schwester Elena.«

»Meinen Sie die unscheinbare graue Maus? Für ein kurzes Vergnügen hätte es gereicht. Ein Strich in der Statistik. Für mich. Die Schwester Dingsbums hätte sicher lange von diesem Erlebnis gezehrt.«

»Hat Sie Ihrem Drängen nachgegeben?«

»Nein.« Die Antwort war mehr ein Knurrlaut.

»Können Sie sich vorstellen, dass es Frauen gibt, die in einer glücklichen und erfüllten Partnerschaft leben und kein Interesse an einem solchen Wanderpokal, wie Sie es sind, haben?«

»Pahhh! Wenn die nach Hause kommen, hockt ihr Stecher mit einer Flasche Billigbier vor dem Fernseher und glotzt Fußball.«

»Wann sind Sie gegangen?«

»Am Schluss. Mir ist es schwergefallen, dem seichten Geschwätz dieser trockenen Gesellschaft zu folgen.«

»Sie waren zwischendurch nicht abwesend?«

»Nur zum Pinkeln.«

»Und wie lange dauert so ein Toilettendurchgang, wenn es nicht mehr so klappt wie bei Ihnen?«

Große Jäger erntete für diese Anmerkung einen giftigen Blick.

»Wann sind die anderen Teilnehmer gegangen?«

»Ach – was weiß ich. Das geht mich einen feuchten Kehricht an. Der Monsignore war bis zum Schluss da. Der Bürohengst ...«

»Zehntgraf«, warf Große Jäger ein.

»Sagte ich doch. Dieser Halbaffe vom Landkreis ...«

»Und der Husumer Bürgermeister?«

»Lassen Sie mich doch in Frieden. Ich weiß es nicht mehr. Kann sein, dass er irgendwann abgehauen ist. Ich glaube, da war es noch hell.«

»Zusammen mit Pastor Hansen?«

»Der ist schon früher weg, der Pfaffe. Der Husumer ist erst ins Haus, dann aber noch mal zurückgekommen. Ich fand den ziemlich öde. Er hatte schon vorher wenig gesagt. Danach hat er nur noch wie ein Denkmal in der Landschaft gestanden.«

»Kennen Sie die Bauhandwerker, speziell die Maurer, näher?«, mischte sich Christoph ein, bevor das Gespräch zwischen den beiden eskalierte.

Der Architekt schnaufte verächtlich. »Die Frage ist ja wohl nicht ernst gemeint. Das sind doch alles Primitivlinge.«

Dann gehörst du in diese Kategorie, dachte Christoph, behielt es aber für sich. Stattdessen bat er um eine Speichelprobe. Knurrend ließ es der Architekt geschehen.

»Ich glaube nicht, dass die Probe nach den Ermittlungen vernichtet wird. Was deutsche Behörden einmal eingesackt haben, bleibt für immer gespeichert.«

Große Jäger erhob sich und schwenkte den Zeigefinger. »Seien Sie vorsichtig auf dem Wasser«, sagte er. »Es wäre nicht schade für die Menschheit, wenn Sie über Bord gehen würden. Aber bitte erst nach Abschluss unserer Ermittlungen.«

De Frontier formte mit den Lippen eine Antwort, die eindeutig einen Teil des Verdauungsweges bezeichnete.

»Was gibt es für Widerlinge«, sagte Große Jäger, als sie im Auto saßen. »Man müsste sich komplett desinfizieren, wenn man die Gegenwart eines solchen Typen genossen hat. Das ist richtiggehend pervers, was der über Frauen denkt. So einer wie der müsste zwangsrekrutiert werden als Pförtner in einem Frauenhaus.«

»Bitte?«, fragte Christoph ungläubig.

Der Oberkommissar lachte und machte mit Zeige- und Mittelfinger die Bewegung, als würde er etwas abschneiden. »Keine Sorge. Der würde sich an keiner Frau mehr vergreifen. Dafür könnte er an seinen freien Tagen die Stelle des Soprans im Kirchenchor besetzen.«

»Wie sieht es eigentlich mit deinem Liebesleben aus?«, fragte Christoph fast beiläufig.

»Hab ich.«

»Und?«

»Das ist kein Fall für das Public Viewing. Ich frage dich auch nicht, ob du in deiner Beziehung den Rat deines Chefs beherzigst.«

»Ich fürchte, das nicht verstanden zu haben«, gestand Christoph ein.

»Du bist doch evangelisch. Nach meinem Wissen hat Martin Luther gesagt: ›In der Woche zwier‹.«

»Er hat auch noch andere Deftigkeiten von sich gegeben.«

»Und sich als Mönch erlaubt, mit einer Nonne zu schlafen.« Große Jäger hob abwehrend die Hand und fuchtelte damit vor Christophs Nase herum. »Nun halt mir bitte keinen Vortrag über die jüngsten Missbrauchsfälle. Das Ganze ist ein unappetitliches Thema. Es ekelt mich, wenn ich an unsere derzeitigen Fälle und das Drumherum denke.«

Mit diesem Schlusswort verfiel der Oberkommissar in ein tiefes Schweigen, das er erst wieder aufgab, als sie von der breiten Bundesstraße, die Christoph immer ein wenig an die schwedischen Überlandstraßen erinnerte, in einen besseren Feldweg abbogen und kurz darauf vor einem kleinen Gehölz standen, das sich zur windzugewandten Westseite ein wenig duckte und wie ein schräges Pultdach wirkte. Das verrottete Schild »Koogsweg« war kaum noch zu erkennen, und das Sackgassenschild stand offenbar auch schon seit Generationen unverändert an diesem Fleck. Immerhin wies ein allgemeines Warnschild, jenes Dreieck mit dem Ausrufungszeichen, dank des handgemalten Zusatzes »Vorsicht Lämmer« auf eine allgemeine Gefahrenstelle hin. Westerschnatebüllkoog war das Ende der Welt. Bei den drei Häusern endete jeder Weg. Und das Anwesen von Hildegard Oehlerich lag noch ein wenig einsamer, abseits an einer Kurve der Zuwegung.

Christoph hatte mehr als eineinhalb Stunden für die Strecke benötigt, da die Autobahn Richtung dänische Grenze voll mit Urlauberfahrzeugen war und selbst auf der Bundesstraße bis Leck viel Verkehr herrschte.

Hildegard Oehlerich schien sie erwartet zu haben. Der Volvo rollte noch, als sie schon um die Hausecke bog. Erneut war sie indianisch gekleidet. Ein gesticktes Stirnband hielt die langen schwarzen Haare zusammen, der Poncho, den sie trug, hatte einen ähnlichen Schnitt wie der bei ihrem Besuch in Husum. Unter dem Überhang mit den bunten Motiven lugte eine Leinenhose hervor, aus der die nackten Füße herausragten. Sie ging barfuß und verschränkte die Hände vor der Brust, als sie mit einer leichten Verbeugung die beiden Polizisten begrüßte.

»Willkommen.«

Dann ging sie um das Haus herum zurück und führte die Beamten in den Garten. Christoph war nicht überrascht, als er sah, wie groß das Anwesen war. In diesem Teil des Landes hatte man viel Platz. Da wurde nicht mit Quadratmetern gegeizt. Die Anlage war mit Büschen und Knicks umstanden. Und dort, wo man hindurchsehen konnte, öffnete sich die Weite der Marsch. Das Plätzchen war ohne jeden Zweifel idyllisch. Dazu trug auch die Gartengestaltung bei. Auf den ersten Blick sah es ungepflegt aus. Aber bei genauerem Hinsehen erkannte man, dass durchaus eine ordnende Hand in dieses naturbelassene Stück Land hegend eingriff.

Die Frau hatte Christophs Rundblick bemerkt. »Kommen Sie«, forderte sie die beiden Beamten auf und führte sie durch den Garten. Catori, wie sie sich selbst nannte, erklärte die Büsche und Kräuter, die sie angebaut hatte. Manche Küchenkräuter waren Christoph bekannt, andere hingegen hätte er nicht zuordnen können. Unter den Pflanzen fand sich fast alles, was er schon einmal gehört hatte. Darunter zahlreiche Heilkräuter. Christoph musste sich eingestehen, dass ihm diese nur als Arzneimittel in aufbereiteter Form bekannt waren.

Hildegard Oehlerich sprühte vor Begeisterung. Mit glänzenden Augen gab sie ihr Wissen zum Besten. »Es ist schade, dass die

Kenntnisse, die unsere Großmütter noch hatten, weitgehend verloren gegangen sind«, sagte sie. »Das ist hier meine Speisekammer. Da gibt es Dinge, die die Natur mir schenkt und dich mich täglich ernähren, die Sie gar nicht sehen.«

Christoph musste sich eingestehen, dass sie ein wenig zu voreilig über diese Frau gelacht hatten. Sicher lebte sie anders. Aber dafür hatte sie einen Blick für die uns umgebende Welt, der den meisten Menschen, ihn eingeschlossen, verloren gegangen war.

»Das ist schön hier«, sagte er.

Große Jäger zeigte auf eine Feuerstelle in einer Ecke des Gartens. »Sehr lauschig. Und da finden zünftige Grillpartys statt.«

»Ich esse nichts, was Augen hat«, erwiderte Hildegard Oehlerich mit fester Stimme, in der ein leiser Vorwurf mitschwang.

»Also auch keine Kartoffeln. Die haben auch manchmal Augen.«

Frau Oehlerich schenkte Große Jäger nicht einmal einen Seitenblick für diese Anmerkung. »Da haben wir eine Schwitzhütte gebaut. Ich erspare mir aber, Ihnen zu erläutern, was das ist«, fügte sie mit einem kurzen Nicken in Richtung des Oberkommissars an.

Christoph spürte, dass die Frau verärgert war über die launigen Kommentare seines Kollegen. Er zeigte auf einen Steinhaufen. Von dort gingen vier Steinreihen, die wie Speichen aussahen, zu einem ebenfalls aus Steinen gebildeten konzentrischen Kreis.

»Das hat sicher auch eine Symbolik?«, fragte er.

»Das ist ein Medizinrad. Davon gibt es mehrere Zehntausend in Nordamerika und Kanada. Manche Forscher schätzen es auf über fünftausend Jahre. Von jeher ist es ein Ort, an dem eine besondere Energie die Menschen erfasst. Ein Platz der Kraft und Magie. Sehen Sie!« Hildegard Oehlerich zeigte auf das Gebilde. »In den Speichen und in jedem Abschnitt des äußeren Kreises wiederholt sich die Zahl Vier. Das ist eine heilige Zahl bei den Indianern. Wir haben vier Himmelsrichtungen, vier Elemente, vier Jahreszeiten … Für uns Menschen bedeutet es Harmonie, Gleichgewicht, Verbundenheit und Vollkommenheit. Es ist ein Spiegel unserer Seele und zeigt uns die Verbundenheit und das Gleichgewicht allen Lebens, der aktiven und rezeptiven Energien.«

»Und was heißt das?«, fragte Große Jäger.

»Die Energien durchfließen die Natur auf diese zwei Weisen. Sie haben einen Bezug zu den Elementen Feuer und Luft, Wasser und Erde.«

»Das habe ich nicht verstanden«, murrte der Oberkommissar.

»Dazu benötigen Sie viele Jahre und einen weisen Lehrer«, antwortete Catori. »Kommen Sie.« Sie wies auf die Rückseite des Hauses. »Ich darf Ihnen einen Tee anbieten.«

»Wenn ich ehrlich bin, würde ich einen Kaffee vorziehen«, meinte Große Jäger.

»Da muss ich Sie enttäuschen. So etwas habe ich nicht im Hause.«

Christoph warf einen Seitenblick auf die Büsche und Kräuter. Sicher meinte die Frau mit »Tee« ein Gebräu aus selbst gepflückten Blättern und nicht etwa einen Darjeeling oder Assam.

»Vielen Dank«, sagte er vorsichtig, »aber unsere Zeit ist knapp bemessen. In Heike Bunges Polo haben wir einen Talisman gefunden, der am Rückspiegel hing. Es war ein Kreis mit vier Speichen und drei Federn.«

Hildegard Oehlerich nickte ernst. »Das ist auch ein Medizinrad. Das ist das der Lakota.«

»Das ist kein gutes Symbol«, wagte Christoph einzuwenden. »Die Hälfte der Angehörigen dieses Stammes sind drogen- oder alkoholabhängig. Das Durchschnittsalter liegt bei nur vierundvierzig Jahren, die Kindersterblichkeit ist extrem hoch. Fast alle leben unterhalb der Armutsgrenze.«

»Sie haben Schularbeiten gemacht«, sagte die Frau. »Wenn das ein Vorwurf sein soll oder Sie damit gar Vorurteile untermauern wollen, müssen Sie aber auch bedenken, dass die Lebensbedingungen in den Reservaten katastrophal sind. So erschweren die sozialen Umstände eine normale Entwicklung. Es gibt keine Gesundheitsvorsorge, keine Arbeitsmöglichkeiten. Die Lakota sind stigmatisiert.«

»Ich glaube, Sie sind eine glühende Verfechterin Ihrer Idee. Wie stand Heike Bunge dazu?«

»Heike hatte die herausragende Begabung, die in ihr wohnende Energie zu spüren. Sie war auf dem besten Weg, eine Schamanin zu werden. Vielleicht lag es auch an der vielfältigen Erfahrung, die sie aus früheren Leben mitgebracht hat. Wir waren uns sicher, dass sie viel hat leiden müssen. Leider hat die Zeit nicht gereicht, den Prozess zu Ende zu führen.«

Christoph bemerkte, wie Große Jäger verzweifelt irgendeinen Punkt in der Ferne fixierte, um nicht erneut durch Bemerkungen oder gar ein herzhaftes Lachen die Frau aus dem Konzept zu bringen. Er selbst bemühte sich, auf Hildegard Oehlerich einzugehen.

»Gab es da Gewalt? Ich meine, in den früheren Leben von Heike Bunge?«

»Oh ja. Ganz bestimmt. Und zwar auf grausame Art.« Catori sagte es mit ernster Miene.

Der Oberkommissar hielt es nicht mehr aus. »Wenn Sie über die Vergangenheit und die Reinkarnation gesprochen haben, müssten Sie doch jetzt die Möglichkeit haben, Kontakt zu unserem Mordopfer aufzunehmen.«

»Deshalb habe ich Sie ja angerufen. Auch wenn das Fleisch hüllenlos ist, bleibt die Seele erhalten. Sie sind Christen?« Hildegard Oehlerich sah nacheinander beide Beamten an. Als keiner antwortete, fuhr sie fort: »Jeder Christ glaubt und hofft, dass die Seele nach dem irdischen Tod weiterlebt. Was geschieht damit? Kommt alles in einen großen Topf? Oder kehrt die Seele in einem anderen Körper wieder zurück?« Die Frau hatte sich deutlich ereifert. Sie beugte sich ein wenig vor und unterstrich ihre Worte mit lebhaften Gesten. »Wir Deutsche sind stolz auf unsere Dichter und Denker. Einer der ganz Großen ist Lessing. ›Warum sollte ich nicht so oft wiederkommen, als ich neue Kenntnisse, neue Fertigkeiten zu erlangen geschickt bin? Ist diese Idee denn so lächerlich, weil sie die älteste ist?‹ Lessing sah Reinkarnation als Mittel der Entwicklung und Erziehung der Menschen. Haben Sie sich einmal Gedanken darüber gemacht, warum die Menschheit immer mehr Wissen ansammelt und sich weiterentwickelt? Das liegt doch nicht daran, dass die heute geborenen Menschen klüger und geschickter sind als früher. Nein. Wir alle bringen die Erfahrungen früherer Leben mit.«

Große Jäger drehte sich demonstrativ ein wenig zur Seite, als würde er der Frau die kalte Schulter zeigen wollen. »Das sind doch unhaltbare Thesen, die Sie aufstellen. Wie soll uns das weiterführen?«

»Indem ich Ihnen zu erklären versuche, dass Heikes Tod vorbestimmt war. Nichts auf dieser Welt geschieht zufällig.«

»Das heißt – nach Ihrer Meinung –, der Mord war geplant? Hat Heike es Ihnen aus dem Jenseits gesagt?«

»Sie wählen die falschen Worte«, maßregelte Hildegard Oehlerich den Oberkommissar. »Aber nach den Erfahrungen aus früheren Leben und der Vorbestimmung war es abzusehen, dass Heike eines gewaltsamen Todes durch die Hand eines Menschen sterben würde, dem sie vertraute und den sie kannte.«

»Es wäre hilfreich, wenn Sie uns den Namen nennen würden«, spottete Große Jäger.

Die Frau schloss die Augen. »Ich spüre Heikes Energie. Sie umschwebt mich. Sie will mir etwas sagen.« Hildegard Oehlerich öffnete die Augen und sah Christoph fest an. »Suchen Sie den Mörder in Heikes engstem Umfeld. Deutlich erkenne ich das negative Karma des Mannes.«

»Moment mal«, unterbrach Christoph. »Wie kommen Sie auf eine männliche Person?«

»Es ist das Energiefeld. Sparen Sie sich die Mühe, nach einer Frau als Mörderin zu suchen. Oder nach dem großen Unbekannten.«

Für einen Moment hatte Christoph den Eindruck, als wäre Hildegard Oehlerich aus einem Trancezustand zurückgekehrt, in den sie sich kurzzeitig versetzt hatte.

»Wie verhält sich Heike Bunges Tätigkeit als Krankenschwester mit ihrer, sagen wir einmal, nicht durch die Naturwissenschaften begründbaren Lebensphilosophie?«, fragte Christoph.

»Heike glaubte allmählich selbst, dass sie den falschen Beruf ergriffen hatte. Sie spielte ernsthaft mit dem Gedanken, etwas anderes zu machen, etwas, was ihrer Erfahrung und ihren Kräften näher gewesen wäre.«

»War das konkret?«

»Sie hat sich intensiv damit beschäftigt.«

»Sie wollte also ihr ganzes Leben umkrempeln?«

Hildegard Oehlerich nickte versonnen. »Es war der richtige Weg. Sie hat mit dem Gedanken gespielt, mehr Erleuchtung bei den Indianern oder in Indien zu sammeln.«

»Was hat der Ehemann dazu gesagt?«

»Der ist ein großer Ignorant und versteht nichts von dem, was wirklich in der geistigen Welt geschieht.«

»Gab es Meinungsverschiedenheiten zwischen den Eheleuten? Ich meine, Auseinandersetzungen oder Streit?«

Die Frau lächelte. »Nein. Die beiden waren ein Herz und eine Seele. Die reine Liebe.«

Christoph hüstelte. »Könnte es sein, dass Heike Bunge Kontakte zu anderen Männern hatte? Ich meine, dass sie es mit der ehelichen Treue nicht so genau nahm?«

Jetzt schüttelte Hildegard Oehlerich energisch den Kopf, dass die langen schwarzen Haare hin- und herflogen. »Heike? Nie! Ausgeschlossen.«

Christoph stand auf. An anderer Stelle hätte er jetzt eine Formulierung wie »Sie haben uns sehr geholfen« verwandt. Das fiel ihm schwer. So sagte er: »Falls Ihnen noch weitere Informationen einfallen, würde ich mich über Ihre Nachricht freuen.«

»*Pilamayaye wakan tanka nici un ake u wo, ahoe!*«, sagte Hildegard Oehlerich zum Abschied und breitete dabei die Arme aus, als würde sie die Beamten segnen wollen.

»Und was heißt das?«, fragte Große Jäger.

Catori lächelte weise. »Auf Wiedersehen und möge der Große Geist mit dir sein und dich führen!«

»Ich verlass mich da lieber auf meine Erfahrung. Und auf mein Bauchgefühl«, murmelte Große Jäger für Hildegard Oehlerich unhörbar. »Manitu hat meines Wissens noch keinen Mörder zur Strecke gebracht.«

Sie saßen kaum im Auto, als Große Jäger laut losprustete. »Die spinnt doch, die Alte. Stiehlt uns mit ihrem Blödsinn die Zeit. Sollen wir jetzt unsere Mokassins anziehen und wie die Fährtenleser auf Spurensuche gehen? Die mit ihrem Indianertick. Die hat wohl zu viel Old Shatterhand und Winnetou gelesen.« Er knuffte Christoph in die Seite. »Und statt mit einem Mustang durch die Gegend zu reiten, steht ein ziemlich neuer Mazda vor der Tür.«

»Immerhin haben wir einiges über das Opfer erfahren.«

»Das bringt uns aber nicht weiter«, murrte Große Jäger.

»Doch«, widersprach Christoph. »Wir haben durch eine weitere Zeugin bestätigt bekommen, dass Schwester Heike sich nicht leichtfertig mit Männern eingelassen hat. Das könnte doch für unsere These sprechen, dass sie von einem der Gäste bedrängt wur-

143

de. Die Situation ist außer Kontrolle geraten, und der triebgesteuerte Täter hat sie im Zorn erschlagen.«

»Das wäre eine Möglichkeit«, gab Große Jäger zu. »Aber das sind logische Überlegungen, die nichts mit dem Geschwafel von Energie zu tun haben. Dazu muss ich nicht mit einer Indianerin verheiratet gewesen sein, um zu erkennen, dass der Täter irgendwo im Umfeld der Einweihungsfeier zu suchen ist. Ich glaube, dass es einer der Machos ist.«

Christoph nickte zustimmend. »Das glaube ich auch. Und nun müssen wir nur noch herausfinden, welcher Macho.«

VIER

Sie hatten alle Zeugen, bei denen es sinnvoll erschien, einvernommen. Wenn man lange genug bei der Polizei ist, dachte Christoph, verwendet man eine Sprache, die sich in manchen Punkten von der Alltagssprache unterscheidet. Automatisch dachte er dabei an Mirko Dreschnitzki, der heute – hoffentlich – gen Norden »verschubt« wurde.

Nun galt es, auf die Ergebnisse der Rechtsmedizin und der Kriminaltechnik zu warten. Er hatte den Sonntag freigenommen. Prompt hatte Anna ihn gefragt, welche der bis zum kommenden Freitag noch zu erledigenden Aufgaben er übernehmen würde.

»Ich stecke mitten in schwierigen Ermittlungen. Da bin ich nicht Herr meiner Zeit.«

»Und ich soll unseren Patienten sagen: Gedulden Sie sich ein bisschen. Kommen Sie nächste Woche mit Ihrem Blinddarm wieder. Sie sind erkältet? Macht nichts. In einer Woche ist alles vergessen.«

Christoph hatte es eingesehen. Seine künftige Frau war ebenfalls berufstätig. Irgendwie würden sie das schon organisieren. Unwillkürlich dachte er daran zurück, als er nach Husum versetzt worden war und die Arbeit im neuen Aufgabenbereich ihn zeitlich so gefordert hatte, dass darüber seine Ehe zerbrochen war. Wie es Dagmar, seiner Exfrau, wohl ging? Er hatte lange nichts mehr von ihr gehört.

Jetzt, am Montag, saß er an seinem Schreibtisch und überflog die Berichte der Ereignisse vom Wochenende. Zum Glück waren es alles Routinefälle, um die sich die Kollegen kümmern würden.

Mehrfach war Christoph versucht, in Kiel bei der Rechtsmedizin oder der Kriminaltechnik anzurufen. Er wartete dringend auf die Ergebnisse. Aber mit Ungeduld wird man auch nicht schneller. Schließlich können die Kieler nicht zaubern.

Zaubern! Dabei fiel ihm wieder die merkwürdige Hildegard Oehlerich ein, die von sich selbst behauptete, eine Schamanin zu sein. Er unterließ es, Große Jäger darauf anzusprechen. Zu diesem Thema konnte man nicht vorurteilsfrei mit dem Oberkommissar diskutieren. Zugegeben. Christoph glaubte auch nicht an den ganzen Spuk. Es half aber nicht weiter, eine Zeugin zu verprellen, selbst wenn sie vielleicht nur ein kleines Mosaiksteinchen zur Lösung des Falls beitragen konnte.

»Ich fahre noch einmal zur ›Kurklinik Am Wattenmeer‹«, sagte Christoph zu Große Jäger.

Die Hektik, die rund um die Klinik in den letzten Tagen geherrscht hatte, war auch heute spürbar. Auf Christoph wirkte es so, als würden die Bauarbeiten noch Monate andauern.

Im Durcheinander suchte er den Maurerpolier.

»Wollen Sie was von mir?«, brummte Bolle. »Jetzt haben die mich komplett in den Arsch gekniffen. Heute ist keine Sau gekommen. Ich muss den ganzen Dreck allein machen.«

»Ist Kohlschmidt nicht erschienen?«

»Nee. Ich hab keine Ahnung, ob die faule Sau sich krankgemeldet hat. Der Dicke sagt ja nichts.«

»Sie meinen Ihren Chef Hungerbühler?«

»Wen sonst.« Bolle zog hörbar die Nase hoch. »Was'n los? Hab'n Sie noch Fragen?«

»Können Sie mir zeigen, wo am Donnerstag Ihr Pritschenwagen stand, von dem der Hammer gestohlen wurde?«

»Da, wo er immer steht. Auch heute. Reicht das? Ich muss seh'n, dass ich hier weiterkomm.«

Christoph suchte auf dem Parkplatz den Transit mit der Aufschrift »Bauunternehmen Hungerbühler«. Er stand ungefähr an der Stelle, an der Christoph ihn am Freitag gesehen hatte. Warum hatte er nicht früher daran gedacht, als Jessie, der Personenspürhund, hier angehalten hatte? Natürlich! Der Täter war Schwester Heike gefolgt und hatte sie bedrängt. Er war aus welchem Grund auch immer so in Zorn geraten, dass er den offen auf der Pritsche liegenden Hammer nahm und die Frau erschlug. Dass der Mörder die Kontrolle verloren hatte, zeugte davon, dass er einen zufällig greifbaren Gegenstand für den Mord benutzte. Hätte der Hammer dort nicht gelegen, vielleicht wäre Heike Bunge noch am Leben, überlegte Christoph.

Im Saunabereich traf er Lütfü. »Ich habe noch ein paar Fragen an Sie.«

»Moment.« Der Hausmeister stritt sich lebhaft mit zwei Handwerkern, die offenbar andere Lösungsansätze für die Behebung eines Problems hatten als er. Dann wandte er sich Christoph zu. »Jetzt habe ich Zeit für Sie.« Er begleitete Christoph ins Freie. Sie schlenderten durch die neu angelegte Gartenanlage. »Viel davon habe ich gemacht«, sagte Lütfü und blieb einen Moment vor den Rosen stehen. Er sog tief den Duft der Blüten ein. »Riecht das nicht wundervoll?«

Christoph stimmte ihm zu. »Können Sie sich noch erinnern, wann die Krankenschwestern gegangen sind?«

Lütfü wiegte den Kopf. »Nein. Um Mitternacht waren sie schon weg. Alle drei. Das weiß ich bestimmt.«

»Und der Bürgermeister?«

»Wer war das noch gleich?«, überlegte Lütfü laut. »Nein. Der ist auch schon weg gewesen. Wann genau der gegangen ist, Entschuldigung, aber das kann ich nicht sagen. Das war ja ein ziemliches Durcheinander. Die meisten haben im Garten gefeiert. Es war ja ein tolles Wetter.«

Christoph war hellhörig geworden. »Heißt das, einige der Teilnehmer waren auch im Haus?«

»Na ja. Da sind die Toiletten.« Lütfü tippte sich an die Brust. »Ich habe nicht alles gesehen. Warum auch? Es kann gut sein, dass dieser oder jener auch mal im Haus war. Ich erinnere mich, dass Dr. Aufgänger für eine ganze Weile verschwunden war. Und Schwester Beate war auch abgetaucht. Richtig. Der Chef …«

»Herr Zehntgraf?«

»Ja, wer sonst? Der hat mich noch gefragt, wo die beiden abgeblieben waren.«

»Schwester Beate und der Arzt?«

»Nein. Schwester Beate und Schwester Heike. Zuerst war Schwester Heike verschwunden. Das war aber ein bisschen früher. Dann war Beate weg. Und irgendwann kam Heike zurück. Ich glaube, bald darauf ist sie gegangen.«

»Beate auch?«

»Die tauchte dann wieder auf. Der Chef war ein bisschen sauer, weil sie sich danach nicht mehr aufmerksam um die Gäste gekümmert hat. Das musste Schwester Elena allein machen, bis die ganz plötzlich auch weg war, ohne sich zu verabschieden. Das war merkwürdig.«

»Und die Handwerker?«

»Sie meinen die Maurer«, grenzte Lütfü Christophs Frage ein. »Die haben die ganze Zeit ein wenig abseits gehockt und getrunken. Da habe ich nicht gesehen, ob die zwischendurch mal weg waren.«

Das widersprach Kohlschmidts Aussage, der von seinem Kollegen Dreschnitzki vermutet hatte, dass der eine Weile mit seiner Freundin telefoniert hätte. Wenn der junge Mann aus Bayreuth seine Aussage nicht widerrief, musste er zwischendurch über Schwester Elena hergefallen sein und sie missbraucht haben. Es war denkbar, dass Schwester Heike zu diesem Zeitpunkt schon tot war. Zumindest war sie nicht mehr gesehen worden.

»Sie sind eine wertvolle Hilfe«, bedankte sich Christoph beim Hausmeister. Der freute sich über das Lob.

»Da nicht für«, antwortete er. Christoph musste lachen, weil der türkische Mitbürger diese sehr spezifische Redewendung gebrauchte.

Mittlerweile musste Christoph nicht mehr suchen oder fragen. Er kannte inzwischen die Räumlichkeiten und wunderte sich nicht, dass er von zahlreichen Leuten, die wie in einem Ameisenhaufen durcheinanderliefen, freundlich gegrüßt wurde, als wäre er einer der ihren. Nirgendwo stieß er auf Anzeichen, die auf die beiden Straftaten aus der Vorwoche hinwiesen. *Business as usual.* In dieser Woche sollten die ersten Patienten eintreffen. Nur das zählte. Für die Verantwortlichen schienen die Ermittlungen eine lästige Angelegenheit zu sein, die im emsigen Geschäftsbetrieb störten. Merkwürdig war auch, dass niemand nach den näheren Umständen der Taten fragte oder sich nach dem Stand der Ermittlungen erkundigte, nicht einmal nach dem Befinden von Schwester Elena.

Die Tür zum Schwesternzimmer stand offen. Schwester Beate war dabei, die Transportverpackung eines neu gelieferten Schreibtischs zu entfernen. Sie sah erschrocken auf, als Christoph gegen den Türrahmen klopfte, eintrat und die Tür hinter sich schloss. Er stellte sich mit dem Rücken gegen die Innenseite der Tür. Es sollte wirken, als hätte er den Fluchtweg versperrt. Das war ihm gelungen. Schwester Beate, die sich bei ihrem ersten Gespräch immer an Dr. Aufgänger orientiert hatte, sah Christoph mit einem nervösen Flackern der Augenlider an. Er sah, dass ihre Lippen leicht bebten. Sie schwieg.

»Sie haben uns die Unwahrheit gesagt.« Es war wie ein Hieb mit dem Florett. Es saß. Die Frau wich seinem Blick aus. Und schwieg.

»Sie haben behauptet, Sie wären mit Ihrem Wagen nach Hause gefahren. Das ist nicht zutreffend. Ihr Auto wurde in der Nacht von Donnerstag auf Freitag nicht bewegt. Das haben wir eindeutig festgestellt.«

Schwester Beate sah auf ihre Finger, die sie ineinander verhakte, wieder löste und erneut verknotete. Sie schwieg.

»Wir werden immer wieder unterschätzt. Und unsere technischen Möglichkeiten. Mich würde interessieren, warum Sie mich angelogen haben.«

Die Frau atmete tief ein und stieß vernehmbar die Luft aus. Sie sah an Christophs Kopf vorbei, als würde sie hoffen, dass sich die Tür öffnen würde. Es war unübersehbar. Schwester Beate hatte Angst.

»Vor wem fürchten Sie sich?«, fragte Christoph.

»Ich? Vor niemandem«, behauptete sie mit zittriger Stimme.

»Wo sind Sie gewesen? Jedenfalls nicht zu Hause. Haben Sie etwas beobachtet und werden nun bedroht?«

»Nein. Mir geht es gut.« Danach hatte Christoph gar nicht gefragt. Sie schluckte heftig. »Ich … wir … Herr Zehntgraf hat vor der Veranstaltung darauf hingewiesen, dass Alkohol für uns tabu sein sollte. Wir waren zum Servieren eingeteilt. Und für die Betreuung der Gäste. Da passt es nicht, wenn wir Frauen auch trinken.« Sie zögerte und war unsicher, ob sie weitersprechen sollte. »Als ich sah, dass alle tranken, habe ich beim Einfüllen in der Küche heimlich einen Schluck Sekt getrunken. Aus dem einen Schluck wurde ein Glas. Dann habe ich den Rest aus einer weiteren Flasche in mein Glas geschüttet. Ich bin das nicht gewohnt. Irgendwann wurde ich duselig im Kopf. Daraufhin habe ich mich eine halbe Stunde in eines der Patientenzimmer zurückgezogen.«

»In welches?«

»Zimmer 23«, antwortete Schwester Beate schnell. »Dort habe ich auch übernachtet. Bitte.« Sie sah Christoph flehentlich an. »Verraten Sie mich nicht. Das gibt sonst Ärger.«

149

»Das hätten Sie mir gleich sagen können. Es hätte uns manche Fehlinterpretationen erspart.«

»Entschuldigung«, sagte Schwester Beate kaum hörbar und schien erleichtert zu sein, als Christoph ging.

Im allgemeinen Durcheinander fragte Christoph eine Frau im blauen Kittel, die einen Staubsauger hinter sich herzog: »Sind Sie das Zimmermädchen?«

»Nix Zimmermädchen«, radebrechte die Frau. »Heißt Hauswirtschaft. Du gehen zu Daniela. Da.« Sie zeigte zum Ende des Flurs.

Christoph folgte dem Gang, bis er laute Stimmen hörte. Eine Gruppe von Frauen in den gleichen blauen Kitteln stand zusammen und debattierte. Sie unterbrachen ihren Disput, als er näher kam.

»Ich suche Daniela«, sagte er. »Leider kenne ich keinen Zunamen.«

Eine stämmige Frau, sie mochte Anfang dreißig sein, sah ihn an. »Ich bin's.« Sie lachte und zeigte dabei eine Zahnlücke. »Ich bin für alle im Haus Daniela. Sie sind von der Polizei?«

Christoph nickte. »Wurde das Zimmer 23 in der Nacht zum Freitag benutzt?«

»Das war eine Schweinerei«, schimpfte Daniela und stemmte ihre Hände in die Hüftrundungen. »So eine Ferkelei.«

»War das so schlimm, dass jemand dort geschlafen hat?«

»Das nicht, aber das Wie. Richtig ekelig war das. So dicke Flecken in der Bettwäsche. Eine Zumutung.«

»Sie meinen …?«

»Genau. Igiittt!« Daniela schüttelte sich bei der Erinnerung. »Aber das war nicht die 23, sondern die 17.«

»Nicht Zimmer 23?«

»Nein. Das wüssten wir. Mit der 23 war alles in Ordnung. Oder, Franca?«, fragte sie eine zierliche Frau mit einem verhärmten Gesicht.

»Sì«, nickte Franca.

Eilig ging Christoph zum Schwesternzimmer zurück. Beate hatte ihre Arbeit wieder aufgenommen.

»Haben Sie sich in der Zimmernummer geirrt?«, fragte er.

»Nein«, stotterte sie und wurde rot.

150

»Die Kollegin von der Hauswirtschaft sagte mir, dass Zimmer 17 benutzt worden wäre, aber nicht das Zimmer 23.«

»Ich … habe die Bettwäsche mit nach Hause genommen, gewaschen und heimlich wieder bezogen. Es sollte doch keiner merken.«

»Haben Sie mitbekommen, wer im Zimmer 17 geschlafen hat?«

»Nein. Wirklich nicht.«

Christoph sah sich die Räume an. Tatsächlich lagen die beiden Zimmer so weit auseinander, dass man möglicherweise nichts gehört hatte.

Er kehrte noch einmal zu Daniela zurück.

»Haben Sie die beschmutzte Bettwäsche noch?«

Sie sah ihn entgeistert an. »Die haben wir sofort gewaschen.«

Damit war eine mögliche Spur vernichtet. Es wäre aufschlussreich gewesen zu wissen, wer das Zimmer 17 benutzt hatte. War dort eventuell Schwester Elena missbraucht worden? Christoph machte sich auf den Weg zurück nach Husum. An der Ortseinfahrt Hattstedt kam ihm der Gedanke, noch einmal mit dem Nachbarn zu sprechen. Er hielt direkt vor dem Haus, das als eines der wenigen bereits erkennen ließ, dass sich der Hausherr mit der Anlage des Gartens auseinandersetzte.

Lothar Lange öffnete die Tür und erkannte ihn wieder. »Kommen Sie rein«, bat er Christoph ins Haus. Auf dem Tisch lagen die Husumer Nachrichten.

»Ohne meine Zeitung fehlt mir etwas«, erklärte Lange und ließ sich in einen der bequemen Sessel nieder, nachdem er Christoph den zweiten angeboten hatte. »Meine Frau ist ins Dorf zum Einkaufen.« Er blinzelte gegen die Sonne, die durchs Fenster fiel.

»Haben Sie den Mörder schon?«, fragte er. Es klang nicht neugierig, Lothar Lange zeigte Anteilnahme.

»Wir verfolgen noch mehrere Spuren. Dabei ist es für uns von Bedeutung, uns auch ein Bild vom Opfer zu machen. In den meisten Fällen kommt der Täter aus dem Umfeld des Opfers. Wir haben Hinweise, dass Frau Bunge sich auffallend für die Kultur der nordamerikanischen Indianer interessiert hat.«

»Davon weiß ich nichts«, erwiderte Lothar Lange und verscheuchte eine vorwitzige Fliege, die um seine Nase herumschwirrte. »Es gibt ja Vereine, die veranstalten solche Treffen mit Wigwams

151

und Verkleidungen. Das ist ein richtiges Volksfest und so. Nein. In einem solchen Club war Heike nicht.«

Herr Lange hatte Christophs Anspielungen falsch verstanden.

»Ich meine keinen Trachtenverein, sondern eher eine Hinwendung zur spirituellen Welt der Indianer.«

»Sie ist nie in Indianerkleidung herumgelaufen. Es war schon merkwürdig, dass sie manchmal mit so einer Art Trommel im Garten saß. Hier. Sehen Sie.« Der Mann war aufgestanden und ans Fenster getreten. Er zeigte auf das Nachbargrundstück, das im Gegensatz zu seinem eigenen Garten ein wenig vernachlässigt aussah. »Da – vor dem großen Rhododendronbusch. Meine Frau hat sie mal gefragt, was das zu bedeuten hat. Aber sie hat nur eine ausweichende Antwort bekommen. Heike hat gesagt, dass sie sich die Trommel selbst gebaut hätte.«

»Hat Heike Bunge jemals versucht, Sie oder Ihre Frau von einer Religion oder Ähnlichem zu überzeugen?«

»Nein. Missioniert hat sie nie. Sie hat immer gesagt, jeder soll seinen eigenen Weg gehen. Aber was soll das Ganze? Heike war doch in keiner Sekte. Sie war evangelisch. Wie alle hier bei uns. Und dass sie irgendwann einmal erzählt hat, es wäre ihr großer Traum, nach Amerika oder Indien zu gehen, das war doch nur so dahergesagt. Sie wäre doch nie ohne Bertram irgendwohin gegangen. Die beiden waren doch unzertrennlich.«

»Wie stand Herr Bunge zur Trommelei?«

»Es ist schon eine Weile her. Wir hatten ein wenig getrunken nach einer Grillparty unter Nachbarn. Da hat er gesagt, er hätte etwas gegen die Indianerspiele. Er fand das albern. Und ein wenig peinlich.«

»Gab es deshalb Streit?«

»Nein. Bestimmt nicht. Die beiden hatten wohl ein Übereinkommen geschlossen. Aber gepasst hat es ihm nicht.«

»Und sonst gab es keinen Streit?«

»Nein. Immer wenn man die beiden gesehen hat, sind sie Hand in Hand gelaufen. Wie ein junges Liebespaar.« Er zeigte auf die Zimmerwand. »Wir haben auch nie etwas gehört, ich meine, so 'n Ehekrach oder so.«

Christoph musste sich auf der Rückfahrt zur Dienststelle zwingen, auf den Verkehr zu achten, so sehr war er mit dem Bild beschäftigt, das er sich vom Opfer und dessen Lebensumständen machte.

Große Jäger drehte sich bedächtig zur Tür um, als Christoph ins Büro eintrat. Trotz seiner Körperfülle schaffte es der Oberkommissar, den Oberkörper Christoph zuzuwenden und die Füße in der Schreibtischschublade geparkt zu lassen.

Geduldig hörte sich Große Jäger Christophs Bericht an. »Ich habe auch Neuigkeiten«, erklärte er anschließend. »Dafür, dass ich dir Frau Dr. Braun erspart habe, habe ich etwas gut bei dir. Möchtest du zuerst etwas über die angespannte Personalsituation in der naturwissenschaftlichen Kriminaltechnik im Landeskriminalamt hören?« Große Jäger zeigte ein breites Grinsen.

»Es wäre mir lieb, wenn du dieses Geheimnis in deinem Herzen bewahren würdest«, antwortete Christoph. Dr. Braun war eine hervorragende Wissenschaftlerin. Dank der Unterstützung durch die Kriminaltechnik konnten schon zahlreiche Täter überführt und ihnen die Tat hieb- und stichfest nachgewiesen werden. Leider war es eine Unart von ihr, zu Beginn eines jeden Gesprächs über den Personalmangel und die daraus resultierende hohe Arbeitsbelastung zu klagen.

»Es liegen die ersten Ergebnisse der Obduktion vor. Im Blut fand sich kaum Alkohol. Nur minimale Spuren. Schwester Heike kann nur am Sektglas genippt haben.«

»Woran ist die Frau gestorben?«

»Massive Gewalteinwirkung auf den Hinterkopf. Der Rechtsmediziner sprach vorab von einem multiplen Schädel-Hirn-Trauma. Dr. Braun meint, dass wohl jede der verschiedenen Ursachen für sich allein zum Tode geführt hätte. Unter anderem ist das Opfer erstickt, weil es zu massiven Einblutungen gekommen ist. Die drücken dann auf den Nodus vitalis.« Große Jäger blinzelte dabei auf seinen Spickzettel. »Das ist das Atemzentrum. Das liegt in der Formatio reticularis. Das? Die? Keine Ahnung. Die liegt bei der Medulla oblongata …«

»… die der hinterste Hirnteil ist und zum Zentralnervensystem gehört. Verletzungen an der Medulla oblongata sind immer tödlich«, fiel ihm Christoph ins Wort.

Große Jäger zog die Stirn kraus und spitzte die Lippen. »Wenn du alles besser weißt, muss ich ja nicht weiterreden«, sagte er gespielt beleidigt.

»Wenn ich dem Onkel Wilderich jetzt ein Stück Zucker reiche … erzählst du mir dann auch das Ende der Geschichte?«

»Statt Zucker würde es auch eine Tasse Kaffee tun.« Der Oberkommissar hielt Christoph den Becher mit den Gebrauchsspuren hin.

Nachdem Christoph aus der Kanne der Kaffeemaschine, die auf der Fensterbank vor sich hin blubberte, nachgeschenkt hatte, fuhr Große Jäger fort: »Es waren mehrere Schläge, die der Täter ausgeführt hat. Der Rechtsmediziner in der Kieler Uni …«

»Dr. Diether?«, unterbrach ihn Christoph.

»Mein Gott. Das ist doch egal, ob Dieter, Franz-Karl oder Fürchtegott … Der Rechtsmediziner ist ziemlich sicher, dass es drei Schläge waren.«

»Da hat jemand in unkontrollierter Wut zugeschlagen«, unterbrach ihn Christoph erneut. »Dafür spricht auch, dass das Tatwerkzeug vermutlich von dem Lkw entwendet wurde. Ein Mörder, der mit Vorsatz tötet und seinem Opfer auflauert, der schlägt einmal zu. Und er bringt die Tatwaffe mit.«

»Es sprich viel dafür, dass Mirko Dreschnitzki der Täter ist«, überlegte Große Jäger laut. »Schließlich wusste der junge Mann, wo er den schweren Hammer findet. Ihm war bekannt, dass ein solches Werkzeug auf der Pritsche des Transits lag.« Plötzlich klopfte Große Jäger energisch mit der Spitze von Zeige- und Mittelfinger auf die Schreibtischplatte. »Lässt du mich endlich einmal ausreden? Das ist von Übel, welche Dynamik du an den Tag legst.« Er fingerte ein paar der altertümlichen Metallhandschellen hinter seinem Rücken hervor und wedelte damit vor Christophs Augen. »Wenn du jetzt nicht fünf Minuten leise bist, werde ich dich ruhigstellen. Das war noch nicht alles. Die große Überraschung kommt noch.«

Große Jäger legte eine effektvolle Kunstpause ein. »Es gibt keine weiteren Anzeichen für Gewaltanwendungen. Keine Prellungen, keine Schürfwunden, keine Hämatome. Nichts. Aber …«

»Nun mach es nicht so spannend.«

»Vor diesem Hintergrund ist das, was die Rechtsmediziner noch festgestellt haben, besonders überraschend: Heike Bunge hatte kurz vor ihrem Tod Verkehr.«

»Bitte?« Das war wirklich eine unerwartete Neuigkeit.

»Das steht fest. Der Pathologe hat das unzweifelhaft festgestellt. Er hat auch die DNA-Probe des Mannes sicherstellen können.«

»Hat schon ein Abgleich stattgefunden?«, fragte Christoph ungeduldig. Dafür streifte ihn ein böser Blick des Oberkommissars.

»Niemand kann hexen. Der Mord hat natürlich Vorrang. Deshalb liegen uns auch noch keine Laborbefunde zu Elena Petrescu vor. Der Fall wäre ja einfach aufzuklären, wenn die DNA mit der Dreschnitzkis übereinstimmt. Und mit ein bisschen Glück findet sich sein genetischer Fingerabdruck auch bei Schwester Heike wieder.«

»Das wäre zu einfach«, gab Christoph zu bedenken. »Wenn bei Heike Bunge keine Spuren einer Gewaltanwendung festgestellt werden konnten, Schwester Elena aber anscheinend brutal missbraucht wurde, verstehe ich das nicht.«

»Wenn sich der Täter zunächst an Schwester Heike vergangen hat und ...«

»Aber das sind doch keine Spuren«, warf Christoph ein.

»Vielleicht hat der Täter sie bedroht. Mit einem Messer. Die Frau war so geschockt, dass sie alles über sich hat ergehen lassen. Wehrlos. Danach hat sie gedroht, den Vergewaltiger anzuzeigen.«

»Da waren doch viele Menschen. Sie hätte nach der Tat doch nur Alarm schlagen müssen.«

Große Jäger wiegte den Kopf. »Ich glaube, als Männer können wir kaum verstehen, was in einer missbrauchten Frau vorgeht. Das ist so ungeheuerlich, dass der klare Verstand ausgeschaltet wird. Wir dürfen nicht von rationalen Gedanken ausgehen. Da ist vermutlich alles durcheinandergeraten beim Opfer. Es will nur schnell weg. Schämt sich. Fühlt sich besudelt. Genau das hat uns Wilken Piepgras, Schwester Elenas Freund, geschildert.«

»Das mag ja sein«, sagte Christoph nachdenklich. »Aber auch der Täter befindet sich in einer außergewöhnlichen Stresssituation. Es ist unvorstellbar, dass er nach der Vergewaltigung Schwester Heikes diese verfolgt, weil er Angst vor Entdeckung hat, sie erschlägt, versteckt und anschließend die nächste Frau missbraucht. Er muss sich doch im Klaren sein, dass seine erste Tat entdeckt wird und wir sehr schnell auf den Zusammenhang kommen.«

»Das sind noch nicht alle Rätsel«, fuhr Große Jäger fort. »Die Kieler haben festgestellt, dass Schwester Heike Druckstellen am Gesäß aufweist. Und zwar jeweils eine Druckstelle auf jeder Seite in Richtung des Kreuzbeines und wiederum vier Druckstellen auf jeder Seite in Richtung Hüftknochen.«

»Das sind zwei Hände.«

»Genau«, sagte Große Jäger. »Wir müssen unsere Phantasie nicht spielen lassen, um uns vorzustellen, warum das Opfer auf diese Weise niedergedrückt wurde. Der Missbrauch fand nicht von Angesicht zu Angesicht statt.«

Christoph schauderte es. »Das Ganze ist ekelhaft.«

»Da kann ich dir nur zustimmen.«

»Und dennoch lag das Opfer vollständig bekleidet im Graben, als wir sie fanden. Die Kleidung war in Ordnung. Nichts deutete darauf hin, dass der Täter sie dem Opfer notdürftig wieder angezogen hätte. Und noch etwas.« Christoph legte den Zeigefinger an die Nasenspitze. »Wer hat in Zimmer 17 Geschlechtsverkehr gehabt? Dort hat die Hauswirtschaft die beschmutzte Bettwäsche gefunden.«

»Und wenn Schwester Heike in diesem Zimmer missbraucht wurde? Oder Schwester Elena. Von der Tat an der jungen Frau wissen wir noch gar nichts.«

Christoph seufzte. »Es gibt noch genug offene Fragen.«

»Ja.« Große Jäger rekelte sich auf seinem Schreibtischstuhl. »Vor allem müssen wir die Fahndung nach dem Trottel intensivieren, der Harm Mommsen befördert und aus Husum wegversetzt hat. Seitdem das Kind nicht mehr da ist, muss ich mich um diesen Mist kümmern.« Dabei wanderte sein Zeigefinger in Richtung Computer.

Christoph hatte den letzten Satz nur halb wahrgenommen. Er beschäftigte sich mit dem Vorabbericht der Rechtsmedizin. Welche Bedeutung hatten die Merkmale, die die Mediziner bei Schwester Heike festgestellt hatten? Es schien, als hätte die Frau keine Gegenwehr geleistet. Doch alles, was er bisher über sie gehört hatte, widersprach der Vermutung, sie hätte sich freiwillig mit einem Mann eingelassen. Alle Zeugen hatten stets bekundet, dass Heike Bunge nicht leichtsinnig oder gar leichtlebig war. Konnte man ein Doppelleben führen und stille Leidenschaften im Verborgenen blühen lassen? Das war schwierig, wenn man in ein so enges soziales Netzwerk eingebunden war wie die Frau. Selbst ihre Neigung, sich dem Spirituellen zuzuwenden, war kein Geheimnis geblieben, obwohl Schwester Heike damit nicht Propaganda gelaufen war. Es müssten noch mehr Zeugenaussagen eingeholt werden.

Christoph teilte dem Oberkommissar seine Gedanken mit.

»Das sollten wir sofort in die Tat umsetzen«, beschloss Große Jäger und stand auf. Ihm war anzumerken, dass er jedem Argument, das ihn von seinem Schreibtisch fortbrachte, gefolgt wäre.

Auf dem Weg zum Parkplatz suchten sie noch Hilke Haucks Büro auf. Die blonde Kommissarin schüttelte den Kopf.

»Nichts. Wir haben immer noch keine Erlaubnis, mit Elena Petrescu zu sprechen.«

Christoph war immer wieder erstaunt, wie lebhaft der Verkehr an einem ganz normalen Wochentag in der kleinen Stadt am Meer war. Wo kamen die vielen Menschen her? Es waren nur zum Teil Fremde, wie die Autokennzeichen verrieten.

»Ob es das Hobby der Nordfriesen ist, mit ihrem Auto hin- und herzufahren?«, sagte er laut.

»Das kann ich mir nicht vorstellen«, erwiderte Große Jäger schläfrig. »Dann hätte man schon lange etwas Besseres als die unsägliche B 5 geschaffen. Man muss ja glauben, dass die Bundesstraße die einzige Straße in Nordfriesland ist.«

Amüsiert stellte Christoph fest, dass der Oberkommissar wie ein kleines Kind reagierte. Wenn man ihn ins Auto setzte, wurde er müde und schlief häufig nach kurzer Zeit ein. Wie lange war es her, dass Christoph diese Erfahrung bei seinem Sohn gemacht hatte? Es war eine schöne Zeit – damals, wenn er und Dagmar den Sohn im Kindersitz festgeschnallt und am Wochenende gemeinsam etwas unternommen hatten. Heute war das alles Vergangenheit. Und am Ende der Woche würde er wieder verheiratet sein. Mit seinem Sohn telefonierte er nur unregelmäßig. Und Dagmar, seine Exfrau? Auch von ihr hatte er lange nichts mehr gehört. Ob es mittlerweile einen festen Partner an ihrer Seite gab? Jemanden, der in dem Haus wohnte, in dem er viele Jahre seines Lebens verbracht hatte? Das alles hatte er aufgegeben, weil er damals nach Husum versetzt wurde. Es war ein hoher

Preis gewesen, auch wenn er mittlerweile das Land hinterm Deich liebte.

Bertram Bunge hatte rot umränderte Augen und eingefallene Wangen. Mit einer Handbewegung lud er die beiden Beamten ins Haus. Es sah wüst aus. Bunge schien nicht aufgeräumt, sondern alles dort liegen gelassen zu haben, wo er es gerade in Händen hielt. Benutztes Geschirr, Papiere und aufgeschlagene Ordner lagen wild durcheinander.

Bunge hatte Christophs Blick bemerkt. »Entschuldigung«, sagte er müde, »aber das ist alles zu viel. Ich weiß nicht, wo mir der Kopf steht. Der ganze Papierkram, die Abstimmung mit dem Beerdigungsunternehmer. Das lenkt mich ein wenig ab. Ich habe meine Frau verloren.« Obwohl Bunge sich bemühte, konnte er seine Gefühle nicht zurückhalten. Er verzog das Gesicht. Dann begann er, hemmungslos zu weinen.

Die Polizisten ließen ihm Zeit. Sie wussten, dass manche Menschen etwas länger benötigen, um zu verstehen, dass ein Angehöriger gewaltsam ums Leben gekommen ist, dass der Tod endgültig ist und die Konsequenzen unumkehrbar sind. Und erneut musste er den Mann befragen, so schwer es ihm auch fiel.

»Wir können davon ausgehen, dass der Staatsanwalt den Leichnam Ihrer Frau noch in dieser Woche freigibt«, sagte Christoph vorsichtig.

Bertram Bunge bewegte den Kopf, als würde er nicken wollen. »Leichnam. Den Leichnam«, sagte er leise, kaum wahrnehmbar. Tonlos bewegte er die Lippen. Dann sah er Christoph mit traurigem Blick an. »Leichnam. Ja?« Die Hände verkrampften sich. »Leichnam! Leichnam!« Während er das Wort mehrfach wiederholte, wurde er immer lauter. Zum Schluss schrie er es. »Leichnam! Wissen Sie, was sich hinter diesem ekelerregenden Begriff versteckt? Meine Frau!« Er versenkte sein Gesicht in die Handflächen und schluchzte. Plötzlich schoss sein Arm vor, und er zeigte auf die Couch. »Dort hat Heike gesessen. Die Beine hochgezogen und unter den Po geklemmt. Mit beiden Händen hat sie ihren Teebecher umklammert und mich über den Rand angeblinzelt. Ikarus, hat sie zu mir gesagt.« Er blickte auf. »Klingt das nicht dumm? Ikarus? Weil ich oben auf den Windmasten arbeite, hat sie mich so genannt.«

»Wir können uns immer noch kein Bild von der Beziehung Ihrer Frau zu Hildegard Oehlerich machen«, begann Christoph vorsichtig.

»Catori! So nennt sich die alte Hexe. Die tickt doch nicht sauber im Oberstübchen. Die und ihr ganzes Hexengedöns. Heike ist so ein kluger Mensch. Und verantwortungsbewusst. Das hat ihr jeder bescheinigt, der beruflich mit ihr zu tun hatte. Und jeder mochte sie, egal ob Nachbarn oder Freunde.«

»Haben Sie viele Freunde?«

»Dafür ist wenig Zeit geblieben. Ich war meistens die ganze Woche über unterwegs. Und Heike hat, seitdem sie in dieser komischen Klinik arbeitet, auch jede Menge Arbeit um die Ohren. Da waren die Nachbarn. Langes nebenan«, dabei zeigte Bunge auf die Zimmerwand, »das sind unheimlich nette Leute. Immer freundlich, immer hilfsbereit, ohne dabei aufdringlich zu sein. Dann sind da noch Ben-Reiner Graf und Familie aus Breklum. Und eine ehemalige Kollegin von Heike. Caro aus Osterhever.«

»Caro?«

»Caro Jacobs.«

»Und wie stand Ihre Frau zu Catori?« Christoph benutzte mit Bedacht den selbst gewählten indianischen Namen Hildegard Oehlerichs.

Bunge sprang hastig auf. »Kommen Sie mal mit«, forderte er die Beamten auf und winkte hektisch, als ginge es ihm nicht schnell genug.

Er führte sie die Treppe hoch in ein Zimmer unter dem Dach. Es sah aus, als hätten in diesem Raum ausgediente Möbel ihre letzte Ruhestätte gefunden.

»Das ist Heike Zimmer. Da!«, sagte er plötzlich laut und wies auf einen runden Reif mit drei daran baumelnden Federn. »Wissen Sie, was das ist?«

»Ein Mobile«, riet Christoph. »Ich vermute, dass es eine bestimmte Bedeutung hat. Ein Symbol? Ein Talisman?«

»Das ist ein Traumfänger«, sagte Bunge scharf. »Diesen Blödsinn hat ihr die alte Hexe eingeredet. In dem Ding sollen die bösen Träume hängen bleiben, und nur die guten kommen durch. Und an solchen Quatsch sollte Heike glauben. Und überhaupt. Ständig erhielt Heike Angebote. Mal sollte es ein Feuerlauf sein, dann ein Seminar oder eine Schwitzhütte.«

»Eine Schwitzhütte? Was ist das? So eine Art Sauna?«, mischte sich Große Jäger ein.

»Ach – was weiß ich. Da bauen die sich so ein Gestell, und dann setzen die sich splitternackt da rein, um sich geistig zu reinigen. Das ist vielleicht ungerecht, was ich jetzt sage, aber die alte Hexe hat immer mehr Einfluss auf Heike gewonnen. Und dann war da noch dieser …« Bunge fasste sich an den Kopf. »Ich bin so durcheinander. Irgendwas mit Chip. Auch so ein Spinner, dem die Leute nachgelaufen sind.«

»Warum hat sich Ihre Frau diesen Leuten zugewandt?«

»Das habe ich mich auch gefragt. Heike wollte nicht darüber sprechen. Ich hatte Angst um sie, dass sie irgendwann den Kopf verliert. Und dann darf man nicht vergessen, dass der ganze Blödsinn auch noch viel Geld gekostet hat. Alles, was diese Catori veranstaltet, lässt sie sich teuer bezahlen.«

Christoph und Große Jäger wechselten einen raschen Blick.

»Hat es Sie in finanzielle Bedrängnis gebracht?«

»Nein«, wiegelte Bunge ab. »Das nicht. Aber ärgerlich war es schon. Wenn jemand wie Heike hart arbeitet und völlig erschöpft nach Hause kommt oder wenn ich oben auf den Türmen arbeite und mir der Sturm um die Nase bläst … Dann wissen Sie, dass Sie das alles hier nicht geschenkt bekommen haben. Und dann kommt so eine alte Xanthippe und sahnt ab.«

»Und Ihre Frau ist immer tiefer in diesen Sumpf geraten?«

»Nein. Sie hat es wohl eingesehen. Jedenfalls wollte sie sich lossagen.«

Sie waren langsam die Treppe hinabgestiegen und wieder im Wohnzimmer angekommen. Christoph war froh, dass Bunge Platz genommen hatte. Unmerklich nickte er Große Jäger zu.

»Die Rechtsmedizin hat noch etwas festgestellt, Herr Bunge.« Er wartete eine Weile, bis er fortfuhr: »Ihre Frau hatte vor ihrem Tod noch Verkehr.«

Der Mann sah Christoph an, als würde er ihn nicht verstehen. »Wie? Verkehr?«, fragte er.

»Ihre Frau war mit einem Mann zusammen. Sie hat mit ihm geschlafen.«

Bunge schien Christophs Worte nicht verstanden zu haben. »Das geht doch gar nicht«, sagte er leise. »Das ist nicht möglich.« »Doch. Das hat die Rechtsmedizin zweifelsfrei nachgewiesen.« Es war, als hätte Bunge der Schlag getroffen. Erst ganz allmählich schien der Mann den Sinn der Worte verstanden zu haben. Christoph kam es vor, als hätte den Witwer diese Nachricht viel schlimmer getroffen als die Botschaft vom Tod seiner Frau.

»Nein«, sagte Bunge mit erstaunlich fester Stimme. »Heike war mit keinem anderen Mann zusammen. Ganz bestimmt nicht. Das ist ein Irrtum.«

Dann herrschte eine ganze Weile Schweigen im Raum.

»Auch wenn es für Sie eine ganz schwere Nachricht ist, so gibt es keinen Zweifel an der Tatsache.«

Bunge blickte in Christophs Richtung, sah aber durch ihn hindurch. »Nie im Leben.«

Es machte keinen Sinn, das Thema weiterzuverfolgen. Bunge wollte es einfach nicht verstehen. Das passte zu dem, was Christoph bisher über Heike Bunge in Erfahrung gebracht hatte. Auch ihr Verhalten auf der Feier war untadelig gewesen. Christoph hielt Pastor Hansen für einen verlässlichen Zeugen. Und auch Bürgermeister Kirchner war kein Macho. Der Hausmeister Lütfü hatte ebenfalls berichtet, wie angewidert die Frauen auf die mehr oder minder plumpen Annäherungsversuche reagiert hatten. So blieb es ein großes Rätsel, warum die Kieler Rechtsmediziner zu diesem nicht anzuzweifelnden Untersuchungsergebnis gekommen waren. Mit Sicherheit würde der DNA-Abgleich mit den Proben, die die Beamten von den Teilnehmern der Einweihungsfeier eingesammelt hatten, zu weiteren Erkenntnissen führen.

»Noch eine letzte Frage«, sagte Christoph. »Hat Ihre Frau geraucht? Ich meine, gelegentlich? In Gesellschaft?«

»Heike? Nie. Die hasste Zigarettengestank wie die Pest. Sie hat um jeden Raucher einen großen Bogen gemacht.«

Wie passte das zum Hinweis der Flensburger, dass die ermittelnden Beamten bei der Suche nach dem Täter besonders auf Raucher achten sollten?

»Ich habe die Reaktion des Mannes nicht verstanden«, sagte Große Jäger, als sie wieder im Auto saßen. »Den hat es gewaltig geschockt, dass seine Frau mit einem anderen Mann geschlafen hat.«

»Nach allem, was wir von dieser Veranstaltung bisher gehört haben, ist nicht auszuschließen, dass es gegen Heike Bunges Willen geschehen ist«, gab Christoph zu bedenken.

»Er hat aber nie gefragt, wie seine Frau ermordet wurde und ob wir den Täter schon haben. Stattdessen regt er sich auf, dass ihm seine Frau vor dem Tod untreu war, wenn auch aller Wahrscheinlichkeit nach gegen ihren Willen«, sagte Große Jäger.

»Wenn es zutrifft, was Bunge berichtet hat, und Heike Bunge abgesprungen wäre, hätte Hildegard Oehlerich eine zahlungskräftige Kundin verloren. Noch schlimmer wäre es geworden, wenn Heike sich in ihrer Eigenschaft als Krankenschwester gegen das Okkulte gestellt hätte«, sagte Christoph.

»Reicht das für einen Mord?«, setzte Große Jäger den Gedanken fort. »Das würde zudem bedeuten, dass diese Catori einen Verbündeten unter den Gästen der Einweihungsparty gehabt hätte. Aber wer sollte das gewesen sein? Monsignore Kuslmair?«, scherzte der Oberkommissar. »Schließlich beschäftigt der sich auch mit Überirdischem.«

»Das war jetzt bösartig«, meinte Christoph.

»Ja«, gestand Große Jäger ein. »Aber es bleibt ja unter uns.«

»Es würde uns weiterhelfen, wenn wir den mutmaßlichen Vergewaltiger verhören könnten«, dachte Christoph laut, als sie wieder in der Polizeidirektion waren.

»Ich frage nach«, sagte Große Jäger. »Wir müssen unbedingt mit Mirko Dreschnitzki reden.«

»Dazu müsste er hier sein.«

»Mensch. So groß ist Deutschland doch nicht. Wo steckt der Kerl?« Der Oberkommissar griff zum Telefon und rief in Bayreuth an.

»Griß di«, erwiderte Oberkommissar Hilpoldinger vom Kriminaldauerdienst der Kriminalpolizeiinspektion Bayreuth.

»Ihr habt im Rahmen der Amtshilfe am vergangenen Freitag Mirko Dreschnitzki verhört und zu einem Geständnis überredet.«

»Jo. Wie war der Name?«

»Große Jäger.«

»Do lecks mi do om Orsch. Willst mi verorsch'n?«

»Das musst du schon selbst machen. So heiße ich von Geburt an.«

»Sag mal. Da war doch ein anderer, mit dem wir am Freitag gesprochen haben.«

»Mein Kollege Christoph Johannes.«

»Jo, sag mol. Habt ihr da wirklich mehr als einen Kripomann in Husum?«

»Wir sind hier eine Polizeidirektion und nicht so eine läppische Inspektion wie ihr. Also, komm in die Gänge.« Große Jäger verschwieg, dass die offizielle Bezeichnung der Dienststelle Kriminalpolizeistelle lautete. Damit hätte der Oberfranke überhaupt nichts anfangen können. »Ich will wissen, wo der Verdächtige abgeblieben ist.«

»Kuckuck. Kuckuck«, drang es aus dem Hörer. Dann war wieder die Stimme Hilpoldingers zu hören. »Es ist verhext. Nichts. Keiner antwortet. Dann muss der Typ wohl schon weg sein. Wir haben über unsere dienststelleneigene Tourismuszentrale eine Reise gebucht. Ich nehme an, der Taxiservice hat den Dreschnitzki schon aufgegabelt. Keine Ahnung, wo der jetzt steckt. Weißt wos? Dos indressierd mi o ned.« Hilpoldinger hatte die weiche Aussprache der Franken.

»Wo kann er jetzt sein?«

»Soll ich dir die Durchwahl der Mitfahrzentrale von Bayreuth geben? Versuch es doch einmal bei der JVA.«

»Dich werden wir kielholen, wenn du dich hier mal blicken lässt«, drohte Große Jäger.

»Nach Kiel holen? Wieso das?«, rätselte der Franke.

Auf Große Jägers demonstratives »Tschüss« antwortete er ebenso beharrlich mit »Servus!«.

Immerhin konnte man Große Jäger in der Justizvollzugsanstalt Bayreuth mitteilen, dass Dreschnitzki heute, am Montag, nach Würzburg verschubt worden sei.

»Wir haben Glück«, sagte der Beamte in Bayreuth. »Morgen geht es schon weiter. Bis nach Darmstadt.«

»Moment mal. Das liegt doch nicht auf der direkten Strecke, sondern abseits.«

»Ich mach nicht die Verschubplanung«, maulte der Beamte.

»Almdudler«, schimpfte Große Jäger, als er aufgelegt hatte.

Christoph versuchte, die Kriminaltechnik in Kiel zu erreichen. Es war schwierig, Frau Dr. Braun an den Apparat zu bekommen.

»Ist es wichtig?«, fragte sie ein wenig atemlos, als sie sich schließlich meldete.

»Ich würde mir nie erlauben, Sie mit einer Banalität zu stören. Aber ohne Ihre Expertise stockt die gesamte Ermittlung.« Dann fragte er, ob bereits Ergebnisse zum Fall Elena Petrescu vorliegen würden.

»Moment«, sagte die Kieler Wissenschaftlerin und meldete sich nach zehn Minuten wieder. »Genau das ist es, was unsere Arbeit erschwert«, sagte sie in einem vorwurfsvollen Ton. »Wie sollen wir uns auf die Arbeit konzentrieren, wenn wir ständig unterbrochen werden? Der uns überlassene Abstrich von der Geschädigten weist eindeutig Sperma auf.«

»Haben Sie eine Übereinstimmung zu einer der Ihnen überlassenen Kontrollproben feststellen können?«

»Sie meinen, ob wir einen potenziellen Tatverdächtigen herausfiltern konnten? Nein. Wann hätten wir das machen sollen? Es dauert alles seine Zeit, Herr Johannes.«

Christoph hörte es klappern, als würde am anderen Ende der Leitung etwas über die Tastatur eingegeben werden. Dann vernahm er wieder die Stimme Dr. Brauns. »Oh Gott. Wir können nachweisen, dass zwei verschiedene Männer intravaginal ohne Kondom ejakuliert haben.«

Christoph fragte noch einmal nach.

»Ja«, bestätigte Dr. Braun. »Elena Petrescu ist von zwei Männern vergewaltigt worden.«

Das ergab ein völlig neues Bild, eine ganz andere Fahndungslage. Wie musste die Frau gelitten haben! Das erklärte auch die Schonung durch die Mediziner im Husumer Krankenhaus, die Elena Petrescu von allen abschotteten, auch von der Polizei. Wer war der zweite Täter, wenn man immer noch davon ausgehen musste, dass Mirko Dreschnitzki ein Beschuldigter war? Christoph konnte sich nach allen Schilderungen nicht vorstellen, dass einer der Gäste oder Mitarbeiter der Kurklinik gemeinsam mit dem jungen Bauhandwerker Schwester Elena missbraucht hatte. War sie es gewesen, die im Zimmer 17 mit einem Mann zusammen war, während ihre Kollegin Beate ahnungslos im Zimmer 23 lag? War Schwester Elena, falls das zutreffen sollte, gegen ihren Willen dorthin verschleppt worden, oder war sie freiwillig mitgegangen? Nach den übereinstimmenden Zeugenaussagen ließ das Verhalten der beiden Krankenschwestern nicht darauf schließen, dass sie sich freiwillig einem Mann hingegeben hatten. Und an welchem Ort hatte der Missbrauch von Schwester Heike stattgefunden? Die Husumer benötigten dringend den DNA-Abgleich. Der würde möglicherweise manche offene Frage klären helfen.

»Herr Johannes? Sind Sie noch da?«, wurde er durch die aus dem Telefon dringende Stimme aus seinen Gedanken gerissen.

»Ja«, sagte er.

»Beide Frauen hatten keinen beziehungsweise kaum Alkohol im Blut. Wir haben auch keine Drogen oder Medikamente nachweisen können. Das ist alles, was ich im Augenblick für Sie tun kann. Halt. Noch eine Kleinigkeit. Wenn Sie den Täter suchen, vielleicht ist er Raucher. Wir konnten winzige Partikel nachweisen.«

Christoph bedankte sich, auch wenn er gern mehr Informationen erhalten hätte. Aber hexen konnten die Kieler auch nicht. Und er wusste, dass sie alles Erdenkliche im Landeskriminalamt tun würden.

Kein Alkohol. Wieso hatte Dr. Aufgänger behauptet, die Krankenschwestern hätten auch getrunken und seien deshalb leichtsinnig geworden? Es gehörte auch zu den Merkwürdigkeiten, dass die Dritte im Bunde, Schwester Beate, gerade den Alkoholkonsum als Begründung dafür angegeben hatte, dass sie sich kurzzeitig und auch für die Nacht in das Zimmer 23 zurückgezogen hatte.

Als letzte Aktion für diesen Tag rief Christoph in Flensburg an. Hauptkommissar Klaus Jürgensen begrüßte ihn mit einem Hustenanfall.

»Das habe ich mir aufgesackt, als ich am Freitag in eurem Westküstengraben herumkriechen musste«, behauptete der Leiter der Spurensicherung.

»In Flensburg habt ihr doch den Rum als probates Mittel gegen jede Widrigkeit im groben Umfeld der Atmungsorgane«, erklärte ihm Christoph.

»Ha – ha«, erhielt er als Antwort. »Wenn das ein Heilmittel nach einem Besuch bei euch wäre, hätte ich schon seit Langem eine Leberzirrhose.«

165

»Konntet ihr die Fußspuren neben der Hecke auswerten, dort, wo der Täter das Opfer Richtung Graben geschleift hat?«

»Größe dreiundvierzig«, antwortete Jürgensen präzise. »Wir haben einen ganz guten Abdruck sicherstellen können und ihn nach Kiel weitergegeben. Ob die Kollegen etwas zum Hersteller herausfinden können, kann ich nicht sagen.«

»Gute Besserung«, wünschte Christoph zum Abschied.

»Wünsch mir lieber, dass ich nicht so oft zu euch Schlickrutschern muss«, erwiderte Jürgensen.

FÜNF

Es gibt Menschen, die in der Nacht vor einer weiten Reise, wenn sie zum Beispiel den Atlantik überqueren, schlecht schlafen. Für die Flugzeugbesatzung ist es Routine. Ein Arbeitstag im Cockpit bringt sie kaum um die Nachtruhe.

Die Aufklärung von Straftaten ist die Aufgabe von Polizeibeamten. Dennoch gibt es, wie in jedem anderen Beruf auch, Tätigkeiten, die außerhalb der Routine liegen. Das traf auch auf die aktuellen Fälle zu. So war Christoph nicht überrascht, dass er nur einen unruhigen und häufig unterbrochenen Schlaf gefunden hatte. Es lag mit Sicherheit nicht an der Helligkeit, die in diesen Breitengraden und zu dieser Jahreszeit schon mitten in der Nacht ins Schlafzimmer strömte. Anna hatte es abgelehnt, eine lichtundurchlässige Jalousie installieren zu lassen, weil sie sich dadurch eingesperrt fühlte. Zum Glück hatte sie nicht nachgefragt, als er beim kurzen gemeinsamen Frühstück mehrfach herzhaft gegähnt hatte.

Große Jäger war noch nicht im Büro, als Christoph in Husum eintraf. Zunächst rief er in der Justizvollzugsanstalt Würzburg an und erfuhr, dass Dreschnitzki heute für den Transport nach Darmstadt vorgesehen war. Es gehörte zu den schwer verständlichen Absonderlichkeiten, dass das Verbringen eines Häftlings oder Untersuchungshäftlings im schlimmsten Fall bis zu zwei Wochen dauern konnte, bevor er am Zielort eintraf.

Er las die Notizen und Berichte der neu eingetroffenen Fälle und stutzte. Es hatte einen gewalttätigen Übergriff auf einen Husumer Facharzt gegeben. Als Täter war ein dreiundfünfzigjähriger Mann vorübergehend festgenommen worden, der die Tat sofort zugegeben hatte. Der Täter hatte sich geärgert, dass er, trotz eines aus seiner Sicht akuten medizinischen Notfalls, in der Praxis erst seine Krankenversicherung nennen musste, um dann zu hören, dass man ihn nicht als Patienten annehmen wollte. Leider waren das Fälle, die sich mittlerweile häuften, und Husum war, das wusste auch Christoph, kein gutes Pflaster für Menschen, die auf ärztliche Hilfe durch bestimmte Fachärzte angewiesen waren. Wer in dieser Region lebte, tat besser daran, gesund zu bleiben, dachte Christoph. Das hatte auch der Täter empfunden und seinen Unmut durch unzulässige Gewalt gegen den Mediziner kundgetan, indem er über den Arzt hergefallen war und ihn bedroht und geschlagen hatte. Das war ein Fall für Große Jäger, überlegte Christoph, selbst wenn der Oberkommissar bei genauem Studium des Falles möglicherweise ein wenig … Doch darauf wollte Christoph achtgeben.

Er studierte noch einmal akribisch die Protokolle und suchte nach Dingen, bei denen sie etwas übersehen oder vergessen hatten. Er wartete dringend auf die Laborergebnisse aus Kiel. Für einen Moment sah er vom Aktendeckel auf und überlegte, welcher Wandel sich in den fast vierzig Jahren vollzogen hatte, die er bald bei der Polizei war. In den Anfängen hatte er sich an mechanischen Schreibmaschinen mit den Protokollen herumschlagen müssen. Mühsam hatten die Beamten die Texte mit zwei Fingern in die Maschine gehackt, sorgfältig darauf bedacht, Tippfehler zu vermeiden. Für jeden falschen Anschlag wurde man gnadenlos bestraft, daher galt es, nicht nur das Original, sondern auch die immer wieder verrutschenden Durchschläge zu korrigieren. Irgendwo auf der Dienststelle stand damals ein Nasskopierer, den man aber nicht benutzen durfte. Das Fahndungsregister war in Karteikarten untergebracht, und Methoden wie einen DNA-Abgleich kannte man nicht.

Er schreckte hoch, als sich sein Telefon meldete. Es war ein Beamter des Landeskriminalamts.

»Wir haben hier die Auswertung einer DNA bekommen. Im Begleittext steht, dass es eine Anforderung von der Dienststelle Husum an der Ostsee ist.«

»Ostsee?«

»Ja, steht hier.«

Christoph schmunzelte. »Kommt das aus Bayern?«

»Nein«, erlaubte sich der Kieler Kollege einen Scherz. »Aus Nürnberg.«

»Mirko Dreschnitzki«, riet Christoph. Nachdem der Kieler es bestätigt hatte, fuhr Christoph fort: »Können Sie das auf Übereinstimmung mit der DNA der Geschädigten Elena Petrescu und der Geschädigten Heike Bunge abgleichen?«

Der Beamte aus dem LKA versprach es.

Christoph suchte die Adresse von Ben-Reiner Graf aus Breklum heraus. Er hatte Glück. Herr Graf war zu Hause.

Die Bundesstraße führte hinter Husum durch die Hattstedter Marsch, parallel zur Marschenbahn, die Hamburg mit Westerland verband. Wie mit dem Lineal gezogen ging die Straße geradeaus, bis auf eine einzige leichte Kurve. Das war weniger spektakulär als die Eisenbahn, die Westaustralien mit dem Osten verband und wo alle Fahrgäste auf »das« Ereignis warteten: die erste sanfte Kurve nach achthundert Kilometern Fahrt. Christoph sah nach links. Dort standen dicht an dicht Windkraftanlagen.

Ortsfremden schien es, als würden die ineinander übergehenden Orte Struckum, Breklum und Bredstedt nie aufhören. Christoph bog am Möbelhaus ab, unterquerte die Bahn und gelangte in die »Küstersmeede«, eine ruhige und in leichten Kurven verlaufende Wohnstraße. Unweit lag das Christian Jensen Kolleg, eine Tagungs- und Bildungseinrichtung der nordelbischen Kirche, deren historisches Gebäude unlängst einer Brandstiftung zum Opfer gefallen war.

Christoph hatte sein Auto noch nicht abgeschlossen, als sich die Tür des Einfamilienhauses öffnete und ein Mann mit einem Kind auf dem Arm erschien.

»Haben wir vorhin miteinander telefoniert?«, fragte er, während das kleine Mädchen an seinem schmalen Bart zupfte, der an den Wangen hinablief und den Mund umschloss.

Er bat Christoph ins Haus und führte ihn ins Wohnzimmer. Mit dem Fuß schob er Spielzeug beiseite, das auf dem Boden ausgebreitet war. Das kleine Mädchen schmiegte sich an seine Wange, umarmte den Hals und beäugte Christoph kritisch. Wenn es seinen Blick auffing, verbarg es das Gesicht an der Schulter des Mannes.

»Meine Enkelin«, erklärte Ben-Reiner Graf. »Sie müssen entschuldigen«, dabei zeigte er auf den Boden, »aber bei acht eigenen Kindern ist man das gewohnt. Und nun die Enkelin. Ja, nä«, sagte er und neigte seinen Kopf sanft an den des Kindes. »Ich hatte Nachtschicht. Bevor ich mich hinlege, schmusen wir noch ein bisschen. Ich bin bei Clausen & Bosse in Leck beschäftigt.«

Natürlich kannte Christoph wie jeder Nordfriese eine der größten Taschenbuchdruckereien Europas, die auch ein bedeutender Arbeitgeber in der Region war.

»Heike und Bertram Bunge haben keine Kinder«, begann Christoph.

»Wir haben nie darüber gesprochen, obwohl wir seit Jahren gut befreundet sind. Ich weiß nicht, ob sie keine wollten oder ob es nicht geklappt hat.« Dann zögerte er einen Moment. »Man kann es gar nicht fassen. Ich habe es nicht geglaubt, als ich es in den Husumer Nachrichten gelesen habe. Das ist unfassbar.«

»Wenn Sie schon lange mit dem Ehepaar Bunge befreundet sind, wissen Sie auch, wie das Verhältnis zwischen den beiden war«, sagte Christoph.

»Phantastisch. Die beiden waren ein Herz und eine Seele. Ich kenne wenig Ehen, die so gut sind wie die von Heike und Bertram.«

»Könnten Sie sich vorstellen, dass einer von beiden sich einem anderen Partner zugewandt hat?«

»Sie meinen, fremdgegangen?«, übersetzte Graf. Er musste nicht überlegen. »Das kann ich mir nicht vorstellen. Beide waren nicht der Typ dafür. Gut. Heike war sehr anlehnungsbedürftig.«

»Wie meinen Sie das?«

»Wenn Sie jemanden traf, musste sie ihn knuddeln. So richtig in den Arm nehmen und drücken. Aber das war alles. Übrigens unterschied sie dabei nicht nach Männlein und Weiblein.«

»Sie hatte ein etwas außergewöhnliches Hobby«, sagte Christoph vorsichtig.

»Hobby?« Graf dachte nach. »Was meinen Sie?«

»Sie interessierte sich für Indianer.«

»Ach so. Das Thema hatte sie wirklich gut drauf. Mann, was die von den Rothäuten wusste. Aber Hobby? Ich weiß nicht.«

»Sie hat öfter an diesbezüglichen Veranstaltungen teilgenommen.«

Graf nickte bedächtig. »Kann sein. Bertram sagte mal so was. Ich hatte den Eindruck, das hat ihn geärgert. So glücklich war er nicht darüber. Aber das ist doch nicht schlimm. Andere interessieren sich für Fußball und hocken ständig vor dem Fernseher. Da ist so ein ausgefallenes Thema doch spannender.«

»Heike Bunges Interesse reichte aber weiter als die Neugierde an der indianischen Kultur«, wandte Christoph ein.

»Das wollte mir Bertram auch mal klarmachen. Er sagte, er hätte Sorge, dass sie da in etwas hineindriftet, was wie eine Sekte sei. Da hat er sicher übertrieben. Bertram hat sich immer ganz viel Sorgen um seine Frau gemacht. Die musste nur einen Schnöf haben, schon war er in Aufregung. Und wenn einer von den beiden mit dem Auto unterwegs war, haben sie sich auch immer angerufen und Bescheid gesagt, dass sie heil angekommen waren. Die beiden – das war ein Traumpaar.« Graf wirkte sehr nachdenklich. »Ich weiß nicht, wie Bertram das überstehen soll, so ohne Heike ...«

Ben-Reiner Graf versicherte Christoph, dass er ihn jederzeit ansprechen könne, falls er weitere Fragen haben sollte.

Für Christoph hatten sich neue Fragen aus den Gesprächen mit dem Ehemann, dem Nachbarn und Graf gestellt, über die er nachdachte, als er weiter nach Westerschnatebüllkoog fuhr.

Das Haus der Schamanin lag friedlich da und wirkte auf den ersten Blick verlassen. Der Mazda stand vor der Tür. Christoph verzichtete auf die Betätigung der Türglocke und umrundete das Haus. Er kündigte sein Kommen mit einem lauten »Hallo« an. Seine Vermutung war richtig gewesen. Hildegard Oehlerich saß in einem klobig wirkenden, aber sicher bequemen Holzsessel, hielt ihr Gesicht in die Sonne und streichelte versonnen eine Katze, die sich auf ihrem Schoß breitgemacht hatte. Sie wirkte nicht überrascht, als sie Christoph sah.

»Ich habe Sie erwartet«, sagte sie.

Christoph unterließ es, nach dem Warum zu fragen. Mit Sicherheit hätte die Frau ihm wieder einen Vortrag über energetische Ausstrahlungen und Vorahnungen gehalten.

»Ich habe noch ein paar Fragen, da sich neue Aspekte aufgetan haben.«

»Führt uns nicht jeder neue Tag zu neuen Erkenntnissen?«, sagte sie vieldeutig. »Darf ich Ihnen einen Tee anbieten?«

Er warf einen Blick auf die Glaskanne mit einem undefinierbaren giftgrünen Getränk und lehnte dankend ab.

Christoph zeigte auf mehrere kreisrunde Reifen aus Weide, die dekorativ an der Hauswand hingen und in die jeweils ein Geflecht wie bei einem Tennisschläger eingearbeitet war. Die Reifen waren mit Lederschnüren, Perlen und Federn kunstvoll verziert. Christoph tippte auf die Art Spinnennetz.

»Das ist kein Kunststoff?«, fragte er.

Catori sah ihn halb belustigt an. »Sie klingen wie ein Ignorant. Selbstverständlich werden für die Traumfänger nur natürliche Materialien benutzt, so wie es die Indianer seit Jahrhunderten zu tun pflegen. Er ist uraltes Kulturgut der nordamerikanischen Indianer.« Sie fuhr fast zärtlich mit ihren knochigen Fingern über die Maschen. »Die Abstände sind mit einem Maß aus Hirschhorn vermessen«, erklärte sie. »Das komplizierte Netz in der Mitte beschützt vor Alpträumen. Es fängt sie ab, und mit dem Tageslicht werden sie verbrannt. Die guten Träume finden den Weg über das Geflecht in der Mitte und gleiten über die Federpendel zum Schläfer.«

»Die verkaufen Sie?«, fragte Christoph und suchte vergeblich ein Preisschild.

»Ideal ist es, wenn die Menschen den Traumfänger selbst basteln«, wich Catori aus. »Aber in der heutigen Zeit haben manche nicht mehr die Muße dafür. Da helfe ich mit diesen hier. Die habe ich alle gearbeitet.«

»Und Heike Bunge hat ihre Traumfänger auch bei Ihnen bezogen?«

Hildegard Oehlerich schien sich an der von Christoph bewusst gewählten Vokabel »bezogen« zu stoßen. Es klang ihr zu geschäftsmäßig. Christoph spürte, dass die Frau ungern über diese Seite ihres schamanischen Engagements sprach.

»Heike hat sich meiner Traumfänger bedient«, sagte sie ausweichend.

»Erklären Sie mir bitte einmal, was ein Schamane ist.«

Misstrauisch beäugte Catori Christoph.

»Für die Indianer haben religiöse Praktiken immer eine große Rolle gespielt, sei es im Hinblick auf einen persönlichen Geist oder ein Totem. Lassen Sie es mich verständlich erklären. Fußball ist in Deutschland ein Breitensport. Millionen spielen selbst Fußball im Verein, aber nur wenige davon schaffen es in den bezahlten Fußball. Wenn Ihnen ein Sportler begegnet, der in der Regionalliga kickt, werden Sie vermutlich sagen: Der muss etwas können. Dennoch hat es nicht für eine der drei Bundesligen gereicht. Über wie viel außergewöhnliches Talent müssen Sie verfügen, um zu den anerkannten Stars der ersten Liga zu gehören? Wie werden Sie

Nationalspieler? Mit Talent und eifrigem Training, also Übung und Erfahrung. Genauso ist es im Umgang mit der geistigen Welt. Schamanen haben einen besseren Zugang zur geistigen Welt, der auf außergewöhnliche Kräfte zurückzuführen ist, auf Wissen und Erfahrung. Schamanen sind im weitesten Sinne geistige Führer.«

»Sie selbst würden sich als ein solcher bezeichnen?«

»Ja«, sagte sie selbstbewusst. »Irgendwann habe ich die Energie und Kraft gespürt, die in mir wohnt. Und so gebe ich dies heute dankbar weiter.«

»Ist Chip auch ein Schamane?«

»Chip?«, fragte Catori. Ihre Ahnungslosigkeit schien nicht gespielt.

»Heikes Ehemann sprach von jemandem, der so ähnlich heißt und den Heike über Sie kennengelernt hat.«

»Sie meinen ›Chuchip‹. Das ist aus der Sprache der Hopi-Indianer und heißt ›Geist des Hirsches‹. Der Hirsch ist ein bedeutendes Krafttier.«

Christoph unterließ es, nach der Bedeutung eines Krafttieres zu fragen. Er wusste, dass man darunter ein Totem verstand, eine Tierart, der bestimmte Eigenschaften zugeschrieben wurden und die als religiöses Symbol den Menschen ein ganzes Leben lang begleiten sollte. Es sollte ein Geist in Tierform sein. Christoph reichte das Durcheinander aus Spirituellem, Geistern und Überirdischem. Das war nicht seine Welt. Mochte Catori glauben, was sie wollte, auch wenn es nur eine Masche war, um Geld zu verdienen.

»Dieser Chuchip ist also auch ein Schamane?«, nahm Christoph das Thema wieder auf.

Catori schien einen kurzen Augenblick in Ehrfurcht zu erstarren. »Chuchip ist ein großer Lehrer. Er ist mit besonderen Gaben ausgestattet.«

»Kannte Heike Bunge ihn?«

»Ja. Sie hat ihn verehrt.«

»Es gab also Treffen zwischen den beiden.«

Catori hatte Christophs Unterton verstanden. »So kann man es nicht nennen. Heike hat von Chuchips Fähigkeiten und Energien gezehrt. Wie wir alle.«

»Wann gab es die letzte Begegnung zwischen den beiden?«

»Das ist viele Wochen her«, antwortete Catori prompt.

»Und wie hat der Ehemann darauf reagiert?«

»Der versteht nichts von der Ordnung der geistigen Welt. Dem bleiben Erkenntnisse verborgen. Deshalb hat er kein Verständnis dafür gezeigt, dass Heike mit besonderen Fähigkeiten ausgestattet war.«

»Wo finde ich Chuchip?«

»Warum?«

»In einem Mordfall ermitteln wir in alle Richtungen ohne Ansehung der Person.« Er ließ unerwähnt, dass auch Monsignore Kuslmair, der Husumer Bürgermeister oder der Architekt de Frontier sich Fragen gefallen lassen mussten.

»Chuchip ist am vergangenen Samstag nach Indien abgereist.«

Christoph fiel auf, dass Catori »Samstag« sagte und nicht das gebräuchliche »Sonnabend« benutzte.

Das ist ein merkwürdiger Zufall, dachte Christoph. Nach dem Mord reist Chuchip nach Indien. Und ihm werden Kontakte zu Heike Bunge nachgesagt.

»War die Reise länger geplant?«, fragte Christoph.

»Macht es Sinn, die Zukunft gestalten zu wollen? Wissen wir, was morgen ist?«

»Also nicht«, schloss Christoph aus ihrer Umschreibung. Sie widersprach nicht.

»Wie lange bleibt er in Indien?«

»Es gelten meine Worte.« So umschrieb sie, dass sie nicht konkret antworten wollte oder mochte.

»Wie heißt Chuchip?«

»Er hat diesen Ehrennamen angenommen. Was bedeuten andere Buchstabenkombinationen?«

Christoph reichte es. »Lassen Sie uns vernünftig und im Diesseits miteinander sprechen«, sagte er in fast unfreundlichem Ton, der die Frau aufhorchen ließ.

»Helmut Königsthreu«, sagte sie. Es klang pikiert.

»Und er hat welche Anschrift?«

»Chuchip ist überall.«

»Frau Oehlerich!« Erneut hatte Christoph den barschen Ton gewählt.

»Wenn er in Deutschland ist, wohnt er bei mir.«

»Ist er hier gemeldet?«

»Können Sie nur in bürokratischen Strukturen denken?«, erwiderte sie mit einer Gegenfrage.

Christoph wollte das Gespräch nicht eskalieren lassen. Deshalb verzichtete er darauf, nach Gegenständen zu fragen, aus denen er eine DNA-Probe hätte gewinnen können. Im Augenblick schien es unwahrscheinlich, dass Chuchip alias Königsthreu etwas mit den Taten in der Kurklinik zu tun hatte.

»Haben Helmut Königsthreu und Heike Bunge ein Verhältnis miteinander gehabt?«, fragte Christoph unvermittelt.

»Weshalb leiten Sie Ihre Gedanken stets nur in diese Richtung?«, erwiderte Catori. »Liebe ist etwas ganz anderes als die Befriedigung von Fleischeslust.«

Christoph erinnerte sich an die Worte des Ehemanns. Der hatte von der Schwitzhütte berichtet. Dort sollten die Teilnehmer nackt zusammengehockt haben. Er sprach das Thema an.

»Das ist typisch für Außenstehende«, erwiderte Catori. »Eine Schwitzhütte ist ein uraltes Ritual. Sie wird gemeinsam von allen Teilnehmern errichtet. Dann wird ein Feuer entfacht, und Steine werden darin erhitzt. Die dienen der Wärmeabstrahlung. Unter der Leitung eines Zeremonienmeisters hockt man in der Schwitzhütte zusammen, befreit von allen irdischen Lasten …«

»Also unbekleidet?«

»… befreit von allem Profanen, und in der Zeremonie kann man Lasten abwerfen, die man mit sich herumträgt. Man versteht, welche Aufgaben einem gestellt werden. Man wird eins mit sich und der geistigen Welt.«

»Und hinterher?«

»Sie sind von der Zeremonie so geschafft, dass Sie an andere Dinge nicht mehr denken.«

»Also ist es ein großes Miteinander. Die Zeremonie schenkt Nähe.«

»Ja. Unbedingt.«

»Kann es im Zuge einer solchen Veranstaltung zu ungewollter Nähe zwischen Königsthreu und Heike Bunge gekommen sein? Schließlich ist er auch nur ein Mann.«

Christoph schien es, als würde Catori – oder Hildegard Oehlerich, wie er sie lieber nennen wollte – vor ihm ausspeien.

»Sie haben das Prinzip nicht verstanden. Es geht hier nicht um billigen Sex. Es ist eine andere Welt.«

»Gut. Gab es denn eine Vereinigung zwischen den beiden in dieser anderen Welt?«

»Ich denke, wir sollten das unerfreuliche Gespräch an dieser Stelle abbrechen. Es macht keinen Sinn, weil Sie nicht verstehen wollen.«

Nachdenklich und mit ein paar weiteren ungelösten Fragen machte sich Christoph auf den Rückweg nach Husum. Dort informierte er sich über den Flugplan. Tatsächlich ging am Sonnabend eine Maschine der Fluggesellschaft Emirates um vierzehn Uhr fünfundvierzig nach Dubai. Dort stieg man um und erreichte ebenfalls mit Emirates nach einer Gesamtflugzeit von dreizehn Stunden Ahmedabad, die Hauptstadt des indischen Bundesstaats Gujarat. Es kostete Christoph eine weitere Stunde, um in Erfahrung zu bringen, dass sich Helmut Königsthreu an Bord der Boeing 737 befunden hatte. Ein gebuchter Rückflug lag nicht vor. Schade, dachte Christoph. Mit dem Herrn hätte er sich gern ausführlich unterhalten.

Gegen Helmut Königsthreu lag nichts in den zentralen Dateien vor. Der Mann, er war neununddreißig Jahre alt, war nie wegen strafbarer Handlungen in Erscheinung getreten. Nach längerem Suchen fand Christoph mehrere Einträge in verschiedenen Rubriken im Internet. Wie nicht anders zu erwarten war, überwogen die begeisterten Zustimmungen zu seinen geistigen Fähigkeiten und angeblich von ihm vollbrachten Wundern.

Es war eine merkwürdige Szene, in die Heike Bunge hineingeraten war und die sie gefangen gehalten hatte, dachte Christoph. Und die Drahtzieher schienen nichts unversucht zu lassen, um die Anhänger und Irrglaubenden von allen Argumenten gegen dieses Gedankengut abzuschotten. Christoph konnte die Verzweiflung des Ehemanns nachvollziehen.

Mit einem Ruck wurde die Tür aufgerissen, und Große Jäger erschien.

»Sieht man dich auch mal wieder?«, knurrte der Oberkommissar und balancierte seinen Kaffeebecher zu seinem Schreibtisch. »Den habe ich mir bei Tante Hilke organisiert. In diesem Laden gibt es ja sonst keinen.«

»Du könntest dir Kaffee kochen«, sagte Christoph.

»Bin ich beim Land als Ermittler oder als Küchenjunge angestellt? Es reicht doch, wenn ich hier die gesamte Fahndung organisiere.« Christoph merkte seinem Kollegen an, dass er unzufrieden war. Große Jäger hasste nichts mehr als die Arbeit am Schreibtisch.

»Hat dein Einsatz wenigstens Erfolg gebracht?«, stichelte Christoph.

»Und ob. Die Kieler haben endlich mit der Arbeit angefangen.« Er warf Christoph einen Seitenblick zu. »Sind die Kieler alle so wie du?«

»Könntest du zum Kern kommen?«, ermahnte ihn Christoph und sah demonstrativ auf seine Armbanduhr.

»Hast du heute Morgen mit einem vom LKA gesprochen?«, erkundigte sich Große Jäger. Als Christoph nickte, fuhr er fort: »Die DNA aus Bayern ist identisch mit einer der Tests, die man aus dem bei Schwester Elena genommenen Abstrich gewonnen hat. Damit ist Mirko Dreschnitzki eindeutig überführt. Ein Schwein haben wir.« Er ballte die Faust. »Jetzt müssen wir nur noch das zweite finden.«

»Was macht der DNA-Vergleich?«, fragte Christoph voller Ungeduld.

»Den haben die schon durchgeführt. Von den Proben, die wir genommen haben, ist keine identisch.«

»Und der Zigarrenstummel von Monsignore Kuslmair?«

»Du hättest die Braun hören sollen. Die hat sich aufgeregt, dass wir so etwas anstelle einer sauberen Speichelprobe abliefern. Der Knösel muss fürchterlich gestunken haben. Dafür war der Abgleich negativ.«

Das war unbefriedigend.

»Wer hat dann mit Heike Bunge Verkehr gehabt?«

»Dazu gibt es noch keine Auswertung«, gestand Große Jäger zögerlich ein. »Das LKA hat sich zunächst auf den Fall Elena Petrescu konzentriert.«

Also war im Mordfall noch alles offen.

»Wer ist der zweite Täter?«, überlegte Christoph laut. Es war unwahrscheinlich, dass Schwester Elena unabhängig voneinander von zwei Männern missbraucht worden war. Man musste davon ausgehen, dass die junge Frau Opfer einer gemeinschaftlich begangenen Vergewaltigung war. »Das muss jemand sein, der mit Dreschnitzki auf vertrautem Fuß steht.«

»Dazu fallen mir nur zwei ein«, stimmte Große Jäger zu und sprang auf. »Wir sollten uns auf den Weg machen.«

Unterwegs beschwerte sich der Oberkommissar, dass Christoph nicht das mobile Blaulicht nutzte. Ihm dauerte alles zu lange.

Auf dem Parkplatz standen zahlreiche Fahrzeuge von Handwerkern, darunter auch der Transit des Bauunternehmens Hungerbühler.

Im Haus herrschte eine rege Betriebsamkeit. Am nächsten Tag wurden die ersten Patienten erwartet. Sicher war es gleich, wann die erste Anreise vorgesehen war. Die Vorbereitungszeit würde nie reichen, dachte Christoph. Es dauerte eine Weile, bis sie Kuddl Bolle, den Polier, fanden. Missmutig war der Mann damit beschäftigt, eine Türzarge zu verputzen.

»Sehen Sie sich diesen Mist an«, fluchte er. »Da baut der Trottel von Holzwurm eine falsche Tür ein. Und was macht er beim Reparieren? Kloppt die ganze Wand in Dutt.«

»Können das nicht auch Ihre Mitarbeiter übernehmen?«, fragte Christoph.

Bolle strich sich mit der Hand über die Stirn. Es störte ihn nicht, dass er dabei Putz auf den Haaransatz schmierte. »Da ist doch keiner von den Scheißern da. Der Mirko ist in Bayern und hat vermutlich seinen Lohn versoffen. Jetzt fehlen ihm die Mäuse für die Rückfahrt. Und der Heinz, die faule Sau, hockt zu Hause in der Puch und kriegt den Hintern nicht hoch. Der kommt immer nur, wenn er Geld braucht. Wenn seine Olle nicht arbeiten würde, wär der schon lange verhungert. An deren Stelle hätte ich dem Kerl schon lange 'nen Tritt verpasst.«

»War Kohlschmidt gestern da?«

»I wo. Freitag hat er sich den halben Tag verdrückt, ohne 'nen Finger krumm zu machen. Gestern hat er auch gefehlt. Seitdem bin ich hier Alleinunterhalter.«

»Sie haben mir bei meinem letzten Besuch Ihre freiwillige Speichelprobe verweigert«, erinnerte Christoph den Polier.

»Ja. Und das mach ich auch heute. Was soll der Scheiß? Da kann ja jeder kommen. Wer weiß, was ihr damit macht.«

»Zum Beispiel überführen wir damit Männer, die sich brutal an Frauen vergangen haben.«

»Was?« Bolle tippte sich gegen die Stirn. »Ihr seid ja verrückt. Wer macht denn so was?«

»Einen haben wir schon verhaftet«, sagte Christoph und sah zur Seite, als ihn Große Jäger am Ärmel zupfte und sich in den Vordergrund schob.

»Hör mal, Kumpel«, sagte er und trat dicht an Bolle heran. »Was hältst du davon, wenn Kerle sich an Frauen vergreifen?«

»Das ist 'ne Sauerei«, schimpfte Bolle.

»Da sind wir einer Meinung. Nun läuft der Täter aber nicht mit einer Tätowierung auf der Stirn herum, auf der steht: Ich war's.«

»Na logo. Und warum fragt ihr nicht das Mädchen?«

»Die eine ist tot. Und die andere ist so zugerichtet, dass sie nicht sprechen kann. Also müssen wir unsere Suche auf eine andere Weise durchführen. Klar?«

»Was hab ich damit zu tun?«

»Weil keinem auf die Stirn geschrieben steht, dass er der Halunke ist, gucken wir uns nun alle Männer an, die in der Nähe waren. Dazu nehmen wir die DNA.«

»Davon hab ich schon gehört. Zeigen Sie immer im ›Tatort‹.«

»Genau«, bestätigte Große Jäger. »So ähnlich machen wir das auch. Nur nicht so elegant. Die haben immer einen Doofen, der sich um solche Sachen kümmert. Wir müssen alles selbst machen. Wir sind die Blöden. So wie du. Bist hier zwar der Boss, aber es ist keiner da, der die Arbeit tut. Wir nehmen also die DNA und vergleichen die mit dem, was wir beim Opfer gefunden haben. Und dann machen wir einen Haken und sagen: Der olle Bolle war es nicht.«

Der Polier wischte sich erneut über die Stirn und verteilte den Putz, der sich beim ersten Mal dort abgesetzt hatte, großflächig. Dann zeigte er auf Christoph. »Warum hat der mir das nicht so einfach erklärt?«

Große Jäger lächelte. »Der ist jung und lernt noch. Wir beiden alten Knaben wissen, wo es langgeht. Oder?«

»Klar doch. Also. Wo muss ich reinspucken? Oder muss ich in eine Röhre pinkeln?«

»Nichts von beiden. Wir brauchen nur einen Abstrich mit einem Wattestäbchen aus dem Mund.«

Die Polizisten konnten gar nicht so schnell reagieren, wie Bolle den Mund aufriss und Große Jäger den Rachen vors Gesicht hielt, als würde er den Oberkommissar vertilgen wollen.

»Deine Mandeln sind geschwollen«, sagte Große Jäger.

»Hab ich schon seit vierzig Jahren nicht mehr«, röchelte Bolle, ohne dabei den Mund zu schließen.

»Nun müssen wir diese Kontrolle auch noch bei Heinz Kohlschmidt machen. Wo wohnt der?«, sagte Große Jäger, nachdem er den Abstrich genommen hatte.

»In irgend so 'nem Kaff in Eiderstedt.«

»Auf Eiderstedt«, korrigierte der Oberkommissar kaum hörbar. »Ist nämlich eine Halbinsel.« Laut fragte er: »Geht es ein bisschen genauer?«

»Nee. Hab mich nie dafür interessiert.«

Große Jäger drängte zum Aufbruch, als würde er sonst die Fährte verlieren.

»Ich möchte noch mit Schwester Beate sprechen«, warf Christoph ein, aber der Oberkommissar lief schon in Richtung des Volvos. Auf dem Weg dorthin hatte er sein Handy hervorgeholt, rief in Husum an und ließ sich die Anschrift Heinz Kohlschmidts geben. Dann dirigiert er Christoph zurück auf die Bundesstraße. Dort gerieten sie in eine Schlange, die sich einem Lkw hinterherschlängelte.

»Sonst fahren die Brüder wie die Henker. Ausgerechnet heute muss der über die Straße schleichen.«

Christoph warf einen Blick auf den Tacho. »Der fährt vorschriftsmäßig achtzig.«

»Wer macht das schon? Sonst brausen die mit ihren Kisten wie Kleinkriminelle durch die Landschaft.«

»Wie gut, dass du keine Vorurteile hast«, stellte Christoph fest.

»So etwas kennen wir liberalen Westfalen nicht«, murrte Große Jäger und machte eine Handbewegung, als würde er eine Katze aus dem Weg scheuchen.

Ein Stück hinter Husum bogen sie ab. Der Weg führte sie durch den Darrigbüllkoog an mehreren Wehlen vorbei. Das waren Gewässer, manchmal auch Brack oder Brake genannt, die durch einen Deichbruch im Zuge einer Sturmflut entstanden waren.

»Wenn das Salzwasser einer Wehle im Laufe der Zeit durch Regen oder Grundwasser versüßt, entsteht das Brackwasser«, dozierte Große Jäger.

Christoph zollte ihm Anerkennung. »Was du als Binnenländer alles weißt.«

»Puh!«

Sie passierten die scharfe Kurve auf dem Deich bei Simonsberg und sahen den »Roten Haubarg«, den bekanntesten Vertreter dieser für Eiderstedt typischen Form des Bauernhauses, in dem Menschen und Vieh ebenso unter den zum Teil bis zu zwanzig Meter hohen Reetdachhäusern lebten, wie die Vorräte und das Getreide dort eingelagert waren. Der »Rote Haubarg« mit seinen neunundneunzig Fenstern war schon lange weiß und diente heute als Museum und Gaststätte.

Kurz hinter der nächsten Abzweigung nach Uelvesbüll hatten sie ihr Ziel erreicht: Marschenbüll.

Unwillkürlich überkamen Christoph die Erinnerungen an seinen ersten Fall in Nordfriesland. Sieben Jahre war das her. In einem der ersten Häuser des Ortes hatte Frieder Brehm gewohnt, der heute eine langjährige Haftstraße in Flensburg absaß, weil er am Heiligabend vor der Kirche den Mann erstochen hatte, der ihn im Dorf zu Unrecht des Mordes an der kleinen Lisa Dahl und ihrer Mutter bezichtigt und damit den Mob der Dorfbewohner gegen Brehms Familie in Bewegung gesetzt hatte.

Die Dorfkneipe, in der Christoph nur mühsam einen Aufstand hatte bändigen können, war inzwischen aufgegeben. Vertrocknete Blumen zierten die blinden Fenster.

Ein Stück weiter in Richtung des ungleich lebhafteren Ortes Witzwort fanden sie ihr Ziel. Ein alter Mercedes Diesel stand in der Auffahrt. Unter dem Carport hatte sich allerlei Gerümpel angesammelt.

Das Haus war älterer Bauart und wirkte ungepflegt. Von den Fenstern platzte die Farbe ab. Durchs Mauerwerk zog sich ein tiefer Riss. Auf den Dachziegeln hatte sich dick Moos abgesetzt. Dazu stand der kleine gepflegte Vorgarten im Kontrast. Er wurde durch eine ordnende Hand gehegt.

Eine verhärmt wirkende Frau mit blassem Teint öffnete ihnen. Unter ihrem Kopftuch lugten ein paar Haarsträhnen hervor. Ebenfalls war eine Haarklammer zu sehen. Sie sah die beiden Beamten fragend an.

»Frau Kohlschmidt?«, fragte Christoph.

Sie nickte.

»Wir sind von der Husumer Polizei und hätten gern Ihren Mann gesprochen.«

Ehe Christoph reagieren konnte, drehte sich die Frau um und rief ins Haus hinein: »Heinz! Polizei! Für dich!«

Ein schlaksiges Mädchen mit Sommersprossen und langen blonden Haaren tauchte aus dem Hintergrund auf. »Polizei? Für Papa? Was ist denn los?«

»Weiß nicht«, sagte die Frau und schob das Mädchen zur Seite. »Geh nach oben.«

In diesem Augenblick hörten sie aus dem Hausinneren ein Poltern, als würde ein Möbelstück umfallen, dann knallte eine Tür.

»Der haut ab«, rief Große Jäger, während Christoph sich an der Frau und dem Kind vorbeizwängte und ins Haus eindrang. Er lief durch einen Flur, versuchte sich im Halbdunkel zu orientieren und entschied sich für eine Tür am anderen Ende. Sie führte in ein Schlafzimmer. Er versuchte die Tür daneben und fand sich im Wohnzimmer wieder. Mitten im Weg lag ein Esszimmerstuhl, den jemand umgerissen hatte. Mit einem Blick sah Christoph, dass die Terrassentür nur angelehnt war. Sie knarrte, als er sie öffnete. Auf der Terrasse standen ein paar Gartenmöbel. An der Seite bewegte sich eine Hollywoodschaukel, als wäre jemand dagegengestoßen. Von Kohlschmidt war nichts zu sehen. Hinter dem Grundstück dehnte sich die weite Marsch: der Haimoorkoog. Dorthin konnte der Mann nicht geflüchtet sein. Um die Hausecke vernahm er Große Jägers Stimme. Es waren Wortfetzen, aber das »Halt« war deutlich zu vernehmen. Christoph lief zur Hausecke, stolperte über zwei Stufen, die von der Terrasse hinunterführten, und lief auf dem Plattenweg am Haus entlang Richtung Vorgarten. Er zwängte sich durch einen schmalen Spalt zwischen Haus und Carport und stieß auf Große Jäger, der die Dorfstraße hinunterzeigte.

»Der Trottel ist auf einem Fahrrad geflüchtet. Dabei hat er mich getreten.« Deutlich war der Fußabdruck auf der Lederweste des Oberkommissars zu erkennen. »So etwas Blödes«, fluchte Große

Jäger. »Als ob man hier in der Marsch entkommen könnte.« Fast gelassen schlenderte er zum Volvo und forderte Christoph auf, einzusteigen.

Die Dorfstraße wirkte wie ausgestorben. Kein Mensch war zu sehen.

Nach zweihundert Metern hatten sie Heinz Kohlschmidt eingeholt. Er saß, über den Lenker gebeugt, auf einem alten klapprigen Fahrrad und strampelte sich die Seele aus dem Leib. Als der Volvo neben ihm auftauchte, warf er einen hektischen Blick zu den Beamten hinüber und versuchte, noch kräftiger in die Pedale zu treten.

Christoph ließ das Fenster herunter und wollte Kohlschmidt auffordern, aufzugeben. Aber Große Jäger kam ihm zuvor.

»Na, Jan Ullrich?«, rief er. »Das ist weder sportlich, noch sieht es elegant aus. Aber von mir aus. Du musst noch ein wenig mehr treten. Das reicht noch nicht. Je eher du kaputt bist, desto schneller haben wir dich. Kannst ja vom Rad springen und in die Marsch hüpfen. Da gibt es lauter Gräben. Ohne Klootstock landest du im Dreck. Noch größer ist der andere Dreck, den du angerichtet hast.«

Natürlich kannte Christoph das Klootstockspringen. Mit einem langen Stab, den sie in die Gräben steckten, überwanden die Bewohner auf Eiderstedt früher die Gräben. Am einfachsten konnte man es als »Stabhochsprung in die Weite« beschreiben. Heute diente es als Unterhaltung für die Feriengäste.

Kohlschmidt war anzumerken, dass er sich bei seiner Flucht konditionell übernommen hatte. Sie waren vielleicht fünfhundert Meter hinter dem Ortsausgang, als er langsamer wurde. Christoph und Große Jäger ließen ihn gewähren. Entkommen konnte er ihnen nicht. Stattdessen stachelte der Oberkommissar den Flüchtenden auf.

»Das ist gut für den Kreislauf. Du sollst dich noch einmal austoben. Im Zuchthaus hat man keine Gelegenheit mehr, Sport zu treiben. Na los. Jede verbrannte Kalorie ist gut für den Zuckerhaushalt.«

Kohlschmidt wollte antworten, war aber mittlerweile durch die ungewohnte Anstrengung völlig außer Atem. Er wurde langsamer, bis er nach weiteren zweihundert Metern aufgab. Er ließ das

Rad ausrollen, hielt an und stützte sich schnaufend auf dem Lenker ab.

Seelenruhig stieg Große Jäger aus, kletterte über den Graben, fingerte ein paar der altertümlichen Metallhandschellen von seinem Gürtel und legte sie Kohlschmidt an, der immer noch nach Luft schnappte und es widerstandslos geschehen ließ. Er zuckte auch nicht, als der Oberkommissar ihn am Oberarm packte und mit sich zum Volvo zog.

»Ist doch viel angenehmer, gefahren zu werden«, sagte Große Jäger mit ironischem Unterton. »Du glaubst doch nicht, dass Polizeibeamte in unserem Alter solchen Typen wie dir hinterherlaufen?«

Kohlschmidt hatte die ganze Zeit über keinen Ton von sich gegeben. Ganz langsam beruhigte sich sein Atem. Das Rasseln in der Lunge wurde weniger.

»Das Rauchen rächt sich im Großen und Kleinen«, lästerte Große Jäger und fing sich dafür von Christoph einen spöttischen Seitenblick ein.

Christoph wendete und fuhr wieder zurück. Vor Kohlschmidts Haus hielt er an und nahm die Frau, die inzwischen von mehreren Nachbarn umringt war, ein wenig zur Seite.

»Wir nehmen Ihren Mann mit nach Husum«, sagte er knapp.

Frau Kohlschmidt sah ihn aus angstvoll geöffneten Augen an.

»Aber warum denn?«, fragte sie mit erstickter Stimme.

»Wir müssen etwas prüfen«, erwiderte Christoph ausweichend und zeigte in Richtung Ortsausgang. »Etwa einen Kilometer weiter Richtung Witzwort liegt Ihr Fahrrad. Sie sollten es bald abholen.«

Die Frau nickte stumm und sah ihm hinterher, als er zu seinem Wagen zurückkehrte und gen Norden davonfuhr.

Während der ganzen Fahrt sagte Kohlschmidt kein Wort. Er beklagte sich nicht und fragte auch nicht nach dem Grund seiner Festsetzung. In Husum ließ er sich in das Büro führen und nahm auf dem zugewiesenen Stuhl Platz. Christoph hätte ihm zu diesem Zeitpunkt die Handschellen wieder abgenommen, aber Große Jäger schien es für sinnvoller zu halten, den Mann weiter gefesselt zu lassen. Sicher ging keine Gefahr von ihm aus. Wenn er wirklich schuldig war, so beschränkte sich seine Aggression auf eine wehrlose Frau, richtete sich aber nicht gegen zwei Polizeibeamte. Menschen, die solche Taten vollbrachten, waren häufig Feiglinge.

»Sie wissen, weshalb wir Sie vorläufig festgenommen haben?«, fragte Christoph.

»Nee. Keine Ahnung. Was soll der ganze Scheiß? Was sollen die Nachbarn denken, wenn die Bullen aufkreuzen und so einen Heckmeck machen?«

»Das werden wir gleich klären«, ranzte ihn Große Jäger an, der sich einen Becher Kaffee eingefüllt hatte, ohne Kohlschmidt etwas anzubieten. »Mir haben schon viele Ganoven gegenübergesessen. Große und kleine, blöde und intelligente. Vor vielen wollte ich ausspucken. Aber das, was ihr getan habt, das ist so widerwärtig, da fehlen mir die Worte. Ihr habt euch wie Tiere benommen.«

»Moment mal«, begehrte Kohlschmidt auf. »Wovon reden Sie eigentlich?«

»Davon, dass du und dein Kumpel Dreschnitzki wie die Tiere über Schwester Elena hergefallen seid. Hast du eine Vorstellung davon, was ihr der Frau angetan habt? Die ist für ihr ganzes Leben gezeichnet.«

»Wer soll Schwester Elena sein?« Kohlschmidt versuchte sich cool zu geben und den Unwissenden zu spielen. Es gehörte nicht viel Erfahrung dazu, um zu erkennen, dass der Versuch misslang.

»Herr Kohlschmidt«, sagte Christoph mit fester Stimme. »Leugnen ist zwecklos. Mirko Dreschnitzki ist verhaftet und hat gestanden. Außerdem ist er eindeutig durch seine DNA überführt. Er befindet sich auf dem Weg gen Norden.«

In den Augen des Mannes leuchtete es auf. »Das ist doch prima«, sagte er, und es klang erleichtert. »Dann haben Sie bei der Frau drinnen das von Mirko gefunden, das Zeug, das er da reingetan hat.«

»Ja«, bestätigte Christoph. »Bei der Penetration …«

»Bei was?« Kohlschmidt machte einen fast dümmlichen Eindruck. Er kannte das Wort offenbar nicht.

»Beim erzwungenen Verkehr konnte das Ejakulat beim Opfer sichergestellt werden. Das Labor hat eindeutig nachgewiesen, dass Mirko Dreschnitzki der Täter ist.«

Kohlschmidt atmete erleichtert aus und hielt Große Jäger die gefesselten Hände entgegen. »Dann ist ja gut. Mach mich mal los.«

»Sie werden dringend der Mittäterschaft beschuldigt«, sagte Christoph.

»Ja, wieso denn? Ich denke, Sie haben das Zeug von Mirko gefunden.«

»Nicht nur. Die Sauerei ist noch viel größer. Da waren zwei Schmutzlappen am Werk«, fauchte Große Jäger.

»Kann man das denn sehen? Ich meine, wenn doch der Mirko obendrauf ...«

»Für wie blöd haltet ihr uns eigentlich?«, fluchte Große Jäger. »Nicht jeder hat seinen ganzen Verstand in der Hose.«

Im Raum roch es ekelig nach Schweiß, Zigarettenqualm und Knoblauch. Der Gestank ging eindeutig von Kohlschmidt aus. Wie ekelhaft musste es Schwester Elena empfunden haben, als ihr dieser Mann Gewalt angetan hatte.

»Mensch, die soll sich nicht so haben, nur weil wir da mal rübergestiegen sind. Die hat doch auch ihren Spaß gehabt.« Kohlschmidt grinste Große Jäger an. »Die muss einen fürchterlichen Orgasmus gehabt haben, so wie die gezittert hat.«

Christoph sah es Große Jäger an, dass es dem Oberkommissar schwerfiel, sich zurückzuhalten. Er war ein hervorragender Kriminalbeamter mit viel Menschlichkeit und Emotionen. Die gerieten ihm aber auch manchmal zum Nachteil, wenn er seine Empfindungen wie in Situationen wie dieser nur schwer unter Kontrolle halten konnte.

»Sind Sie bereit, eine DNA-Probe abzugeben, nachdem Sie sich der am vergangenen Freitag entzogen haben?«, fragte Christoph betont sachlich.

»Und wenn nicht?«

»Dann besorgen wir uns eine richterliche Erlaubnis«, fauchte ihn Große Jäger an. »Dann wird dir das Maul aufgerissen, und ich ziehe die Probe höchstpersönlich. Ich schiebe dir das Wattestäbchen bis hinter die Bronchien. Darauf kannst du dich verlassen.«

»Das ist Folter.«

Christoph war sich nicht sicher, ob der leicht zittrige Klang in Kohlschmidts Stimme gespielt war oder der Mann plötzlich doch Angst bekam.

»Folter! Du wirst dich in den vielen Jahren im Zuchthaus noch nach uns und unserem humanen Umgang zurücksehnen.« Große Jäger war immer noch zornig. Er stellte sich vor Kohlschmidt und starrte ihn verächtlich an. »Das, was ihr gemacht habt, nennt man besonders schwere Vergewaltigung. Weißt du, was Paragraf 177 im vierten Absatz dafür vorsieht?« Große Jäger hielt Kohlschmidt die gespreizte rechte Hand direkt vors Gesicht. »Mindestens fünf Jahre. Fünf!«

Der Mann war blass geworden. »Aber doch nicht für einmal kurz Spaß haben. Mann, das war doch nicht so gemeint. Die hätte doch nur was sagen sollen. Dann hätten wir doch aufgehört.«

»Außerdem ist da noch der Mord«, ergänzte Christoph.

Kohlschmidt riss die Augen weit auf. »Ja, Mann, mit dem Mädchen. Das war doch nur eben mal so. Das war doch nicht weiter schlimm. Aber mit Mord habe ich nichts zu tun. Wer soll denn tot sein?«

»Schwester Heike.«

»Das war die andere von den Miezen, nicht? Die war doch schon älter. Und nicht so schlank wie die …« Er ließ Schwester Elenas Namen unausgesprochen. »Und was soll mit der sein?«

»Die ist auch missbraucht und dann erschlagen worden.«

»Seid ihr verrückt?«, schrie Kohlschmidt. »Wir haben doch unseren Spaß mit der Kleinen gehabt. Und die mit uns«, schob er schnell hinterher, als er bemerkte, wie Christoph und Große Jäger einen raschen Blick wechselten. »Aber erschlagen? Warum denn?« Jetzt gelang Kohlschmidt sogar ein schmieriges Grinsen. »Das wäre doch schade. Dann könnte man das Weib doch nie wieder gebrauchen.«

Christoph sah mit sorgenvoller Miene, wie es in Große Jäger arbeitete. Dann drehte sich der Oberkommissar um, setzte sich an seinen Schreibtisch und knallte wütend seinen Kaffeebecher auf die Schreibtischplatte, während Christoph in der Wache anrief und bat, dass man Kohlschmidt abholen sollte.

Wenig später öffnete sich die Tür, und Hilke Hauck streckte ihren blonden Kopf durch die Öffnung.

»Ich war im Krankenhaus«, sagte sie. »Ich hatte heute das erste Mal Gelegenheit, mit Elena Petrescu etwas ausführlicher zu sprechen, wenn auch nur kurz und in Gegenwart des Psychologen und

Dr. Neubürgers. Es ist erschütternd, wenn man sich so etwas anhören muss. Aber Schwester Elena hat bestätigt, dass die beiden Bauarbeiter ihr aufgelauert haben, als sie in ihre Nähe kam, um nach den Getränken zu fragen. Der Vorarbeiter war für einen Augenblick nicht anwesend. Vielleicht war er auf der Toilette. Jedenfalls sind die beiden über sie hergefallen und haben sie in einen abgelegenen Teil des Gartens verschleppt. Dort ist es dann geschehen. Sie hatte keine Chance, sich zu wehren.«

»Es wird Zeit, dass wir den anderen Halunken hierherbekommen«, sagte der Oberkommissar und griff zum Telefon.

Christoph hörte ihn lautstark telefonieren, ohne auf die Worte zu achten.

Große Jäger knallte wütend den Hörer auf die Gabel. »Das ist zum Mäusemelken«, fluchte er. »In amerikanischen Krimis zieht der Sheriff durchs Land und holt oder bringt den Delinquenten. Und hier? Dreschnitzki ist in Darmstadt angekommen. Am Donnerstag – erst in zwei Tagen! – soll er nach Köln verschubt werden. Dort bleibt er bis nächsten Montag. Dann geht es nach Celle. Die nächste Station soll das Zuchthaus Fuhlsbüttel sein.«

Christoph hatte sich daran gewöhnt, dass Große Jäger immer noch vom »Zuchthaus« sprach.

»Die Hamburger liefern ihn nach Neumünster. Datum ungewiss. Und dann?« Er schlug mit der flachen Hand auf die Tischplatte, dass es knallte. »Das darf man niemandem da draußen erzählen. Die lachen sich kaputt.«

»Dafür haben wir die Täter gefasst und überführt«, redete ihm Christoph zu.

»Verflucht, verflixt und zugenäht. Wenn wir nur den blöden DNA-Abgleich von unserem Mordopfer hätten. Vielleicht sitzt uns ein Mörder gegenüber, und wir können es ihm nicht nachweisen.«

Den Rest des Tages verbrachte Christoph damit, das Protokoll zu schreiben und einen Haftbefehl für Heinz Kohlschmidt zu besorgen.

SECHS

Die Halbinsel Eiderstedt gehört sicher mit zu den schönsten Flecken Schleswig-Holsteins. Doch nicht nur das allseits bekannte St. Peter-Ording an der Spitze Eiderstedts, der wohl meistfotografierte Leuchtturm von Westerhever mit den beiden Wärterhäusern zu seinen Füßen oder die sehenswerten Landstädte Tönning und Garding prägen das Bild der Landschaft, sondern auch die weite Marsch und die friedliche Stille in den versteckten Dörfern. Kulturinteressierte begeistern sich an den achtzehn historischen Kirchen der Halbinsel. Jede für sich ist ein Kleinod und einen Besuch wert. Eine von ihnen ist die St.-Martins-Kirche, der Mittelpunkt des kleinen Ortes Osterhever.

Hier war Carolin Jacobs beheimatet, die Bertram Bunge als Freundin seiner Frau benannt hatte. Christoph hatte angerufen und um einen Gesprächstermin gebeten.

»Kommen Sie ruhig vorbei«, hatte die Frau fröhlich geantwortet.

Osterhever hat nur wenig mehr als zweihundert Einwohner. Hier kennt jeder jeden. Und das Haus der Familie Jacobs zu finden war nicht schwierig. Ein flotter Teenager öffnete den Beamten die Tür.

»Zu meiner Mutter?«, fragte sie. »Die ist auf dem Friedhof.« Dabei lachte sie schelmisch, während ein Irish Red Setter und zwei Teckel um ihre Beine herumwuselten und die Besucher argwöhnisch beäugten. »Nicht tot«, ergänzte sie. »Wir haben einen Betrieb. Meine Mutter pflegt die Gräber.«

Sie fanden Carolin Jacobs auf dem Friedhof an der St.-Martins-Kirche, der man die Würde ihrer fast neunhundert Jahre ansah. Die ursprünglich romanische Kirche lag in der Ortsmitte, eingerahmt von einer schützenden Baumgruppe, die die Anlage wie eine mittelalterliche Festung wirken ließ. Das schmiedeeiserne Tor quietschte in den Angeln, als Christoph es öffnete.

Die große Frau mit dem blonden Pagenkopf sah auf, als sich die Polizisten näherten.

»Moin. Mein Name ist Johannes. Kripo Husum. Wir haben miteinander telefoniert«, stellte sich Christoph vor. »Frau Carolin Jacobs?«

Sie nickte und hielt die Hand, an der noch Erdreich klebte, wie ein Indianer über die Augenbrauen. »Caro Jacobs. Das ›lin‹ ist irgendwann einmal verloren gegangen. Und Ihr Name?« Sie blinzelte gegen die Sonne und sah den Oberkommissar an.

»Große Jäger.«

»Wie heißen Sie?«, fragte Frau Jacobs und lachte dabei herzhaft. Der Oberkommissar wiederholte seinen Namen.

»Dann sind wir fast Kollegen. Ich würde mich nicht als groß bezeichnen. Aber mein liebstes Hobby ist es, gemeinsam mit meinem Mann auf die Jagd zu gehen. Osterhever und Norderheverkoog auf Eiderstedt – das ist unser Revier.«

»Sie kannten Heike Bunge?«, fragte Christoph.

»Ja«, erwiderte sie versonnen. »Ich mache das hier …«, dabei zeigte sie auf die Gerätschaften, die um die Grabstelle herumlagen, »gemeinsam mit meinem Mann. Wir haben einen Garten- und Tiefbaubetrieb. Vor meiner Heirat habe ich als Arzthelferin gearbeitet. Heike und ich waren lange Zeit Kolleginnen. Das war vor unserer Heirat.« Sie lachte und zeigte dabei zwei Grübchen. »Nicht der von Heike und mir, sondern vor unserer jeweils eigenen. Ach, Sie wissen, was ich meine.«

»Und der Kontakt ist nie abgerissen?«

»Nein. Nie. Man hat sich nicht mehr so oft gesehen, weil man im eigenen Beruf und in der Familie genug um die Ohren hat. Aber wir haben uns regelmäßig getroffen. Meistens allein. In Husum. Wir sind dann bummeln gegangen, haben bei Schmidt gestöbert oder uns ins Café gesetzt. Ach. Da fällt mir was ein.« Ihr Gesicht wirkte einen Moment melancholisch. Der Blick schweifte ab und blieb irgendwo am Horizont haften. »Ich kann das noch gar nicht richtig fassen, dass Heike tot ist. Wer macht so was? Sie war ein lieber und anhänglicher Mensch. Wie soll Bertram jetzt ohne sie zurechtkommen? Die beiden waren unzertrennlich. Ein Herz und eine Seele.«

»Das ist aber heiß hergegangen – das war alles andere als friedlich«, mischte sich Große Jäger ein und ergänzte, als ihn Christophs fragender Blick traf: »Ich meine die gleichnamige Fernsehserie.«

»Hat Heike Bunge Ihnen gegenüber davon gesprochen, wie ihr Mann auf ihre immer stärker werdenden Aktivitäten in Sachen Schamanismus reagiert hat?«

»Bertram hat das nicht gefallen. Für ihn war das Spinnkram. Er wollte nicht, dass Heike in eine Abhängigkeit von der Pseudo-indianerin gerät. Er hat nicht verstanden, wie eine so intelligente Frau wie Heike diesen Dingen verfallen konnte.«

»Hat Heike Ihnen gegenüber geäußert, dass sie nach Indien will?«

»Ja, das hat sie schon mal gesagt. Ich habe das aber nicht ernst genommen. Heike hat oft von irgendetwas geträumt. Das durfte man aber nicht auf die goldene Waagschale werfen.«

»Haben Sie über einen Schamanen namens Chuchip gesprochen?«

Caro Jacobs zog die Stirn kraus. »Der Name sagt mir nichts. Da war mal was. Der hat irgendwelche Veranstaltungen durchgeführt. Heike war begeistert von dem Mann.«

»Als Mann?«, fragte Christoph.

»Ach, nee. Das ist das falsche Notenblatt. So eine war Heike nicht. Die ist nicht mit anderen losgezogen. Schon damals nicht, als sie noch nicht verheiratet war. Sicher, es gab mal diesen oder jenen Freund. Aber für Heike würde ich meine Hand ins Feuer legen.«

Das hatte Christoph jetzt schon so oft gehört. Warum schienen alle Leute, mit denen er über die Tote sprach, eifrig bemüht, sie fast als Heilige darzustellen? War sie wirklich so gewesen? Oder gab es etwas zu verbergen?

»Sie hat mich immer wieder mal aufgefordert, dass ich sie begleiten sollte. Aber«, Caro Jacobs schüttelte den Kopf, »das ist nicht meine Welt. Das klang alles sehr merkwürdig. Energiefluss und so. Ich verstehe ja, wenn Leute kritisch bei der Auswahl ihrer Lebensmittel sind. Ich gehöre nicht dazu, aber wer es mag … Der soll vegetarisch leben. Oder sich von Biokost ernähren.«

»Und die Ehe zwischen den beiden war wirklich intakt? Trotz der Hinwendung zu dieser Indianerin?«

»Das habe ich schon einmal erklärt«, bekräftigte Caro Jacobs ihre frühere Aussage. »Da passte kein Blatt dazwischen.« Wie um das zu unterstreichen, presste sie ihre Hände fest zusammen.

»Heike war in der letzten Zeit beruflich sehr engagiert«, sagte Christoph.

»Kann sein. Ich habe nicht viel von ihr gehört. Die Mitarbeiter in der neuen Klinik mussten wohl ganz schön ranklotzen. Wie immer waren die Termine zu eng, und die Verantwortlichen haben den Arbeitsanfall unterschätzt. Heike war ganz schön kaputt, so richtig alle, wenn sie nach Hause kam.«

»Wie kam Heike mit ihrem Chef zurecht?«

»Wie hieß er noch gleich? Irgendwas mit Graf.«

»Zehntgraf«, half Christoph nach.

»Sie hat angedeutet, dass der den Belastungen nicht gewachsen war. Er schien ihr völlig mit der Aufgabe überfordert.«

»Und die anderen Kollegen?«

»Da gab es keine Reibereien. Die haben alle unter den Belastungen gelitten. Vom Hausmeister hat sie gesprochen. Ein Türke? Das ist wohl ein ganz Netter.«

»Und ihr direkter Vorgesetzter? Der Arzt?«

Caro Jacobs zog die Stirn kraus. »Komisch. Von dem hat sie nie gesprochen.«

Zum Abschied reichte sie beiden Beamten ihren Ellenbogen, nachdem sie ihre von der Erde schmutzigen Hände in die Luft gehalten hatte.

In Husum lagen neue Ergebnisse der Rechtsmedizin und der Kriminaltechnik vor. Die Fußabdrücke an der Hecke entsprachen der Schuhgröße dreiundvierzig. Das hatte bereits Klaus Jürgensen in Flensburg festgestellt.

»Im Unterschied zu Fernsehkrimis konnten uns die Amateure im Landeskriminalamt aber weder die Marke der Treter noch Namen und Körbchengröße der Schuhverkäuferin nennen«, lästerte Große Jäger. Immerhin war es ein weiteres Indiz, das gegen den Täter sprechen würde, wenn sie ihn fassen sollten.

Es wurde noch einmal bestätigt, dass Alkohol und Drogen bei den beiden Opfern, Schwester Heike und Schwester Elena, keine Rolle gespielt hatten. Immer noch war unklar, weshalb die dritte Schwester, Beate, vorgab, sich wegen des Alkohols vorübergehend in Zimmer 23 zurückgezogen zu haben. Hatte Beate im Unterschied zu ihren Kolleginnen tatsächlich mitgefeiert, oder war das nur eine Schutzbehauptung? Schließlich hatte sie auch die Unwahrheit gesagt, als sie vorgab, sie sei in der Tatnacht nach Hause gefahren.

»Der Kuschelmeyer«, sagte Große Jäger und wurde von Christoph unterbrochen.

»Wir sollten keine Gerüchte in Umlauf bringen. Es gibt keinen Hinweis, dass Dr. Kuslmair sich etwas hat zuschulden kommen lassen.«

»Von mir aus. Der Monsignore, der seine DNA verweigert hat, hat uns zwar etwas mehr Arbeit bereitet, aber wir haben ihn zu Unrecht verdächtigt. Die Analyse des Zigarrenstummels hat ergeben, dass er frei von Sünde ist. Er hat nicht mit Schwester Heike geschlafen. Korrekt heißt das aber auch, dass er deshalb nicht erwiesenermaßen vom Verdacht befreit ist, Heike Bunge erschlagen zu haben.«

»Ich kann mir aber kein Motiv vorstellen, weshalb Dr. Kuslmair zum Mörder werden sollte«, erwiderte Christoph. »Er wird kaum eine Beziehung zu Heike Bunge gehabt haben. Ein Eifersuchtsdrama, dass er der heimliche Geliebte war, dürfte ausscheiden, weil es das nur im Krimi gibt.«

»Schade«, seufzte der Oberkommissar, »dass wir hier nicht im Krimi sind. Außerdem würde der Monsignore eher Hildegard Oehlerich ermordet haben. Das war doch die Passion seiner Vorgänger. Die haben Hexen verbrannt. Es gibt noch etwas, was die Kieler bestätigt haben. Das sind Nikotinanhaftungen.«

»Auf einer solchen Veranstaltung dürfte sich so mancher Raucher befunden haben«, gab Christoph zu bedenken. »Andererseits fand die Party im Freien statt. Da riecht die Kleidung hinterher nicht so extrem nach Rauch.«

»Eben. Du hättest dir deinen zaghaften Einwand auch gespart, wenn du mich hättest ausreden lassen. Ich weiß nicht, wie die das feststellen konnten, aber die minimalen Nikotinanhaftungen fanden sich auch an Heike Bunges Gesäß. Du erinnerst dich. Da gab es die Fingerabdrücke, weil …«

»Ist gut«, unterbrach ihn Christoph. »Die Details sind mir bekannt. Das bedeutet, der Mann, der mit Heike Bunge geschlafen hat, ist Raucher und hatte noch Nikotinablagerungen an seinen Fingern. Das widerspricht aber dem, was der Ehemann gesagt

hat. Nach dessen Auskunft hat Schwester Heike Raucher ge-
hasst und gemieden. Wenn das zutrifft, dann kommen mir wiederum Zweifel, dass sie sich freiwillig mit dem Mann eingelassen
hat.«

»Und warum haben wir keine Spuren einer Gewaltanwendung
festgestellt? Auch die Kleidung wies nicht darauf hin, dass das Opfer sich gewehrt hat.«

»Drei Krankenschwestern«, überlegte Christoph laut. »Eine
ist missbraucht worden. Die zweite hat mit einem Mann geschlafen. Und die dritte? Hat die nur Glück gehabt, dass sie sich leicht
alkoholisiert ins Zimmer 23 zurückgezogen hat, während vermutlich Schwester Heike mit einem Mann im Zimmer 17 war? Und
es war ein anderer als die beiden Vergewaltiger, da die Sperma-
spuren nicht identisch sind mit denen von Schwester Elenas Pei-
nigern.«

»Der Beischläfer muss nicht identisch mit dem Mörder sein«,
sagte Große Jäger. »Es hilft uns nur bedingt weiter, wenn wir einen Raucher suchen, der Schuhgröße dreiundvierzig hat.«

»Das ist richtig. Warum dauert es so lange, bis wir den DNA-
Abgleich erhalten?«

»Frag einfach die alte Hexe«, schlug Große Jäger vor und war
überrascht, als Christoph zum Telefon griff.

Hildegard Oehlerich musste neben dem Telefon gesessen haben.

»Sie haben uns aufgesucht, weil Sie vorgaben, eine Inspiration
gehabt zu haben«, begann Christoph.

»Keine Inspiration. Ich habe Heikes Energie gespürt.«

»Wie muss man sich das vorstellen?«, fragte Christoph.

»Das kann man nicht mit zwei Worten erklären«, wich Hildegard Oehlerich aus. »Man muss die Energie spüren. Es ist so, dass
alles aus Energie besteht. Das ist eines der Grundprinzipien, auf
denen alles beruht.«

»Frag sie mal, ob es im großen Zeh gezwickt hat«, wisperte Große Jäger dazwischen, der über den Hörer mitlauschte.

»Wenn der Energiefluss gestört ist, kommt es zu Dissonanzen.
Vereinfacht an einem plakativen Beispiel ausgedrückt: Wenn eine
Nervenbahn gestört ist, kommt es zu Fehlfunktionen im Körper.
So ähnlich müssen Sie es sich mit dem Energiefluss vorstellen. Die-

se Störungen können durch energetische Reinigungen von Menschen und Tieren, aber auch Wohnungen und Häusern beseitigt werden.«

»Sie gehen also irgendwohin und machen etwas.«

»Nicht *etwas*.« Hildegard Oehlerich klang verstimmt. »Durch die Korrektur der negativen Aura werden die Selbstheilungskräfte von Mensch und Tier bei körperlichen und seelischen Beschwerden unterstützt.«

»Das erklärt aber noch nicht, wie Sie Kenntnis von Heikes Ermordung erhalten haben.« Christoph ließ unerwähnt, dass er vom Ehemann wusste, dass Bertram Bunge der Schamanin am Telefon von Heikes Tod erzählt hatte. Er wollte wissen, mit welchen Wahrheiten Catori operierte. Sie fiel darauf herein und blieb bei ihrer vagen Andeutung, eine geistige Inspiration gehabt zu haben. Catori antwortete ausweichend:

»Um eine schamanische Weisheit zu erlangen, wie sie mir zuteilgeworden ist, bedarf es langjähriger Anleitung durch weise Lehrer.«

»Da reichen fünf Minuten«, murmelte Große Jäger. »Man muss nur wissen, wie ein Telefon funktioniert.«

»Was war Ihre Motivation, sich mit uns in Verbindung zu setzen?«, fragte Christoph.

»Es war Heikes Seele. Die hat Verbindung zu mir aufgenommen in dem Moment, wo sie sich von der körperlichen Hülle gelöst hat.«

»Heikes Seele? Gelöst?« Christophs Frage klang ungläubig. Hildegard Oehlerich hatte es mitbekommen.

»Nur weil Sie nicht an die Reinkarnation glauben, kann sie doch existent sein. Das ist wie mit dem menschlichen Geist. Wenn Sie jemanden sezieren, werden Sie keinen Verstand finden.«

»Solche Argumente werden immer wieder vorgebracht«, erwiderte Christoph. »Ich bin kein Hirnforscher. Der könnte Ihnen jetzt die Zusammenhänge des menschlichen Hirns erklären, die Bedeutung und Funktion der Aminosäuren, das Andocken an die unterschiedlichen Teile unseres Hirns, die ...«

»So weichen die Zweifler immer aus«, unterbrach ihn Hildegard Oehlerich. Christoph spürte, dass er die Frau mit seinen Ausführungen an einer empfindlichen Stelle getroffen hatte. Er überlegte, von wem das Zitat stammte: »Wissenschaft ist wahr. Man muss es nur beweisen können.«

»Ein wichtiger Punkt der schamanischen Heilarbeit ist die Seelenrückholung. Durch Unfälle oder Gewalteinwirkungen kann sich ein Teil unserer Präsenz abspalten. Durch eine schamanische Reise werden die abgespaltenen Teile wieder zurückgeholt und integriert, um das volle Potenzial zu erreichen.«

»Das heißt, durch die Ermordung hat sich Heikes Seele gespalten, und Sie haben sie wieder zusammengefügt. Ist sie jetzt in einen anderen Körper geschlüpft?«

Christoph sah zur Seite, weil der ihm gegenübersitzende Große Jäger Grimassen zog und flüsterte: »Jetzt haben wir die Ursache der Schizophrenie entdeckt. In einen gesunden Körper ist eine zweite Seele gefahren.«

»Suchen Sie den Mörder«, sagte Catori, und es klang abschließend, »es ist jemand aus Heikes Nähe, ein Mensch, den sie kannte und dem sie vertraute. Mir ist wichtig, dass Heikes Seele zur Ruhe kommt und in Frieden an dem Ort verweilt, von dem sie einst in einer anderen körperlichen Hülle zurückkehren wird. Weiter kann ich Ihnen nicht helfen. Ich wünsche Ihnen Kraft und Frieden.« Dann legte sie auf.

»Das ist wirklich wie in einem Wildwestfilm. Da sind die Roten auch auf dem Kriegspfad gewesen, bis sie den Mörder ihres Stammesbruders eingefangen haben.« Der Oberkommissar lehnte sich zurück und verschränkte die Arme vor der Brust. »Wir müssen uns nur noch in Geduld üben und warten.« Er zeigte auf die Zimmerwand. »Dort hängen wir Fotos der potenziellen Verdächtigen hin. Die lassen wir allmonatlich antreten. Und wenn irgendwann einer mit Glatze erscheint, dann ist er der Mörder, weil er seinen Skalp verloren hat. So einfach ist Polizeiarbeit.«

»Lass uns noch einmal die Protokolle durchgehen«, schlug Christoph vor.

»Fang schon mal an«, erwiderte Große Jäger, griff seinen Becher und verließ den Raum. Christoph ahnte, dass er zu Hilke Hauck gehen würde, um dort einen Kaffee zu schnorren.

Der Oberkommissar blieb überraschend lange fort. Christoph bemerkte die Zeitspanne erst, als sich sein Computer meldete und eine Nachricht von der Kriminaltechnik aus Kiel eintraf. Er überflog sie, stutzte, begann von Neuem und murmelte halblaut vor sich hin: »Das kann nicht wahr sein.« Dann griff er zum Telefonhörer, rief bei Hilke an und bat sie, Große Jäger zurückzuschicken.

Kurz darauf trottete der Oberkommissar herein. »Fühlst du dich einsam? Brauchst du meine Unterstützung? Oder war das einfach nur die Mahnung des Vorgesetzten, dass ich mich wieder an meinen Schreibtisch begeben soll?«

»Hier!«, sagte Christoph und zeigte auf seinen Bildschirm.

»Das ist nicht wahr!«, wiederholte Große Jäger fast wörtlich Christophs überraschte Äußerung, und seine Stimme drückte das gleiche Erstaunen aus, das Christoph erfasst hatte, als er die Meldung gelesen hatte.

»Dann wollen wir mal«, entschied der Oberkommissar, stellte seinen Kaffeebecher auf dem vor Papierbergen überquellenden Schreibtisch ab und war schon an der Tür, bevor Christoph aufstehen konnte.

Auf der Poggenburgstraße herrschte reger Verkehr, zumindest für Husumer Verhältnisse. An der Ampel stauten sich mehrere Fahrzeuge, die entweder geradeaus oder nach links unter die Bahnunterführung abbiegen wollten. Wie häufig um diese Jahreszeit war es eine bunte Mischung aus einheimischen und fremden Kennzeichen.

Nach rechts bogen in dieser Ampelphase nur die beiden Beamten ab, wenn auch als Fußgänger. Es waren nur etwa fünfhundert Meter bis zu jenem modernen Gebäude am Husumer Binnenhafen, dessen Architektur Christoph nicht zusagte.

Sie hatten Glück. Ihr Gesprächspartner war anwesend. Bürgermeister Kirchner empfing sie in seinem Büro mit Blick auf die malerische Kulisse der Schiffbrücke. Bei diesem Wetter nahm der Platz am Binnenhafen es mit jeder südländischen Piazza auf. Alle Stühle der Außengastronomie, sei es vor der Eisdiele, dem Biergarten oder den zahlreichen Traditionsgaststätten, waren besetzt. Auf dem schmalen Durchgang zwischen den Tischen und der Häuserreihe schoben sich Menschenmassen entlang, verharrten vor einem der Geschäfte, in denen es Kitsch und Kunst gab, hielten Ausschau nach einem Plätzchen oder gerieten ganz einfach in einen Stau. Vor den wenigen Parkplätzen kurvten Autos und warteten geduldig auf eine freie Lücke.

Es war Ebbe, und das ganze Hafenbecken bestand, mit Ausnahme des dünnen Rinnsals, das von der Husumer Au gespeist wurde, die hier in den Hafen mündete, nur aus Schlick. Auch die »Nordertor«, ein ehemaliges Passagierschiff, das früher auf der Förde verkehrt hatte und heute als Restaurantschiff ein beliebter Anlaufpunkt war, lag auf dem Hafenboden auf. Am Ende des Hafenbeckens, neben dem Rathaus, stand der Aussichtsturm, den Leute erklommen hatten, um von dort den Blick über das bunte Treiben zu genießen.

Kirchner saß hinter seinem Schreibtisch. Trotz des sommerlichen Wetters sah er blass aus. Die Augen lagen tief in den Höhlen, umrahmt von dunklen Schatten. Er wirkte fahrig.

»Sie können sich vorstellen, weshalb wir gekommen sind?«, fragte Christoph.

Der Bürgermeister nickte resigniert. »Ich kann es mir denken.«

»Bestreiten Sie, mit Heike Bunge intim gewesen zu sein?«

Kirchner sah die beiden Beamten nachdenklich an, als könne er die Antwort so lange hinauszögern, bis sie nicht mehr eingefordert wurde. Er griff zu einem Kugelschreiber und drehte ihn zwischen den Fingern.

»Ich habe es nicht gewollt«, sagte er schließlich kaum wahrnehmbar.

»Warum haben Sie sich uns nicht gleich anvertraut?«, fragte Christoph.

»Können Sie sich das nicht vorstellen? Man schweigt ... und hofft, dass alles unentdeckt bleibt. Und trotzdem. Hier ...« Er streckte seine manikürte Hand vor. Deutlich war das Vibrieren der Fingerspitzen zu erkennen.

»Es macht die Sache nicht einfacher, dass Sie uns in die Irre geführt haben.«

»Können Sie es nicht verstehen? Ich wollte nicht entdeckt werden. Ist das nicht natürlich? Es ist doch schlimm genug, was ich getan habe.«

»Haben Sie uns wirklich unterschätzt?«

»Ja – nein!« Kirchner war konfus und fuhr sich mit der gespreizten Hand durch die Haare. »Wenn ich es nur ungeschehen machen könnte.«

»Dafür ist es zu spät«, stellte Christoph fest.

Der Bürgermeister atmete tief durch. »Wie soll ich das den Menschen da draußen erklären? Die, die mir ihr Vertrauen geschenkt haben. Meiner Familie? Meiner Frau? Hören Sie«, kam ihm plötzlich ein Gedanke. »Ich habe doch gar nichts verschwiegen. Ich habe Ihnen doch freiwillig meine DNA gegeben. Sonst wären Sie gar nicht auf mich gekommen.«

»Sonst hätten wir uns einen richterlichen Beschluss geholt«, erwiderte Christoph.

Kirchner seufzte. »Das mag sein.«

»Um eine weitere Frage zu stellen: Welche Schuhgröße haben Sie?«

»Was hat das damit zu tun?«

»Ich wäre Ihnen dankbar, wenn Sie meine Frage beantworten würden«, sagte Christoph höflich, aber bestimmt.

»Dreiundvierzig.«

Das entsprach der Schuhgröße, die die Spurensicherung an der Hecke am Graben gesichert hatte. Allerdings war es auch eine Schuhgröße, die sicher sehr viele Männer hatten. Danach wären mehrere Tausend Nordfriesen verdächtig.

»Entschuldigung«, sagte der Bürgermeister plötzlich. »Aber mir ist nicht gut. Es ist gegen alle Regeln, aber ich halte es nicht mehr aus. Ich muss jetzt rauchen.« Er angelte eine Zigarettenpackung aus der Tasche seines Sakkos, das über der Stuhllehne hing. Erst im zweiten Versuch gelang es ihm, die Zigarette anzuzünden. Gierig sog er den Rauch in seine Lungen. Nach dem zweiten tiefen Zug schien er sich ein wenig beruhigt zu haben.

Christoph registrierte, dass der Mann offenbar starker Raucher war. Auch das passte zum Laborergebnis. Man hatte an Heike Bunges Gesäß Nikotinspuren nachweisen können. Diese Tatsache behielt Christoph jedoch für sich. Er wollte noch nicht alle Karten aufdecken.

»Schildern Sie uns, was geschehen ist«, forderte er den Bürgermeister auf.

Kirchner musterte Christoph durch den blauen Dunst, der zur Zimmerdecke emporstieg. Dann stand er auf und stellte sich ans

Fenster. Erneut inhalierte er den Rauch. Wie schwer mochte es Große Jäger, dem passionierten Raucher, ergehen, wenn der Zigarettenduft vor seiner Nase waberte.

Der Bürgermeister schien geistesabwesend zu sein. Er stand am Fenster und starrte auf das bunte unbeschwerte Treiben.

»Es war keine erfreuliche Veranstaltung«, begann er stockend. »Ein Pflichttermin. Davon gibt es viele zu absolvieren. Das soll nicht heißen, dass ich die nicht gern erfülle. So bin ich auch in guter Stimmung zu den Reußenkögen gefahren. Es sollte ein kurzweiliger Besuch werden, ein eigentlich positiver Anlass. Jede Verbesserung der wirtschaftlichen Struktur in unserer Region ist gut für Nordfriesland. Und gut für Husum. Unsere Stadt. Meine Stadt. Schon als ich dort ankam, spürte ich die eigentümliche Stimmung. Es waren zwei Gruppen, die sich gebildet hatten und die weit auseinanderstanden. Die Handwerker bildeten eine Clique. Diesen oder jenen kannte ich vom Ansehen. Sie mieden offenbar den Umgang mit drei anderen Arbeitern, die sich durch Lautstärke und extensiven Alkoholgenuss hervortaten. Die anderen Gäste standen in kleinen Gruppen zusammen, zum Teil auf der Terrasse, zum Teil auf dem Rasen. Ich musste einen langen Vortrag von Monsignore Kuslmair über mich ergehen lassen. Ich will das nicht als Affront gegen Geistliche verstanden wissen, aber mir ist der Mann nicht sympathisch, obwohl ich ihn aus Hildesheim kenne. Ich weiß nicht, ob er mich wiedererkannt hat. Er hat mir einen Monolog über die Großzügigkeit der Sanitas gehalten. Außerdem ließ er durchblicken, dass er nicht so angetan war von der Idee, in dieser Einöde, wie er sich ausdrückte, zu bauen. Wenn es nicht für kranke Menschen wäre, denen es ohnehin nicht nach Abwechslung dürste – ja, so hat er sich ausgedrückt –, hätte die Sanitas die Klinik nie hinterm Deich errichtet.«

Kirchner hatte ihnen immer noch den Rücken zugewandt. Große Jäger drehte seine Hand im Gelenk, was bedeutete, dass ihm die Vorrede zu lange dauerte. Doch Christoph wusste, dass Kirchner Zeit benötigte, um die Hemmschwelle zu überwinden. Außerdem war es nützlich, weitere Informationen über den Ablauf des Abends zu erhalten.

»Ich habe ein wenig mit Pastor Hansen geplaudert und war enttäuscht, dass niemand vom Landkreis da war.«

»Doch«, warf Christoph ein. »Addi Blödorn.«

Kirchner machte eine wegwerfende Handbewegung. »Verstehen Sie mich nicht falsch, aber ich meine, jemand, der den Kreis repräsentiert hätte. Das hat Herr Blödorn nicht. Er hat nichts falsch gemacht und sich auch nicht unkorrekt benommen, aber …« Der Bürgermeister ließ den Rest des Satzes unausgesprochen. »Ganz im Gegensatz zum Architekten. Unter uns. Ein Widerling. Ein aalglatter, von sich selbst überzeugter Mensch, der vor Arroganz strotzt. Ich mag solche Leute nicht. Es war ekelhaft, wie er mit den Frauen umgesprungen ist. Manche nutzen jede passende oder unpassende Gelegenheit zu einem Flirt. Auch wenn das nicht meine Welt ist, kann ich das akzeptieren, wenn es auf nette Weise geschieht. De Frontier hat die widerliche Variante gewählt und nicht verstanden, dass die Frauen kein Interesse hatten. Ich kenne solche Typen. Die werden rasend, wenn sie einen Korb bekommen. Für den Architekten waren das alles ›Dorftrutschen‹, wie er mir zwischendurch zuraunte. Die sollten doch froh sein, zumindest für einen kleinen Augenblick einmal an der interessanten Seite der Welt schnuppern zu dürfen.«

Der Bürgermeister hatte sich die nächste Zigarette angezündet. Immer noch stand er am Fenster, blickte auf den Binnenhafen und suchte nach Worten.

»Mehrfach war ich versucht, dazwischenzugehen und den Mann in seine Schranken zu weisen. Ich konnte es nicht mit ansehen. Ob der Monsignore das nicht mitbekommen hat oder es ihn nicht tangierte … Ich weiß es nicht. Der Verwaltungsleiter …«

»Zehntgraf«, warf Christoph ein.

»Genau. Der hätte eingreifen müssen, als seine Mitarbeiterinnen fortwährend belästigt wurden.«

»Galt das für alle Frauen?«

»Nein. Es schien, als wären nur die drei Krankenschwestern Freiwild. Immer wieder hat es der Architekt versucht. Ihn hat nicht gestört, dass alle anderen das abstoßend fanden.« Die Beamten sahen, wie Kirchner den Kopf schüttelte.

»Hat sich der Arzt als direkter Vorgesetzter nicht eingemischt?«

»Der schien mir auch nur unwesentlich besser zu sein. Dr. Aufgänger hat sich verbal zurückgehalten, dafür hat er jede Gelegenheit genutzt, um die Frauen anzutatschen. Sie haben versucht, sich ihm zu entziehen, aber bei einer solchen Veranstaltung und dann der Chef … Den können Sie nicht vor allen Leuten in die Schranken weisen. Der Arzt – das ist ein Grapscher. Nicht so plump, aber immer wieder verstohlen hat er versucht, die Frauen anzufassen. Es war ein richtiges Spießrutenlaufen für die drei. Auf der einen Seite die drei Arbeiter mit ihren Obszönitäten – am anderen Ende die sogenannte vornehme Gesellschaft, die zwar andere Vokabeln verwandte, aber auch nicht besser war.«

Große Jäger verdrehte die Augen und tippte sich an die Stirn. Spinnt der?, sollte die Geste heißen. Kirchner ließ sich über andere Männer und deren unmögliches Verhalten aus, echauffierte sich über die Arbeiter, den Architekten und den Arzt. Dabei war es Kirchners Sperma, das die Rechtsmediziner bei der toten Heike Bunge sichergestellt hatten.

Christoph legte seinen Zeigefinger auf die Lippen. Er wollte nicht, dass der Redefluss des Bürgermeisters unterbrochen wurde.

Kirchner stützte sich mit beiden Händen auf der Fensterbank ab und machte ein paar Dehnübungen.

»Ich wollte bei der erstbesten Gelegenheit aufbrechen und war froh, als Pastor Hansen, dem es ähnlich ergangen sein muss wie mir, gegen neun Uhr aufbrach. Wir sind zusammen gegangen.«

»Da gibt es einen Widerspruch«, hakte Christoph ein.

»Ich weiß«, gestand Kirchner. »So habe ich Ihnen meine erste Version erzählt. Ich musste doch das Folgende verbergen. Oh Gott.«

Der Bürgermeister nahm sich eine Auszeit in Länge einer weiteren Zigarette. »Ich wollte wirklich gehen. Zuvor wollte ich aber noch einmal austreten. Kurz vor mir war Schwester Heike ins Haus gegangen. Ich bin ihr nicht gefolgt. Wirklich nicht.«

Er drehte sich zu den beiden Beamten um und versuchte in deren Gesichtern zu lesen, ob sie ihm glaubten. Dann wandte er sich wieder dem Fenster zu.

»Ich wollte noch die Toilette aufsuchen, bevor ich die Heimfahrt antrat. Ich musste mich zunächst orientieren und stieß plötzlich auf Herrn Blödorn von der Kreisverwaltung, der richtiggehend erschrak, als wir uns begegneten. Er hat mich mit großen Augen angesehen, ist dann aber schnell in den Garten geeilt.«

»Wissen Sie, was er im Haus gemacht hat?«

»Nein. Ich hatte auch keine Veranlassung, ihn zu fragen. Auf dem Weg zu den Sanitärräumen hörte ich ein leises Schluchzen. Schwester Heike. Es war ihr unangenehm, dass ich es mitbekommen hatte. Dann brachen aber alle Dämme bei ihr. Sie konnte ihre Tränen nicht mehr zurückhalten. Die Demütigungen, die sie und ihre Kolleginnen erfahren mussten, waren das i-Tüpfelchen. Sicher spielten auch die enormen nervlichen Belastungen eine Rolle, wie sie mir in unserem kurzen Gespräch erzählte. Da kam vieles zusammen. Ich stand ihr gegenüber und war ratlos. Ich hatte ja mitbekommen, was da draußen im Garten gelaufen war, und fühlte mich in diesem Moment hilflos. Sie stand einfach nur da, zitterte und schluchzte. Dabei liefen ihr die Tränen in Bächen hinab. Ich versuchte, beruhigend auf sie einzuwirken, aber ich erreichte sie nicht. Wie es geschah, weiß ich nicht mehr, aber ich machte einen Schritt auf sie zu und nahm sie in den Arm.«

Kirchner wirkte, als müsse er nach dieser Erklärung eine Pause machen.

»Sie wehrte sich nicht, sondern drückte sich an mich, legte ihren Kopf an meine Schulter und umklammerte mich. Ich wusste gar nicht, wie mir geschah, als ich diesen vibrierenden Frauenkörper im Arm hielt.«

Christoph erinnerte sich an die Aussage des Freundes der Familie, Ben-Reiner Graf. Der hatte erzählt, dass Heike Bunge die Angewohnheit hatte, auf viele Menschen zuzugehen und sie in den Arm zu nehmen, sie zu knuddeln. Und das ohne jeden Argwohn oder Hintergedanken. Ob sie das auch bei Ewald Kirchner getan hatte, als sie fast verzweifelt war über die Art, wie man ihr und ihren Kolleginnen auf der Einweihungsfeier begegnet war? Wo manche die Frauen als Freiwild betrachteten?

»So standen wir eine ganze Weile. Ich wollte mich von ihr lösen, aber sie hielt mich einfach fest, so als würde sie ohne Hilfe umfallen. Ich strich ihr sanft über den Hinterkopf und sprach leise. Ich weiß nicht mehr, was ich gesagt habe. Aber sie schien mir gar nicht zuzuhören.«

Kirchner schluckte vernehmlich. Christoph musste sich auf die Worte des Bürgermeisters konzentrieren. Seine Stimme wurde immer leiser.

»Ich … ich konnte sie doch nicht von mir stoßen, oder?« Kirchner hatte sich bei dieser Frage umgedreht und sie nahezu flehentlich gestellt. Er bettelte um eine Antwort, um Verständnis. Aber weder Christoph noch Große Jäger zeigten eine Spur Beteiligung, weder zustimmend noch verurteilend. Sie waren in diesem Augenblick professionell neutral.

»Plötzlich, ohne dass ich es wollte oder mich dagegen wehren konnte, stellte sich bei mir eine männliche Regung ein. Das verstehen Sie doch, oder?« Kirchner streckte die Arme vor, als würde er in Gedanken erneut Schwester Heike umarmen. »Ich wollte von ihr fortrücken, weil es mir peinlich war. Sie musste es spüren. Und das war das Schlimmste, was nach all dem, was sie zuvor erleben musste, jetzt geschehen konnte. Was sollte sie von mir denken? Aber es gelang mir nicht. Sie presste sich fest an mich, suchte Halt. Sie musste meine Erregung gespürt haben, die ich nicht kontrollieren konnte. Dieser warme, weiche, bebende Frauenkörper. Ich weiß nicht, wie, aber auch sie schien die Erregung gepackt zu haben. Deutlich war es an meiner Brust zu merken, gegen die sie sich drückte. Ich fasste vorsichtig ihren Nacken und versuchte ihr Gesicht so zu drehen, dass ich sie ansehen konnte. Sie hatte aufgehört zu weinen und sah mich aus tränenverschleierten Augen an. Ihren Kopf ließ sie sanft in meine Hand fallen. Und dann …«

Kirchner hob seine Hände, als würde er vor einer Gemeinde stehen und den Segen aussprechen wollen. Es sollte eine Geste der Hilflosigkeit sein. Vielleicht war es auch eine. Auf Christoph wirkte das Geständnis des Mannes nicht einstudiert, obwohl er durch seine politische Tätigkeit die Selbstdarstellung sicher besser beherrschte als andere Menschen.

»Wie ging es weiter?«, musste Christoph ihn auffordern, nachdem der Bürgermeister schwieg.

»Wie ging es weiter?«, wiederholte Kirchner. Er benötigte einen Aufhänger für die Fortsetzung. »Plötzlich haben wir uns geküsst. Ganz automatisch.«

»Schwester Heike hasste Raucher. Das haben mehrere Zeugen bestätigt. Wie kommt es, dass Sie sich geküsst haben, obwohl die Frau eine wahre Aversion gegen Nikotin hatte?« Christoph konnte seine kritische Haltung gegenüber Kirchners Schilderung nicht länger verbergen.

Der Bürgermeister sah die Beamten ratlos an. »Das weiß ich nicht. Davon habe ich nichts mitbekommen. Nachdem sich unsere Lippen sehr zaghaft gefunden hatten, hing Schwester Heike fast gierig an meinem Mund. Immer wieder suchte ihre Zunge die meine. Ich hatte stellenweise Probleme, Luft zu holen, so leidenschaftlich küsste sie.«

»Und aus dem Kuss hat sich die folgende Intimität entwickelt?«

»Das ging ganz von allein. Ich weiß nicht mehr, wie, aber das war ein Automatismus.«

»Sie haben die Kontrolle über sich verloren.«

»Nicht ich. Doch, schon. Aber sie auch.« Kirchner war verwirrt. Er hatte sich umgedreht und lehnte sich gegen das Fenster. Seine Augen glänzten wie im Fieber. »Wir wollten es beide. Es war wie im Rausch.«

»Das verstehe ich nicht. Nach allem, was wir über Schwester Heike erfahren haben, war sie gerade auf diesem Gebiet sehr willensstark. Von allen Seiten wurde ihr untadeliges Verhalten bescheinigt.«

»Das weiß ich nicht. Ich kannte sie ja nicht. Habe sie nie vorher gesehen. Vielleicht ist es so wie mit dem unverwundbaren Siegfried. An diesem Abend und in dieser Situation habe ich unfreiwillig das Lindenblatt gefunden. Und sie meines auch.«

»Und dann sind Sie in das Zimmer 17 gegangen und dort intim miteinander geworden?«

»Welches Zimmer?« Der Bürgermeister schien den Faden verloren zu haben.

»Eines der Zimmer, die schon für die Aufnahme der Patienten vorbereitet waren?«

Kirchner schüttelte den Kopf. »Das ging nicht. Damit wäre alles verflogen. Nein. Wir sind im Schwesternzimmer geblieben.«

»Sie waren nicht in einem der Räume?«

»Nein. Das ging gar nicht mehr.« Er fasste sich an den Kopf, als würde ihm erst jetzt bewusst werden, wie ungeheuerlich die Situation war. »Wir haben nicht einmal abgeschlossen. Da hätte jeder in das Zimmer platzen können. Stellen Sie sich das einmal vor.«

»Wie haben Sie den Beischlaf vollzogen?«, fragte Christoph.

Kirchner begann wie ein Schuljunge an seinem Fingernagel zu knabbern. »Muss ich das erzählen?«, fragte er schüchtern.

205

»Wir haben Indikationen über den Ablauf von der Rechtsmedizin.«

»Dann erübrigt sich eine Schilderung doch.«

»Uns kommt es auf die Übereinstimmung an«, beharrte Christoph. »Wir müssen wissen, ob Sie die Wahrheit sagen.«

Der Bürgermeister kämpfte mit sich. Er holte mehrfach tief Luft und sah mit angstvollem Blick Christoph und Große Jäger im Wechsel an. Dann sprach er so leise, dass die beiden Beamten nichts verstanden.

»Können Sie das bitte noch einmal wiederholen?«, forderte Christoph ihn auf.

»Wir standen ja im Raum. Dann ... hat ... sie ... sich ... über den Schreibtisch gebeugt«, stammelte Kirchner und wischte sich die Schweißperlen von der Stirn. Unter seinen Achselhöhlen zeichneten sich ebenfalls große dunkle Flecken ab.

Das entsprach dem, was die Kieler Rechtsmedizin über den mutmaßlichen Ablauf gesagt hatte. Eine weitergehende Schilderung war nicht erforderlich.

»Sind bei Ihnen oder bei Schwester Heike während Ihres intimen Zusammenseins Gefühle, ich meine Emotionen, entstanden?«, fragte Christoph.

»Wie meinen Sie das?«

»Haben Sie sich in die Frau verliebt?«

»Nein!« Das klang entschieden. »Ich bin glücklich verheiratet. Ich habe zu keiner Zeit irgendwelche seelischen Gefühle entwickelt. Ich schäme mich für die Schwachheit, der ich erlegen bin.«

Christoph störte es, dass Kirchner zwischen den Zeilen den Eindruck erweckte, als wäre er das Opfer einer Attacke Schwester Heikes geworden, das sich nicht gegen die Versuchung hatte wehren können. Der Mann bedauerte sich fortwährend, nachdem er zu Beginn des Geständnisses sehr viel Gefühl für das Mordopfer gezeigt hatte.

»Und weil Sie verheiratet sind und sich der Tragweite Ihres Fehltritts bewusst wurden, haben Sie die Spuren beseitigt und unter Kontrollverlust Schwester Heike ermordet.« Nachdem Große Jäger lange geduldig zugehört hatte, übernahm er jetzt die Rolle des »Bösen«, der die harten Fragen stellte.

»Ermordet? Ich doch nicht. Nein!« Es war ein Aufschrei. »Die

Frau war doch völlig am Ende. Und ich war auch in einer unsäglichen Verfassung.«

»Das ist der Nährboden für Totschlag im Affekt«, sagte der Oberkommissar. »Natürlich sind Sie kein brutaler Mörder, der mit Vorsatz einen Menschen umbringt.«

»Ich war verzweifelt über mein Tun. Ja! Aber weshalb sollte ich einen Menschen ermorden? Weshalb?«

»Hatten Sie einen Höhepunkt? Und Schwester Heike?«, fragte Christoph. Es sollte beiläufig klingen.

»Solche Fragen beantworte ich nicht«, stellte sich Kirchner plötzlich stur.

»Was haben Sie nach der Vereinigung gemacht?«

»Sie hat sich aufgerichtet und notdürftig angekleidet, mich keines weiteren Blickes gewürdigt und ist ohne ein Wort aus dem Raum gelaufen. Ich habe mich erst einmal sammeln müssen, bis ich mich notdürftig zurechtgemacht hatte. Dann habe ich einen Waschraum aufgesucht, mich oberflächlich gesäubert und in einer Toilettenbox eingeschlossen. Dort habe ich eine Weile gehockt und versucht, wieder zu klarem Bewusstsein zu kommen. Danach bin ich zum Parkplatz gegangen.«

»Hat Sie jemand gesehen?«

»Ich weiß es nicht.« Plötzlich schien ihm etwas einzufallen. »Doch. Ich bin dem Architekten begegnet, der irgendwo ein wenig abseits herumlungerte.«

Das stimmte mit de Frontiers Aussage überein, dachte Christoph. Der hatte gesagt, dass Bürgermeister Kirchner um zehn Uhr gegangen sei. Mit Kirchners Geschichte wäre auch die Diskrepanz zu Pastor Hansens Aussage geklärt, der behauptete, der Bürgermeister sei eine Stunde früher aufgebrochen.

»Sie sind dann nach Hause gefahren?« Christoph sprach nicht an, dass Kirchner ihm früher erzählt hatte, er wäre erst nach Mitternacht daheim eingetroffen.

»Nein. Ich bin zum Dockkoog gefahren und dort ein wenig auf dem Deich gelaufen. Es ist ja fast bis Mitternacht hell um diese Jahreszeit. Ich war so konfus, dass ich mich erst einmal sortieren musste. Als ich zu Hause eintraf, war ich froh, dass ich dort niemanden mehr angetroffen habe.«

Große Jäger schüttelte energisch den Kopf. »Das ist eine tolle

Geschichte, die Sie uns hier auftischen wollen. Wie lange haben Sie daran gebastelt? Zeit genug hatten Sie ja, bis wir Ihnen auf die Schliche gekommen sind. Sie wollen ›den Kohl machen‹, was?«

Der Bürgermeister sah den Oberkommissar ratlos an.

»Das Ganze aussitzen«, erklärte große Jäger. »Einfach mal abwarten, was die blöde Polizei herausbekommt. Vielleicht klappt es ja. Da passen ein paar Dinge nicht zusammen. Sie sind, äh …«

»Zweiundvierzig«, antwortete Kirchner eilfertig.

»Da steht man mitten im Leben. Sie sind gestählt durch viele Diskussionen mit politischen Gegnern. Sie haben gelernt, sich argumentativ durchzusetzen, Widerstände niederzureden, Ihre Vorstellungen zu verwirklichen. Das ist Ihr Job. Und nun probieren Sie es mit uns.«

»Ich schwöre es Ihnen. Genauso, wie ich es Ihnen erzählt habe, ist es gewesen. Warum soll jemand, der ein öffentliches Amt bekleidet, nicht auch menschliche Gefühle haben? Ratlos sein über eigenes Fehlverhalten?«

Kirchners Darstellung hatte in Christoph nicht alle Zweifel beseitigt. Doch derzeit konnten sie ihm nichts anderes beweisen. Alles, was gesichert war, hatte der Mann zugegeben. Für alle gegen ihn gerichteten Beweise hatte er eine stichhaltige Begründung abgeliefert. Bevor Große Jäger weiterbohren konnte, beendete Christoph das Gespräch.

Der Oberkommissar war sichtlich ungehalten, als sie wieder auf der Straße standen. »Wenn du nicht so ungeduldig gewesen wärst, hätte ich die Wahrheit aus ihm herausgeholt«, grollte er.

»Was ist, wenn Kirchner die Wahrheit gesagt hat?«

»Hast du schon einmal einen Politiker gesehen, dem du vertrauen kannst?«

»Das sind Vorurteile. Außerdem gibt es gerade im kommunalen Bereich unzählig viele Menschen, die sich für das Gemeinwohl engagieren und dafür häufig nur Undank ernten. Oder möchtest du bei der derzeit angespannten Lage in irgendeinem Gemeinde- oder Stadtrat sitzen?«

»Die Frage stellt sich mir nicht«, wich Große Jäger aus. »Trotzdem möchte ich wissen, ob Kirchner tatsächlich so edelmütig war, wie er vorgibt. Und wenn die beiden wirklich im Schwesternzimmer waren, ist immer noch ungeklärt, welches Paar im Zimmer 17 kopuliert hat. Und wieso hat sich Schwester Heike im Rausch dem Intensivraucher Kirchner hingegeben, wenn ihr vom Nikotingestank übel wurde?«

»Und wenn Kirchner wirklich nicht der Mörder ist?«, gab Christoph zu bedenken. »Was ist, wenn die beiden von einem Dritten beobachtet oder belauscht wurden? Er muss es ja nicht gesehen haben. Es würde doch reichen, wenn jemand mit dem Ohr an der Tür gehockt hat.«

»Hmh«, antwortete Große Jäger nachdenklich. »Kirchner hat behauptet, der so unschuldig wirkende Blödorn wäre durchs Haus geschlichen. Und bei der Abfahrt ist er auf de Frontier gestoßen. Der Architekt war den ganzen Abend über hartnäckig hinter den Frauen her und wollte unbedingt eine von ihnen aufreißen. Sein ganzes Bemühen ist vergeblich gewesen. Das kratzte am Ego des so selbstbewusst auftretenden Mannes. Er, der sich selbst so smart sah, hat eventuell miterleben müssen, wie der unscheinbar wirkende Kirchner mit den rotblonden Haaren und dem biederen Äußeren bei einer der Frauen zum Zug gekommen war. Und nach dem zweiten Abblitzen hat er sich nicht mehr unter Kontrolle gehabt. Er wäre nicht der einzige Mann an diesem Abend gewesen, der unter Kontrollverlust gelitten hätte. Dreschnitzki, Kohlschmidt, Kirchner und der immer noch Unbekannte von Zimmer 17.«

Große Jäger stemmte die Hände in die Hüfte und atmete hörbar die frische Seeluft ein. Viele Menschen opferten die schönste Zeit des Jahres, um ein paar Wochen, manchmal auch nur Tage hier verbringen zu dürfen. Und ich darf das ganze Jahr hier leben, dachte Christoph dankbar.

Große Jäger zeigte auf das schweinchenrosa Haus an der Ecke Krämerstraße und Zingel. »Das Brötchen«, stand in großen Lettern über den Markisen.

»Trinken wir einen Cappuccino?«, schlug er vor. Als Christoph nickte, ergänzte er: »Vielen Dank für die Einladung.«

Das Café war gut besucht, und die Nähe der anderen Gäste verbot es, ihren aktuellen Fall an diesem Ort weiter zu thematisieren. Stattdessen wollte Große Jäger alle Einzelheiten der bevorstehenden Hochzeit wissen. Natürlich gehörte er zu den geladenen Gästen, auch wenn es nur ein kleiner Kreis war. Anna hätte sich eine größere Runde gewünscht. Schließlich war es das erste Mal, dass sie einem Standesbeamten als Braut gegenüberstand. Aber Christoph hatte sich durchgesetzt.

»Wann geht es auf Hochzeitsreise?«, fragte Große Jäger.

»Wir hatten geplant, am Sonntag zu fahren.«

»Sehr vernünftig. Dann könnt ihr den Sonnabend nutzen, um euch von der rauschenden Hochzeitsfeier zu erholen.«

Christoph runzelte die Stirn. »Es wäre mir lieb, wenn wir unseren Fall bis dahin geklärt hätten.«

Der Oberkommissar winkte ab. »Ach, das bekommen wir auch ohne dein ständiges Einmischen und Stören hin. Oder soll ich dich auf der Hochzeitsreise vertreten?«

Christoph lächelte. »Ich weiß nicht, ob es Annas Zustimmung findet, wenn du mit ihr nach Venedig fährst.«

»Wie romantisch. Eine Hochzeitsreise nach Venedig. Andere reisen in die Karibik, nach Hawaii oder auf die Isla Margarita. Und du entführst deine Frau nach Venedig. Das macht man doch eigentlich vor der Hochzeit.«

»Wir bleiben dort nur vier Tage. Dann geht es für zehn Tage in die Toskana.«

Große Jäger verdrehte die Augen. »Man müsste Hauptkommissar und Doppelverdiener sein. Und«, dabei wies er mit dem ausgestreckten Finger auf Christoph, »wenn man dir unterwegs in Italien deinen Volvo stibitzt, dann ruf einfach an. Ich hole euch ab.«

Christoph lachte laut auf, dass die Gäste an den Nebentischen aufmerksam wurden. »In deinem Smart?«

»Für Anna reicht es hin.«

»Und wie willst du nach Hause kommen?«

Große Jäger winkte ab. »Vielleicht triffst du in Italien Frauke Dobermann unter deinem Bett.«

»Wie kommst du darauf?« Christoph war ein wenig irritiert.

»Man munkelt, dass sie sich in Hannover intensiv mit der Mafia beschäftigt. Wenn sie gerade verdeckte Ermittlungen vornimmt, lauscht sie eventuell unter eurem Bett.«

Christoph stand auf. »Wir sollten lieber etwas Konstruktives unternehmen. Ich möchte noch einmal zur Klinik fahren. Es gibt noch ein paar Ungereimtheiten, die ich gern klären würde.«

210

»Wenn du das Auto holst und mich anschließend hier aufgabelst, könnte ich noch eine Zigarette rauchen«, schlug Große Jäger vor.

Christoph lehnte ab. »Ich heiße nicht Harry und hole auch nicht den Wagen.«

Leise murmelnd trottete Große Jäger neben Christoph zur Polizeidirektion zurück.

Der Parkplatz hinter der »Kurklinik Am Wattenmeer« war fast vollständig belegt. Zu den immer noch in großer Zahl vorhandenen Fahrzeugen der Handwerksbetriebe hatten sich viele Pkws mit Kennzeichen aus den unterschiedlichen Regionen Deutschlands eingefunden. Überall wimmelte es von Menschen, die hilflos umherirrten und sich zu orientieren suchten. Das Personal, wenn es überhaupt in Erscheinung trat, schien hoffnungslos überfordert. Es bemühte sich, das Tohuwabohu zu ordnen, aber die Arbeitsabläufe waren noch nicht eingeübt.

»Wo kann ich reklamieren, dass mein Wasserhahn leckt?«, wurde Christoph von einer älteren Frau angesprochen.

»Ich kann Ihnen leider nicht weiterhelfen.«

»Aber mein Wasserhahn im Bad leckt doch? Das ist doch keine Kur, dieses ewige Klack-Klack-Klack«, protestierte die grauhaarige Frau. Als die Beamten weitergehen wollten, griff sie beherzt zu und hielt Große Jäger am Zipfel seiner Lederweste fest. »Ich will, dass das abgestellt wird«, sagte sie mit fester Stimme.

Der Oberkommissar beugte sich zu ihr hinab. »Das Wasser leckt?«

»Ja.« Sie wirkte erleichtert, dass sich jemand ihres Problems annahm.

»Dafür ist Dr. Aufgänger zuständig«, flüsterte Große Jäger. »Der kennt einen Urologen. Und der beseitigt alle Probleme, die mit Leckagen in Verbindung mit Wasser entstehen.«

»Danke«, sagte die Frau. Erst als die Beamten sich ein paar Schritte entfernt hatten, rief sie ihnen wütend hinterher: »Wollen Sie mich für dumm verkaufen?«

»Wenn der Preis stimmt, machen wir den Handel«, raunte der Oberkommissar Christoph zu, als die beiden sich einen Weg durch das Chaos bahnten.

»Sind Sie von hier?«, sprach ein Mann in blauer Latzhose Große Jäger an. »Ich soll eine Steckdose austauschen.«

Der Oberkommissar streckte den Arm aus. »Vierte Tür links«, sagte er ungerührt.

»Bis du verrückt?«, schnauzte ihn Christoph an.

Große Jäger grinste. »Wäre ich sonst Polizist geworden?«

Ein älterer Mann mit schlohweißem Haar, der sich auf einem Stock abstützte, baute sich vor den beiden Polizisten auf. »Wann ist heute das Skatturnier?«

»Nach Sonnenuntergang«, erwiderte Große Jäger, bevor Christoph sich einmischen konnte.

»Das ist doch erst kurz vor Mitternacht um diese Jahreszeit«, sagte Christoph.

»Eben.« Dann beugte sich der Oberkommissar zu dem älteren Herrn hinab. »Gutes Blatt.«

Der legte die Greisenhand hinters Ohr. »Hä?«

»Ich sagte: Gutes Blatt.«

»Wofür?«

»Für das Skatturnier.«

Die Hand lag noch immer hinter dem Ohr. »Welches Skatturnier?«, fragte der alte Herr mit dünner Stimme.

»Das ist wirklich ein Irrenhaus«, knurrte Große Jäger, als sie weitergingen. Vor dem Arztzimmer saßen auf notdürftig platzierten Stühlen drei ältere Frauen und ein asketisch wirkender Mann mit vollem eisgrauen Haar.

»Und wo ist Ihre Frau?«, fragte eine mit einer schweren Goldkette verzierte vollbusige Patientin und ließ ungeniert ihren Blick an dem männlichen Kurgast auf und ab wandern.

Sie klopften an der Tür des Schwesternzimmers.

»Ja«, meldete sich die müde Stimme Schwester Beates. Sie stand vor einer Anrichte und hielt eine Tasse in der Hand, als die Beamten eintraten. Nur mit Mühe gelang es ihr, das Trinkgefäß festzuhalten, ohne dass es zu Boden fiel. Sie nahm die zweite Hand zu Hilfe und legte sie unter die Tasse, um zu verhindern, dass die Flüssigkeit überschwappte.

»Moin«, sagte Christoph betont gelassen. Sie erhielten keine Antwort. »Es gibt noch etwas zu klären.«

Mit zittrigen Fingern stellte sie die Tasse ab. »Der Herr Doktor ist mitten in der Untersuchung. Da können wir jetzt nicht stören.«

»Wir möchten mit Ihnen reden«, sagte Christoph und sah sich verärgert um, als es an der Tür klopfte und ein grauhaariger Frauenkopf erschien. Die ältere Frau warf den beiden Beamten einen kurzen Blick zu und sagte: »Schwester, ich brauche unbedingt etwas gegen Kopfschmerzen.«

Beate schien erleichtert. »Sofort«, sagte sie und suchte aus dem Schiebetürenschrank ein Medikamentenröhrchen heraus. Sie schüttete der Frau zwei Tabletten auf die offene Handfläche. »Mit reichlich Wasser einnehmen«, sagte sie. Die Patientin schenkte den beiden Beamten noch einen Blick und verschwand ohne ein Wort des Danks.

»Sind die immer so?«, wollte Große Jäger wissen.

»Manche«, erwiderte Schwester Beate ausweichend. »Es gibt aber auch nette Patienten. Und manche haben wirklich etwas durchgemacht.«

»So schlimm wie Ihren beiden Kolleginnen ist es aber keinem ergangen«, nahm Christoph das Thema wieder auf.

Beate nickte zaghaft.

»Sie haben uns nicht die Wahrheit erzählt«, begann Christoph. »Zunächst haben Sie behauptet, Sie wären am Donnerstagabend nach Hause gefahren. Als wir festgestellt hatten, dass Ihr Auto nicht bewegt wurde, haben Sie uns erzählt, Sie hätten hier übernachtet. Und zwar im Zimmer 23.«

»Ich hatte ein wenig getrunken. Deshalb wollte ich nicht mehr Auto fahren.«

»Wie hat Herr Zehntgraf darauf reagiert, dass Sie im Gegensatz zu Ihren beiden Kolleginnen getrunken hatten?«

»Ich weiß nicht so recht.«

»Mitbekommen hat er das?«

Sie machte eine hilflose Geste. »Weiß nicht.«

»Vielleicht war Zehntgraf zu sehr mit den anderen Gästen beschäftigt. Dr. Aufgänger kann uns sicher mehr berichten.« Christoph wandte sich um. »Als Ihr direkter Vorgesetzter hat er Sie sicher besser im Auge gehabt. Wir werden ihn direkt fragen.«

»Aber das geht nicht. Ich sagte schon, er ist mitten in den Behandlungen.«

»Wir sind Privatpatienten«, mischte sich Große Jäger ein. »Da bekommen wir einen schnellen Termin.«

»Oder können Sie uns weiterhelfen?«, fragte Christoph über die Schulter.

»Ich weiß nicht«, sagte sie zum dritten Mal.

»Wir fahren anschließend nach Almdorf und fragen Ihren Freund, ob Sie zu Hause die Bettwäsche aus Zimmer 23 gewaschen haben.«

»Der arbeitet doch. Der hat das nicht mitbekommen.«

Christoph runzelte die Stirn. »Am Donnerstag sind Sie hier geblieben. Am Freitag haben Sie gearbeitet. Durch den Ausfall der beiden anderen Krankenschwestern gab es besonders viel zu tun. Wie war das am Wochenende? Hatten Sie frei?«

»Nein. Wir haben alle gearbeitet. Fast rund um die Uhr.«

»Wann haben Sie die Bettwäsche denn gewaschen? Da bleibt nur die Nacht. Und das müsste Ihr Freund bemerkt haben.«

»Hat er aber nicht«, beharrte Schwester Beate.

»Weil Sie gar keine Wäsche mit nach Hause genommen haben«, sagte Christoph. Es war eine Feststellung.

Beate senkte den Blick und starrte auf ihre Fußspitzen.

»Sie waren im Zimmer 17 und nicht im Zimmer 23, wie Sie uns weismachen wollten. Von Ihnen stammt die verschmutzte Bettwäsche mit den verräterischen Spuren.«

»Nein«, sagte sie zaghaft. »Nein!«

»Es geht hier um eine Mordermittlung. Da sind Ihre Befindlichkeiten fehl am Platz.« Christoph machte einen halben Schritt auf sie zu. »Wir können noch einmal die Spurensicherung aus Flensburg kommen lassen und das Zimmer 17 genau unter die Lupe nehmen.«

»Das geht nicht«, sagte sie. Sie wirkte erleichtert, weil ihr ein Argument eingefallen war. »Das Zimmer ist belegt. Und wir sind ausgebucht.«

»Das stört uns nicht«, mischte sich Große Jäger ein. »Der Patient von Nummer 17 wird so lange in einem nahen Hotel wohnen. Außerdem ist es für Ihre Patienten sicher sehr unterhaltsam, wenn die Polizei das Haus auf den Kopf stellt.«

Christoph war sich bewusst, dass eine Spur, die sie möglicherweise finden würden, nicht beweiskräftig war. Jeder geschickte Anwalt würde behaupten, dass man Schwester Beates Spuren im ganzen Haus antreffen würde.

»Wir werden nicht nur nach Hinweisen auf Ihren Aufenthalt suchen, sondern auch nach Spuren des Mannes, mit dem Sie auf Zimmer 17 waren«, sagte Christoph. »Es ist ein mühsames Geschäft und wird eine Weile dauern, aber wir werden fündig. Das verspreche ich Ihnen.«

»Ich hatte nichts getrunken«, gestand sie kleinlaut. »Kaum etwas.«

»Sie haben sich nicht zurückgezogen, weil Ihnen schlecht war, sondern weil Sie mit einem Mann zusammen waren.«

»Ja«, hauchte sie leise.

»Wann war das?«, fragte Christoph.

»Ich weiß nicht«, wiederholte sie ihre Standardantwort.

»Doch. Sie wissen es«, fuhr Christoph sie an.

»Zwischen halb zehn und zehn. So ungefähr.«

»Sie waren dort intim. Im Zimmer 17.«

Schwester Beate sah wieder auf den Fußboden. Für Christoph war es ein eindeutiges Ja.

»Mit wem?«

»Muss ich das sagen?«

»Ja. Das ist erforderlich.«

»Ich kann aber nicht.«

»Schön«, sagte Christoph. »Dann werden wir alle anwesenden Männer befragen müssen, wer mit Ihnen geschlafen hat.«

»Das können Sie nicht machen. Sie würden uns beide bloßstellen. Und das ... am Arbeitsplatz.«

»Ihre persönlichen Vergnügungen interessieren uns nicht. Auch nicht Ihr schlechtes Gewissen. Ob das Konsequenzen für Sie hat, müssen andere entscheiden. Wir suchen einen Mörder.«

»Oder eine Mörderin«, ergänzte Große Jäger.

»Wolfgang und ich ... wir beide ...«

»Sie waren mit Ihrem Vorgesetzten, Dr. Aufgänger, intim?« Auch wenn es wie eine Frage klang, war es eine Feststellung.

»Wir sind ein Paar«, behauptete Schwester Beate plötzlich.

Christoph empfand Mitleid mit der Frau. Sie war fast ein Vierteljahrhundert jünger als der Arzt. Er verschwieg auch, was Große Jäger in der Pfalz über den Mediziner in Erfahrung gebracht hatte. »Sind Sie von irgendjemandem beobachtet worden?«, fragte er.

Sie schüttelte energisch den Kopf. »Um Himmels willen. Darauf haben wir jedes Mal geachtet.«

»*Jedes* Mal? Ihr Verhältnis geht schon länger?«

»Sehr bald, nachdem wir uns hier kennengelernt haben.«

»Und dann haben Sie sich heimlich in eines der Patientenzimmer geschlichen?«

»Es war das erste Mal. Irgendwie ist es über uns gekommen. Eigentlich hat Wolfgang gedrängt.«

»Ist er durch das Verhalten anderer Gäste animiert worden?«

»Nein. Er hat das nicht nötig. Er ist von sich aus zärtlich.«

»Könnte es sein, dass ihn Schwester Heike oder Schwester Elena stimuliert haben? Durch ihr Auftreten? Durch Redewendungen?«

»Wo denken Sie hin. Wolfgang hat nur mich im Blick. Er ist nicht so einer, wie Sie jetzt denken.«

Christoph beließ es dabei. Es gab Dinge, die mussten die Menschen mit sich selbst ausmachen. Allgemeine Lebensberatung war nicht Aufgabe der Polizei. Höchstwahrscheinlich schied der Arzt mit Schwester Beates Geständnis auch aus dem Kreis der Mordverdächtigen aus. Er hätte kein Motiv gehabt, da sein Werben um die Gunst einer Frau von Erfolg beschieden war. Und Schwester Heike war später erschlagen worden. Christoph schätzte das Liebespaar auch nicht so ein, dass sie Schwester Heike aus Sorge um die Aufdeckung ihrer Affäre ermordet haben könnten.

»Als Sie wieder zu den anderen Gästen zurückkehrten, waren Ihre beiden Kolleginnen noch da?«, fragte Christoph.

»Elena hatte sich still und heimlich verkrümelt. Wir waren alle sauer auf sie, weil sie nichts gesagt hatte. Da konnte ja keiner wissen, dass ...« Sie sprach den Satz nicht zu Ende.

»Und Heike?«

»Die war vorher für eine Weile abgetaucht. Ich habe gesehen, wie sie ins Haus verschwunden ist. Die drückt sich, habe ich gedacht und wollte hinterher. Ich habe geglaubt, sie hat sich ins Schwesterzimmer zurückgezogen. Da hat sie manchmal gehockt, während wir uns abgemüht haben.«

»Sie wollten nachsehen, ob sie dort war?«

»Ich war schon auf dem Weg, als Wolfgang hinterherkam.«

»Sie wären fast ins Schwesterzimmer gegangen?«

»Da waren wir manchmal, Dr. Aufgänger und ich. Oder im Arztzimmer. Ich weiß auch nicht, warum wir diesmal in das Zimmer 17 gegangen sind.«

Sonst wären die beiden dort auf Bürgermeister Kirchner und Schwester Heike gestoßen, dachte Christoph. Ob Heike Bunge dann noch leben würde?

»Wir müssen das Ganze noch zu Protokoll nehmen«, sagte Christoph zum Abschied.

Schwester Beate nickte ergeben.

Unter dem Protest der wartenden Patienten drängelten sich die Beamten in das Sprechzimmer des Arztes vor.

Dr. Aufgänger war erbost, als sie ihn mit Schwester Beates Geständnis konfrontierten.

»Die dumme kleine Schlampe«, fluchte er. »Das Karbolmäuschen hat nur etwas in der Bluse, aber nicht im Kopf. Die muss doch wissen, dass Geschichten am Arbeitsplatz nicht von Dauer sind. Kleine Vergnügungen. Außerdem hat sie einen festen Freund. Warum kann sie das nicht für sich behalten?«

»Sie planen also keine gemeinsame Zukunft?«, fragte Christoph.

»Wo denken Sie hin. Ich kann mich doch nicht mit einer Krankenschwester einlassen, schon gar nicht, wenn sie meine Mitarbeiterin ist.«

»Das hörte sich aus Beates Mund aber anders an.«

»Ach«, winkte der Arzt ab. »Hirngespinste.«

»Hatten Sie mit den anderen beiden Krankenschwestern auch Affären?«

Dr. Aufgänger blinzelte Christoph böse an. »Ich bin Arzt und habe einen anstrengenden Job in diesem Haus. Ich bin hier nicht als Bezirkscasanova eingestellt, auch wenn viele Frauen es auf mich abgesehen haben. So. Jetzt warten die Patienten auf mich. Auf Wiedersehen, meine Herren«, komplimentierte er sie vor die Tür.

»Das sind merkwürdige Zufälle«, sagte Christoph, als sie auf dem Flur standen. »Offenbar sind Schwester Heike und ihre Kollegin Beate zur selben Zeit mit einem Mann intim gewesen, während Schwester Elena kurz darauf brutal vergewaltigt wurde.«

»Das ist keine Kurklinik, sondern ein Sexclub«, murrte Große Jäger.

Verwaltungsleiter Zehntgraf hockte in seinem Büro. Inzwischen waren Büromöbel eingetroffen, die aber noch nicht eingeräumt waren. Ein Schweißfilm glänzte auf dem Gesicht. Unter den Achseln hatten sich große dunkle Flecken gebildet. Der Mann sah total überfordert aus. Unwirsch sah er den beiden Beamten entgegen.

»Am Donnerstag haben die drei Krankenschwestern als Bedienung ausgeholfen. Warum?«, fragte Christoph direkt.

Zehntgraf fuchtelte mit seiner Hand in der Luft herum. »Sie haben es doch selbst mitbekommen, was hier läuft. Oder besser gesagt: nicht läuft. Erst werden Termine gesetzt, die nicht zu halten sind. Dann wird am Personal gespart. Ich sollte eine repräsentative Einweihungsfeier organisieren, aber mit Bordmitteln, wurde mir ausdrücklich aufgetragen. Die Küche hat Essen und Trinken bereitgestellt. Ich muss mich noch beschimpfen lassen von diesem Architekten, weil wir seiner Meinung nach Fusel vom Discounter ausgeschenkt haben. Wie soll ich jemanden für die Bedienung der Gäste aus dem Hut zaubern? So mussten die drei Frauen mithelfen. Wie alle anderen vom Personal. Ihren Unmut haben die drei deutlich kundgetan. Elena Petrescu war kurz nach zehn verschwunden. Wenigstens hat sie als Einzige die Stunde davor noch ein wenig mitgeholfen, während zuerst Schwester Heike und anschließend Schwester Beate abgetaucht sind. Ich hätte zu gern gewusst, wohin die sich verdrückt haben. Wenn ich selbst nicht mit angefasst hätte, hätten wir ein schlechtes Bild abgegeben.«

»Zwischen neun und zehn Uhr war es ohnehin ein wenig ruhiger«, wandte Christoph ein.

»Davon wüsste ich was«, maulte Zehntgraf.

»Pastor Hansen ist aus der Kerntruppe als Erster gegangen, kurz darauf der Husumer Bürgermeister«, zählte Christoph auf. »Monsignore Kuslmair hat gesagt, er wäre eine Weile zum Deich und zum Parkplatz gegangen, um in Ruhe seine Zigarre zu rauchen. Dr. Aufgänger war auch eine Weile abwesend. Wo waren Sie? Addi Blödorn von der Kreisverwaltung und der Architekt?«

»Wir haben zusammengesessen. Jeder war mal kurz weg. De Frontier war ein wenig länger unterwegs. Er wollte sich die Beine vertreten, hatte er gesagt. Außerdem musste er telefonieren. Ich habe mir eine Weile das Dummgeschwätz von diesem Menschen von der Kreisverwaltung anhören müssen, bis der Arzt zurückkehrte. Kurz darauf kam der Monsignore, während de Frontier noch etwas länger unterwegs war.«

»Sie haben mit Blödorn allein im Garten gesessen?«

»Zumindest aus dieser Runde.«

»Kann das Addi Blödorn bestätigen?«

»Fragen Sie ihn doch selbst.« Plötzlich stutzte Zehntgraf. »Was wollen Sie mit diesen Fragen eigentlich bezwecken?«

»Wir suchen einen Mörder. Das ist alles«, erwiderte Christoph zum Abschluss.

Auf dem Weg zum Parkplatz hielt Christoph einen kurzen Moment inne und atmete tief die würzige Seeluft ein. Direkt hinterm Deich lag das Wattenmeer. Ein leichter Luftzug streichelte die Haut. Die Lage der Klinik war ein Idyll.

»Man hat den Eindruck, überhaupt nicht voranzukommen«, sagte Große Jäger unzufrieden und holte ihn in die Wirklichkeit zurück. »Das sind doch alles normale Menschen hinter einer bürgerlichen Fassade und keine Berufskriminellen. Und trotzdem lügen sie wie gedruckt. Ist es nicht erschreckend, was sich auf einer solchen Party alles abspielen kann?«

»Das ist doch nicht neu. Denke an die Besenkammern, in denen sich Boris Becker und Kaiser Franz ausgetobt haben. War das nicht jeweils auch in Verbindung mit einer offiziellen Veranstaltung?«

»Man kann den Eindruck gewinnen, dass nur noch bei der Polizei gesittete Feiern abgehalten werden.«

»Du bist und bleibst ein Philosoph«, sagte Christoph.

»Im Unterschied zu dir.« Als Christoph den Oberkommissar fragend ansah, ergänzte der: »Dir ist das kritische Urteilsvermögen abhandengekommen. Sonst würdest du übermorgen nicht heiraten.«

»Willst du mich dort vertreten?«

»Nee«, kam die klare Antwort. »Das hast du schon einmal gefragt. Aber wer bleibt noch übrig? Mit fehlt immer noch das Motiv. Raub, Hass, Neid, partnerschaftliche Probleme – all das scheint auszuscheiden. Wenn ich mir überlege, was unsere bisherigen Ermittlungen ergeben haben, bleiben eigentlich nur zwei denkbare Gründe. Entweder hat jemand Schwester Heike erschlagen, weil er verschmäht wurde, oder er wollte eine andere Straftat verdecken.«

»Die beiden Bauarbeiter haben ihren Trieb an einem anderen Opfer abreagiert«, stimmte Christoph zu.

»Aber nicht parallel«, wandte Große Jäger ein. »Wenn sie es zuerst bei Heike Bunge versucht haben? Und als die sich weigerte und eventuell mit einer Anzeige drohte, musste sie sterben. Immerhin wurde sie höchstwahrscheinlich mit einem Werkzeug der Bauhandwerker erschlagen.«

»Ist jemand so kaltblütig, dass er einen Menschen ermordet, beiseiteschafft und im direkten Anschluss eine Vergewaltigung begeht?«, fragte Christoph zweifelnd. »Außerdem hätten die beiden sich nicht mit einer verbalen Abweisung zufriedengegeben. Und Schwester Heike wies keinerlei Hinweise auf, dass sie jemand grob angefasst hatte. Keine Blutergüsse, keine Druckstellen, keine blauen Flecken. Nichts.«

»Auszuschließen ist das nicht. Dreschnitzki und Kohlschmidt waren alkoholisiert und triebgesteuert. Im schlimmsten Fall wird ihnen das vor Gericht auch noch strafmildernd angerechnet«, knurrte der Oberkommissar.

»Bürgermeister Kirchner ist nicht verschmäht worden. Ich nehme ihm ab, dass er nicht zielgerichtet um die sexuelle Gunst der Frauen gebuhlt hat. Wer aber nicht zum Zuge gekommen ist, ist der Architekt.«

»Bei dem könnte erschwerend hinzukommen, dass es ihn tief getroffen hat, wenn Frauen ohne Rasse und Klasse, als die er die Krankenschwestern offen bezeichnet hat, ihm einen Korb geben. Das muss de Frontier mächtig gekränkt haben.«

»Das hat ganz bestimmt an seinem männlichen Ego gekratzt, während Dr. Aufgänger sich an Schwester Beate schadlos gehalten hat. Zehntgraf und Blödorn scheiden meiner Meinung nach ebenfalls aus. Sie waren die Einzigen, die den Garten nicht für längere Zeit verlassen haben. Subjektiv kommen sie für mich auch nicht als Täter in Frage. Das gilt auch für Monsignore Kuslmair. Der wird kaum eine Frau aus niederen sexuellen Gründen mit einem Hammer erschlagen«, fasste Christoph seine Überlegungen zusammen.

»Also konzentriert sich alles auf de Frontier.« Große Jäger ließ einen zustimmenden Grunzlaut hören.

»Es sei denn, das Motiv liegt darin, dass jemand etwas verdecken wollte. Eine andere Straftat. Wenn Schwester Heike beobachtet hat, dass die beiden Handwerker über ihre Kollegin hergefallen sind?« Christoph schüttelte den Kopf. »Dann wäre sie nicht an ihrem Auto erschlagen worden. Sie hätte sofort Alarm geschlagen und wäre nicht in aller Seelenruhe zu ihrem Auto gegangen. Nein! Das scheidet für mich aus.«

»Wenn sie Streit hatte, dann mit jemandem, den sie kannte. Sie dürfte auch niemanden erpresst und bedroht haben, zum Beispiel ihren Chef, als er mit Schwester Beate intim war.«

»Es wäre möglich, dass sich Heike Bunge davon Vorteile versprochen hätte, wenn sie gedroht hätte, das Tête-à-Tête der beiden zu verraten. Das kann sie aber nicht mitbekommen haben, weil sie zur selben Zeit mit Kirchner im Schwesternzimmer zusammen war. So bleiben noch zwei Fragen. Warum ist Helmut Königstreu …«

»Du meinst diesen indianischen Medizinmann, der so ähnlich wie Kartoffelchip heißt«, warf Große Jäger ein.

»Chuchip«, bestätigte Christoph. »Warum ist der so überhastet nach Indien aufgebrochen? Hildegard Oehlerich sagte, dass sie keinen Rückkehrzeitpunkt kennt. War doch mehr zwischen ihm und Heike Bunge, als uns alle Zeugen weismachen wollen? Was ist, wenn Schwester Heike doch nicht so makellos treu war, wie jeder erzählt?«

Der Oberkommissar pfiff leise durch die Zähne. »Und wenn der Ehemann davon Kenntnis erhalten hat?«

Christoph wiegte nachdenklich den Kopf.

»Wo sind die Zusammenhänge zwischen der Todesparty und den schamanischen Aktivitäten des Opfers?«, fragte Große Jäger nachdenklich.

»Das überlege ich auch die ganze Zeit. Warum ist Hildegard Oehlerich unter einem fadenscheinigen Vorwand zu uns gekommen? Wollte sie uns etwas mitteilen, ohne die Wahrheit offen zu nennen? Oder drückt sie ein schlechtes Gewissen, weil unter ihrer Ägide Dinge gelaufen sind, die Heike Bunge zunächst gar nicht wollte? Wir wissen zu wenig von den geheimnisvollen Riten, die in Westerschnatebüllkoog ablaufen. Die Schwitzhütte zum Beispiel. Da hocken alle nackt in dieser selbst gebauten Konstruktion und lassen spirituelle Dinge auf sich wirken, die uns fremd sind. Ich möchte nichts unterstellen, aber bei aller Vergeistigung kommen dort auch nur Menschen zusammen.«

»Und die sind nicht hormonfrei«, ergänzte der Oberkommissar. »Obwohl es mir nicht wie ein wüster Sexclub auf dem Lande vorkommt.«

»Davon bin ich auch überzeugt. Mich irritiert nur das Interesse von Hildegard Oehlerich. Und warum hat sie uns angelogen, als sie von Inspiration sprach? Nein, sie benutzte andere Worte. Energetische Schwingungen. Solche Leute haben oftmals auf andere eine gewisse Ausstrahlung. Und Heike Bunge schien dem Bann der Schamanin verfallen zu sein.«

»Ein Sektenritual?«

»Nein«, wehrte Christoph entschieden ab. »Das ist sicher keine Sekte. Ich vermag nicht zu erkennen, ob Hildegard Oehlerich selbst an ihre Heilslehre glaubt oder ob sie nur eine geschickte Geschäftemacherin ist. Ich habe mich informiert, was australische Biomathematiker herausgefunden haben.«

»Biomathematiker?« Große Jäger sah Christoph ungläubig an.

»Ja. Es ist aberwitzig, aber wirkungslose Medizin verbreitet sich stärker als andere. Das gilt übrigens auch für Hausmittel, obwohl das ein ganz anderes Feld ist. Die Australier haben berechnet, wie sich skurrile Methoden wie ein Sud aus verrotteten Schlangen gegen Lepra oder Geierfleisch gegen Syphilis verbreiten. Wirken diese Rezepte nicht, bleiben die Patienten krank und müssen die Kur erneut wiederholen. Die häufige Wiederholung erhöht die Chance auf Nachahmung.«

»Das ist ein Scherz?«

»Ich habe es gelesen. Den Wahrheitsgehalt kann ich nicht bestätigen. Wenn man diesen Gedanken übersetzt, also eine Analogie herstellt, dann mögen Menschen wie Heike Bunge letztendlich an die Dinge glauben, die dort erzählt werden.«

»Und welche Bedeutung hat das Ganze für unseren Fall? Schließlich ist der heißblütige Architekt de Frontier nicht als Indianer herumgelaufen und hat die Frauen an den Marterpfahl zu binden versucht.«

»Ich habe noch eine Idee«, sagte Christoph und bog auf den Hof hinter der Husumer Polizeidirektion ein.

Im Büro wurden sie von Hilke Hauck erwartet. Die blonde Kommissarin sah zufrieden aus.

»Ich habe Heinz Kohlschmidt verhört«, sagte sie. »Wenn der krank wird, muss ihn der Tierarzt behandeln. So primitiv ist der. Dem ist jeder menschliche Zug fremd.« Sie schüttelte sich, als müsse sie Schmutz abwerfen. »Natürlich hat er behauptet, alles wäre von Elena Petrescu ausgegangen. Die junge Frau habe die beiden Männer gereizt, bis das Blut kochte. Es kamen die üblichen abgedroschenen Argumente wie der zu knappe BH, die grelle Schminke und was weiß ich. Ekelerregend war es, als der Verdächtige behauptete, die Geschädigte hätte doch vor Vergnügen gequiekt. Und dabei hat er sich die Lippen geleckt und mich förmlich gescannt.«

»Dieses Schwein«, schimpfte Große Jäger. »Wenn ich ihn verhört hätte, wäre ich aus Versehen so in ihn hineingestolpert, dass er die nächsten Wochen nicht schmerzfrei hätte pinkeln können.«

Christoph ging auf die Erregung des Oberkommissars nicht ein. Es gab immer wieder Situationen, in denen Polizeibeamte an ihre Grenzen gelangten. Schließlich waren sie auch Menschen mit Empfindungen und Gefühlen, Mütter, Väter, Ehefrauen und -männer. Natürlich hatten sie gelernt, auch bei solchen Gelegenheiten professionell zu reagieren. Und auch Große Jäger würde seine verbalen Verwünschungen nicht in die Tat umsetzen.

»Ich arbeite noch am Protokoll«, sagte Hilke und kehrte an ihren Arbeitsplatz zurück.

Große Jäger verschwand kommentarlos vor die Tür. Er würde seiner Nikotinsucht frönen, wusste Christoph, und sich dabei ein wenig abreagieren.

»Ich werde noch einmal der Form halber Bertram Bunges Alibi überprüfen«, sagte Christoph zu sich selbst und wählte die Handynummer des Arbeitskollegen, die ihm der Witwer gegeben hatte.

»Kripo Husum. Guten Tag, Herr Sonnenberg. Sie haben von dem Unglücksfall gehört, dem Frau Bunge zum Opfer gefallen ist?«

Man hörte, wie der Mann schluckte. »Das ist nicht zu glauben«, sagte er. »Man ist die ganze Woche unterwegs und kommt nach Hause, und die Frau ist tot. In unserem Job ist es eigentlich umgekehrt. Während wir auf den Windrädern herumkraxeln, sitzen unsere Frauen daheim und haben Sorgen. Und nun so was.«

»Herr Bunge hat angegeben, dass sie beide am vergangenen Donnerstag gemeinsam an einer Windkraftanlage gearbeitet hätten und er am späten Abend Richtung Norden aufgebrochen ist, während Sie am Freitag Besuch Ihrer Frau in Lingen erwartet haben.«

»Jaaa«, kam es gedehnt über die Leitung. Es war deutlich erkennbar, dass Herbert Sonnenberg zögerte.

»Können Sie diese Aussage unterschreiben?«, hakte Christoph nach.

»Nun – ähh. Im Prinzip ja.«

»Und welche Einschränkung würden Sie machen?«

»Also … meine Freundin, wir sind nämlich nicht verheiratet, also … die ist schon am Donnerstag gekommen. Wir, der Bertram und ich, waren gut drauf und haben den Fehler an der Mühle schnell gefunden. Wir konnten den Generator wieder in Betrieb setzen. Bertram ist schon kurz nach Mittag aufgebrochen. Er hat sich richtig gefreut, dass er seine Frau überraschen konnte. Damit hatte sie nicht gerechnet. Na – und dann ist was Blödes passiert.«

»Was denn?«

»Am Freitagmorgen hat mich Bertram angerufen und gesagt, ihm wäre eine Frau über den Weg gelaufen. Unbeabsichtigt und wie aus heiterem Himmel. Er weiß auch nicht, wie ihm geschehen ist. Jedenfalls … Na, Sie wissen schon.«

»Bertram Bunge wollte von Ihnen ein Alibi haben?«

»Nein! Nicht für die Firma. An unseren Arbeitsnachweisen haben wir nichts geändert. Aber Bertram, also … der hat sich nie etwas zuschulden kommen lassen. Wir arbeiten schon lange zusammen. Wenn wir auf Montage unterwegs sind, so in der Fremde, dann trinken wir abends ein Bier zusammen. Das ist alles. Da ist nie was gelaufen mit Frauen und so. Darum war ihm das auch so peinlich. Ein einmaliger Ausrutscher. Da sollte seine Frau nichts von wissen.«

»Und deshalb hat er Sie am Freitag angerufen und gebeten, ihn nicht zu verraten.«

»Mann, das ist besonders tragisch. Da hat der Bertram einen einmaligen Ausrutscher, und zur selben Zeit wird seine Frau ermordet.«

Wie das Schicksal manchmal doch spielt. Da könnte man fast an böse Geister glauben. Das würde Hildegard Oehlerich bestimmt bestätigen. Mit Sicherheit hätte die Schamanin auch eine Erklärung für die Zusammenhänge, dachte Christoph. Dabei gibt es ganz andere Gründe für diese Konstellation. Sehr irdische.

»Das ist überraschend«, sagte Große Jäger, als er zurückkehrte und von Christoph über die Neuigkeit informiert wurde. »Hat das Ehepaar Bunge eine sogenannte offene Ehe geführt und das so geschickt vor allen verborgen gehalten, dass es niemand mitbekommen hat?«

»Das klingt zu phantastisch. So etwas fällt auf. Dann hätte Kirchner uns die Intimität im Schwesternzimmer anders geschildert. Der Bürgermeister hat ja nicht behauptet, von Schwester Heikes Wunsch nach einem Beischlaf überrascht worden zu sein. Das hat sich so ergeben. Und wie ein geschickt agierender Vamp ist uns das Opfer nie dargestellt worden. Ich möchte noch einmal mit dem Ehemann sprechen. Er sollte uns erklären, warum er sich von seinem Arbeitskollegen ein falsches Alibi besorgt hat.«

Der »Wiedeblick« im beschaulichen Hattstedt lag friedlich in der Sonne des schönen Junitages. Zahlreiche Bewohner des Neubaugebiets nutzten das gute Wetter, um Hand an die Außenanlagen zu legen, Erde umzuschichten, einen Zaun zu setzen oder eine der sonstigen Arbeiten zu verrichten, die mit dem Neubau eines Hauses verbunden sind.

Bunges roter Passat stand vor dem Haus. Unter den aufmerksamen Blicken der Nachbarn klingelten die beiden Beamten und warteten geduldig, bis der Witwer öffnete und sie ins Haus bat. Bevor er die Tür schloss, warf er noch einen kritischen Blick auf die Straße und sah sich um, welche Mitbewohner neugierig das Geschehen auf seinem Grundstück beobachteten. Auch wenn es in diesem Neubaugebiet noch keine gewachsene Struktur unter den Nachbarn gab, hatte sich der Mord an einer der Mitbewohnerinnen herumgesprochen. Es berührte die Menschen, wenn sich solche Dinge in ihrer Nähe ereigneten.

Im Wohnzimmer lagen auf dem Tisch, den Sitzmöbeln und dem Essplatz, zum Teil auch auf dem Fußboden, Papiere herum.

Bunge breitete hilflos die Arme aus. »Sehen Sie nicht hin«, sagte er mit müder Stimme. »Es ist alles zu viel. Das überrollt mich. Ich werde dessen nicht mehr Herr.« Er nahm die auf dem Sofa ausgebreiteten Unterlagen und warf sie achtlos auf den Fußboden. »Ich war die ganze Woche über auf Montage. Um diese Dinge hat sich Heike gekümmert.«

»Haben Sie an die Lebensversicherung gedacht?«, fragte Christoph beiläufig.

Bunge sah sich suchend um. »Das muss da drüben liegen.« Er zeigte auf einen aufgeschlagenen Ordner auf dem Esstisch.

»Haben Sie mehrere Versicherungen gehabt?«

»Nein. Wieso? Wir wollten die Versicherungen erhöhen. Schon im letzten Jahr. Aber das Haus hat mehr gekostet, als wir uns vorgenommen hatten. Da war das nicht mehr drin. Wir haben eine Lebensversicherung über dreißigtausend für Heike abgeschlossen. Viel zu wenig für die Altersversorgung. Aber was soll man machen?«

Die Polizei würde das prüfen, nahm sich Christoph vor. Aber als Tatmotiv schien es unwahrscheinlich.

»Ich weiß sowieso nicht, wie das weitergehen soll. Allein schaffe ich es nicht. Ich kann das nicht bezahlen. Und was soll ich auch mit der Hütte? Ohne Heike. Es war *unser* Haus, verstehen Sie? Dafür haben wir geschuftet.«

»Sie haben viel in Ihr Haus investiert. Ich meine, an Arbeit«, ergänzte Christoph, als Bunge ihn ansah. »Zum Glück konnten Sie Überstunden machen.«

Bertram Bunge nickte geistesabwesend.

»Zum Beispiel am letzten Donnerstag, als Sie in der Nähe von Lingen waren.«

Jetzt streifte Christoph ein fragender Blick.

»Ich habe mit Herbert Sonnenberg gesprochen. Der konnte

nicht bestätigen, dass Sie am Donnerstag bis in die Nacht gearbeitet haben.«

»Herbert hat doch …«, brauste Bertram Bunge auf, hielt inne und sackte in sich zusammen. »Aber wieso? Das hatten wir doch miteinander besprochen?«, fragte er sich selbst. »Herbert ist doch sonst immer zuverlässig.«

»Sie haben Ihrem Kollegen eine ziemlich fadenscheinige Geschichte erzählt.« Christoph schüttelte den Kopf. »Das nimmt Ihnen niemand ab, dass Sie unterwegs eine Frau kennengelernt und Ihre eheliche Treue dabei vergessen haben. Nach allem, was man uns über Sie und Ihre Frau berichtet hat, klingt das unwahrscheinlich.«

»Ich habe doch sonst nie …«, protestierte Bunge schwach, merkte aber selbst, dass seine Ausführungen nicht glaubwürdig klangen. Hilflos breitete er die Arme aus. »Wir haben uns übernommen mit dem Haus. Uns laufen die Kosten davon. Immer wieder kommen Rechnungen. Der will Geld, jener will Geld. Woher? Da habe ich schwarzgearbeitet. Ein Bau in Delmenhorst. Das lag sozusagen auf dem Weg. Immer wenn ich fertig war, bin ich in Delmenhorst vorbei und habe eine Extraschicht geschoben. Manchmal auch zwei. Ich bin in den letzten Wochen manchmal gar nicht zu Hause gewesen.«

Christoph nickte Große Jäger zu, der wortlos aufstand und das Haus verließ.

»Und Sie behaupten, am Donnerstag in Delmenhorst gewesen zu sein.«

»Das konnte ich Herbert doch nicht erzählen. Mein Chef hätte mich fristlos gefeuert. Unsere Arbeit ist gefährlich. Da muss man ausgeschlafen sein und nicht kaputt und übermüdet am Montagmorgen auf den Windspargel klettern.«

»Wie heißt Ihr Auftraggeber?«, wollte Christoph wissen.

»Das kann ich doch nicht sagen«, wehrte Bunge ab.

»Es geht um den Mord an Ihrer Frau«, erinnerte ihn Christoph.

»Der hat das doch nicht versteuert. Der bekommt eine Menge Ärger, wenn das herauskommt. Und ich auch.«

»Das wird sich nicht vermeiden lassen. Also?«

Christoph sah, wie es in dem Mann arbeitete. »Geht das nicht ohne den Namen?«

»Herr Bunge!«

Der Witwer atmete stoßweise aus. »Das ist ein Husumer Bauunternehmer. Der baut dort einen Bauernhof in der Nähe von Delmenhorst um. Man munkelt, dass da die Neonazis hinterstecken und das als Schulungszentrum nutzen wollen. Damit habe ich nix zu tun. Ich bin nur ein Handwerker.«

»Wer ist Ihr Auftraggeber?«

»Hungerbühler.«

Christoph war erstaunt. »Wie sind Sie an den geraten?«

»Über einen Bekannten.«

»Ben-Reiner Graf?«

»Nein. Um Gottes willen. Der hat keine Ahnung. Ben-Reiner macht keine krummen Dinger.«

»Moment.« Christoph zog sein Handy hervor, wählte die Nummer des Bauunternehmens und ließ sich mit dem Chef verbinden.

»Johannes, Kripo Husum. Sie erinnern sich?«

»Leider«, antwortete Hungerbühler kurzatmig.

»Bertram Bunge hat gestanden, für Sie in der Nähe von Delmenhorst schwarzgearbeitet zu haben.«

»Wer? Kenn ich nicht. Da will mir einer ans Bein pinkeln.«

»Sie erwarten ein paar große Dinge, Herr Hungerbühler. Davor kann ich Sie nicht schützen. Aber hier geht es um Mord. Und da gibt es noch weniger Toleranz.«

»Der hat mich angebettelt, der Kerl, ob ich nicht einen Nebenjob für ihn hätte. Er braucht dringend Geld. Hat sich beim Haus übernommen. Auch so einer von den Typen, bei denen die Augen mehr sehen, als das Portemonnaie hergibt. Und was habe ich von meiner Gutmütigkeit? Jetzt stehe ich im Regen. Man sollte nie weichherzig sein.«

Christoph ging nicht auf Hungerbühlers Lamento ein. »Sie können bestätigen, dass Herr Bunge auf Ihrer Baustelle bei Delmenhorst gearbeitet hat?«

»Ja, gelegentlich. Eine wirkliche Hilfe war er nicht. Mannomann. Warum habe ich nur so ein weiches Herz. Sie können ihm ausrichten, dass er dahin gehen soll, wo der Pfeffer wächst. Das vorletzte Wochenende, das war sein letztes.«

»Augenblick«, unterbrach Christoph das Gejammer Hungerbühlers. »Wir sprechen doch vom letzten Donnerstag.«

»Da war nix auf der Baustelle. Die Trottel vom Baustoffhandel haben kein Material angeliefert. Der ganze Bau stand für drei Tage. So eine Schweinerei.«

»Kannten Sie Frau Bunge?«

»Flüchtig.«

»Ich würde es gern ein bisschen genauer wissen.«

»Ich habe sie mal gesehen. Aus der Ferne. In Husum läuft man sich doch alle naslang über den Weg.«

Nachdem Christoph aufgelegt hatte, las er die SMS, die ihn während des Telefonats erreicht hatte.

»Nachbar lotar lange bestatigt das buneg am wochnende ofter nicht da war«, hatte Große Jäger mit zahlreichen Tippfehlern unbeholfen geschrieben. Das Simsen war nicht die Welt des Oberkommissars, der die Zeit genutzt hatte, um Bunges Behauptung zu prüfen. Jetzt kehrte Große Jäger zurück und ließ sich nichts anmerken.

»Sie haben die Unwahrheit gesagt.« Christoph musterte Bertram Bunge über den Brillenrand. »Es stimmt wahrscheinlich, dass Sie schwarzgearbeitet haben. Aber nicht am letzten Donnerstag.«

»Doch …«, behauptete der Mann. Seine Stimme war leise und kraftlos. Man merkte, dass er log.

»Sie sind in den Norden gefahren, nachdem Sie vergeblich in Delmenhorst vorgesprochen hatten. Die Enttäuschung war sicher groß, als Sie feststellen mussten, dass der Nebenverdienst ausfiel.«

Bunge schüttelte den Kopf. »Ich war eigentlich froh und habe mich auf ein langes Wochenende mit meiner Frau gefreut. Als ich ankam, war Heike aber noch nicht zu Hause. Keine Nachricht auf der Mobilbox, keine SMS, wie es sonst der Fall war.«

»Wussten Sie nicht, dass Ihre Frau auf der Einweihungsfeier war?«

»Doch. Schon. Aber ich hatte mich auf den gemeinsamen Abend gefreut. Es sollte auch eine Überraschung sein. Können Sie sich vorstellen, wie enttäuscht ich war?«

»Haben Sie versucht, Ihre Frau anzurufen?«

»Nein. Das hätte nichts gebracht. Während der Arbeit hatte sie das Handy immer ausgeschaltet. Da habe ich gedacht, ich fahre hin und hole sie ab. Falls sie entgegen ihrer sonstigen Gewohnheit doch etwas getrunken haben sollte, wäre das eine gute Idee.«

Christoph war nicht überrascht, dass Bunge zur Klinik gefahren war. »Sie haben Ihre Frau dort angetroffen?«

»Ja.«

»Allein?«

»Was heißt allein? Natürlich war sie nicht allein. Da waren viele Leute.«

»Haben Sie mitbekommen, dass Ihre Frau sich mit einem anderen Mann eingelassen hat?«

Bunge sprang in die Höhe. »Hören Sie mit diesem Unsinn auf. Das hat Heike nicht gemacht.«

»Hat Ihre Frau es Ihnen gesagt?«

»Was sollte sie mir sagen? Das stimmt nicht«, schrie er.

»Die Rechtsmedizin hat das unwiderlegbar nachgewiesen«, sagte Christoph und bemühte sich, seiner Stimme einen ruhigen Klang zu geben.

»Die irren sich.« Bunge wollte nicht verstehen, dass seine Frau einen schwachen Moment gehabt hatte. Offenbar hatte er das wirklich nicht gewusst. So schied ein denkbares Tatmotiv aus.

»Sie hatten aber Streit«, versuchte es Christoph erneut.

Der Mann hatte sich wieder gesetzt. Er strich sich mit der Hand über das Knie.

»Heike war impulsiv. Wenn ihr irgendetwas nicht passte, konnte sie zornig werden, ja bis hin zur Aggressivität. Sie schrie dann, tobte und vergaß sich. Kaum jemand kannte sie so. Ich wusste darum und habe mich daran gewöhnt. Man musste sie sich austoben lassen. Danach war alles wieder in Ordnung. Das war nicht schön, aber ich habe sie doch so geliebt, dass es mir egal war. Wir haben doch alle unsere kleinen Schwächen, oder?«

»Am Donnerstag, als Sie sich in der Klinik trafen …«

»Nicht in der Klinik«, korrigierte ihn Bunge.

»Da ist es zum Streit gekommen?«

Er nickte bedächtig. »Schuld war nur die alte Hexe, dieses elende Weibsbild.«

»Sie meinen Hildegard Oehlerich?«

»Die hat Heike beeinflusst und ihr diesen Schwachsinn von der fließenden Energie, der Wiedergeburt und all den anderen Blöd-

230

sinn eingetrichtert. Heike hat irgendwann angefangen, den ganzen Mist zu glauben. Sie war meinen Argumenten nicht mehr zugänglich, hat mich einen fehlgeleiteten Ignoranten genannt, jemanden, der keine Ahnung hat. Der kluge Menschenverstand galt nichts mehr bei ihr. Obwohl sie Krankenschwester war, eine ausgesprochen gute, hat sie an der Schulmedizin gezweifelt und an die Heilsversprechungen dieser Indianertruppe geglaubt.«

»War Ihre Frau krank?«

»Nein. Abgespannt, müde. Aber nicht ernsthaft erkrankt. Das hätte noch gefehlt, dass sie sich in die Hände dieser Scharlatane begeben und ihr Leben dabei riskiert hätte.«

Bunge hielt inne, als ihm bewusst wurde, was er von der Toten sagte. Er ließ das Gesicht in die Handflächen sinken und begann zu schluchzen. »Ich liebe sie doch. Es hat nie eine andere gegeben«, winselte er.

»Was war vorgefallen, dass Sie so erbost waren?«, hakte Christoph nach.

»Ich habe Heike zuliebe alles geduldet. Ich habe geschwiegen, ich habe sie zu diesen Veranstaltungen gehen lassen und gehofft, dass sie sich besinnt und eines Tages wieder zur Vernunft kommt. Selbst zu ihren Träumen, für eine Zeit zur Selbstbesinnung nach Indien zu gehen, habe ich geschwiegen, auch wenn das alles eine große Belastung für unsere Beziehung war. Sie wurde rasend, wenn ich versucht habe, sie vorsichtig auf den Pfad der Vernunft zurückzuführen. So viel Einfluss hatte die alte Hexe über sie gewonnen. Es ist verteufelt, aber wenn sie einem Alkoholiker sagen, er wäre ein Trinker, leugnet er es. Wahrscheinlich ist er auch davon überzeugt, kein Abhängiger zu sein. So ähnlich ist es Heike mit diesem Aberglauben ergangen. Als mir das bewusst wurde, war ich am Boden zerstört. Heike war doch meine Frau, mein Leben. Zu Hause hörte ich auf dem Anrufbeantworter, dass Heike sich zu einem Seminar für ein langes Wochenende angemeldet hatte. Dort sollte es um spirituelle Selbsterfahrung und die Begegnung mit der geistigen Welt gehen. Das Ganze war in einem indianischen Zeltlager auf einem Gutshof geplant.« Bunge klopfte sich erregt gegen die Stirn. »Wir wissen nicht, wo wir das Geld hernehmen sollen. Ich arbeite Tag und Nacht, und sie wirft das Geld für solchen Mist aus dem Fenster. Abgesehen davon, dass wir uns kaum noch gesehen haben. Ich war verzweifelt.

Mir fehlte jede Minute, die ich nicht mit Heike zusammen sein konnte.« Sein Gesicht nahm einen weinerlichen Ausdruck an.

»Und all das ist auf dem Parkplatz der Klinik zur Sprache gekommen?«, fragte Christoph.

»Ich wollte es nicht. Ich habe versucht, wie immer, alles zu unterdrücken, herunterzuschlucken. Mir war es zuwider, die wenige Zeit, die wir miteinander hatten, zu streiten. Trotzdem ist die Sprache darauf gekommen.«

»Können Sie das erklären?«

»Als ich eintraf, wollte sie gerade gehen. Wir haben uns zufällig auf dem Parkplatz getroffen. Sie war überrascht, aber nicht erfreut, wie ich es mir erhofft hatte. ›Den Weg hättest du dir sparen können‹, hat sie mir in barschem Ton gesagt. ›Ich bin todmüde. Ich will nur noch nach Hause und schlafen.‹ Ich habe gesagt, dass ich uns noch etwas zu essen mache. Schließlich hatte ich seit dem Mittag nichts gegessen. Und das war auch nur eine Portion Pommes. ›Du kannst tun und lassen, was du willst. Ich muss da nicht mitmachen‹, hat sie mich angemacht.«

»Dann haben Sie ihr Vorhaltungen wegen des Engagements für diese spiritistische Sache gemacht?«

»Ich habe ihr gesagt, dass ich das nicht länger mitmachen möchte. ›Wenn du mich nicht haben willst, wie ich bin, dann ist das dein Problem.‹ Solche Töne habe ich noch nie von ihr gehört, nicht in dieser Bestimmtheit. Da fiel mir wieder Indien ein.«

»Ist Heike handgreiflich geworden?«

»Nein. Sie hat mich wie einen dummen Jungen stehen lassen.« Bunge faltete die Hände wie zum Gebet. »Sie müssen mir glauben, dass ich noch nie gewalttätig geworden bin. Ich weiß nicht, wie ich dazu gekommen bin, zuzuschlagen. Ich habe zufällig den Hammer auf der Ladefläche des Nachbarfahrzeugs entdeckt. Plötzlich hatte ich das Werkzeug in der Hand und …« Wie in einem Krampf schüttelte er sich.

»Wo ist der Hammer abgeblieben?«

»Den habe ich erst fallen lassen. Dann habe ich Heike in die Arme genommen. Aber sie rührte sich nicht mehr. Was sollte ich machen? Mich hat die Panik gepackt. Ich habe sie zum Ende des Parkplatzes geschleift, an der Böschung entlang, und, als mir klar wurde, was ich getan habe, einfach fallen lassen.«

»Haben Sie Schuhgröße dreiundvierzig?«, fragte Christoph.

Bunge nickte. »Die Schuhe und die Kleidung, die ich getragen habe, liegen im Hauswirtschaftsraum. Da ist auch der Hammer.«

»Es ist gut, dass Sie Ihr Gewissen selbst erleichtert haben«, sagte Christoph. »Der Spürhund hatte die Spur des Täters aufgenommen und sie mitten auf dem Parkplatz verloren. Daher war es für mich immer eine denkbare Option, dass der Mörder mit dem Auto weggefahren ist.«

»Ich bin doch kein Mörder«, sagte Bunge, als ihm bewusst wurde, als was Christoph ihn bezeichnet hatte. Er hatte die Kontrolle über sich verloren. »Ich bin doch kein Mörder. Ich liebe sie doch. Es war doch alles nur aus unendlicher Liebe. Aus Liebe!«

Dichtung und Wahrheit

Es war ein unappetitliches Thema, das ich in diesem Roman aufgegriffen habe. Ich habe es als Herausforderung angesehen.

Die Handlung und alle Figuren sind frei erfunden. Es gibt weder die »Kurklinik Am Wattenmeer« noch die anderen genannten Einrichtungen und Institutionen.

Mein besonderer Dank gilt Rainer Maaß, der im Jahr 2010 Husumer Bürgermeister war und mir bei der Entwicklung der Figur geholfen hat, ohne allerdings die Hintergründe zu kennen, insbesondere nicht die Art der Einbeziehung in die Handlung. Ich möchte ausdrücklich betonen, dass es weder in Husum noch in anderen Orten ein Vorbild für meine Protagonisten gegeben hat.

Dr. Christiane Bigalke hat mir mit Rat zu medizinischen Fragen zur Seite gestanden. Das trifft auch auf meinen Sohn Malte zu.

Hauptkommissar Uwe Keller vom Landeskriminalamt Kiel unterstützte mich bei Fragen zur erfolgreichen Arbeit der Polizei und bei meinen Bemühungen, möglichst authentisch zu berichten. Wenn ich aus dramaturgischen Gründen von der Wirklichkeit abweiche, ist das ausschließlich mein Handeln.

Skipper Günni Pitz ist als erfahrener und leidenschaftlicher Segler immer dann mein Ratgeber, wenn es aufs Wasser geht.

Ein besonderer Dank gilt den Mitgliedern des Forums www.mordlichter.de, Caro Jacobs, Lothar Lange und Ben-Reiner Graf, die sich mutig bereit erklärt haben, in diesem Roman mit ihrem tatsächlichen Namen als Zeugen aufzutreten und die Husumer Polizei bei der Ermittlung tatkräftig zu unterstützen.

Ungenannt bleiben all jene, ohne die das Erscheinen eines Buches nicht möglich gewesen wäre. Herzlichen Dank.

Hannes Nygaard
TOD IN DER MARSCH
Broschur, 240 Seiten
ISBN 978-3-89705-353-3

»Ein tolles Ermittlerteam, bei dem man auf eine Fortsetzung hofft.« Der Nordschleswiger

»Bis der Täter feststeht, rollt Hannes Nygaard in seinem atmosphärischen Krimi viele unterschiedliche Spiel-Stränge auf, verknüpft sie sehr unterhaltsam, lässt uns teilhaben an friesischer Landschaft und knochenharter Ermittlungsarbeit.« Rheinische Post

Hannes Nygaard
VOM HIMMEL HOCH
Broschur, 240 Seiten
ISBN 978-3-89705-379-3

»Nygaard gelingt es, den typisch nordfriesischen Charakter herauszustellen und seinem Buch dadurch ein hohes Maß an Authentizität zu verleihen.« Husumer Nachrichten

»Hannes Nygaards Krimi führt die Leser kaum in lästige Nebenhandlungsstränge, sondern bleibt Ermittlern und Verdächtigen stets dicht auf den Fersen, führt Figuren vor, die plastisch und plausibel sind, so dass aus der klar strukturierten Handlung Spannung entsteht.« Westfälische Nachrichten

Hannes Nygaard
MORDLICHT
Broschur, 240 Seiten
ISBN 978-3-89705-418-9

»Wer skurrile Typen, eine raue, aber dennoch pittoreske Landschaft und dazu noch einen kniffligen Fall mag, der wird an ›Mordlicht‹ seinen Spaß haben.« NDR

»Ohne den kriminalistischen Handlungsstrang aus den Augen zu verlieren, beweist Autor Hannes Nygaard bei den meist liebevollen, teilweise aber auch kritischen Schilderungen hiesiger Verhältnisse wieder einmal großen Kenntnisreichtum, Sensibilität und eine starke Beobachtungsgabe.« Kieler Nachrichten

Hannes Nygaard
TOD AN DER FÖRDE
Broschur, 256 Seiten
ISBN 978-3-89705-468-4

»Dass die Spannung bis zum letzten Augenblick bewahrt wird, garantieren nicht zuletzt die Sachkenntnis des Autors und die verblüffenden Wendungen der intelligenten Handlung.«
Friesenanzeiger

»Ein weiterer scharfsinniger Thriller von Hannes Nygaard.«
Förde Kurier

Charles Brauer liest
TOD AN DER FÖRDE
Ein Kriminalroman von Hannes Nygaard
ISBN 978-3-89705-645-9
4 Cds

Hannes Nygaard
TODESHAUS AM DEICH
Broschur, 240 Seiten
ISBN 978-3-89705-485-1

»Ein ruhiger Krimi, wenn man so möchte, der aber mit seinen plastischen Charakteren und seiner authentischen Atmosphäre überaus sympathisch ist.«   www.büchertreff.de

»Dieser Roman, mit viel liebevollem Lokalkolorit ausgestattet, überzeugt mit seinem fesselnden Plot und der gut erzählten Geschichte.«   Wir Insulaner – Das Föhrer Blat

Hannes Nygaard
KÜSTENFILZ
Broschur, 272 Seiten
ISBN 978-3-89705-509-4

»Mit ›Küstenfilz‹ hat Nygaard der Schleiregion ein Denkmal in Buchform gesetzt.«
Schleswiger Nachrichten

»Nygaard, der so stimmungsvoll zwischen Nord- und Ostsee ermitteln lässt, variiert geschickt das Personal seiner Romane.«
Westfälische Nachrichten

Hannes Nygaard
TODESKÜSTE
Broschur, 288 Seiten
ISBN 978-3-89705-560-5

»Seit fünf Jahren erobern die Hinterm Deich Krimis von Hannes Nygaard den norddeutschen Raum.« Palette Nordfriesland

»Der Autor Hannes Nygaard hat mit ›Todesküste‹ den siebten seiner Krimis ›hinterm Deich‹ vorgelegt – und gewiss einen seiner besten.«
Westfälische Nachrichten

Hannes Nygaard
TOD AM KANAL
Broschur, 256 Seiten
ISBN 978-3-89705-585-8

»Spannung und jede Menge Lokalkolorit.«
Süd-/Nord-Anzeiger

»Der beste Roman der Serie.«   Flensborg Avis

Hannes Nygaard
DER TOTE VOM KLIFF
Broschur, 272 Seiten
ISBN 978-3-89705-623-7

»Mit seinem neuen Roman hat Nygaard einen spannenden wie humorigen Krimi abgeliefert.«   Lübecker Nachrichten

»Ein spannender und die Stimmung hervorragend einfangender Roman.«
Oldenburger Kurier

Hannes Nygaard
DER INSELKÖNIG
Broschur, 256 Seiten
ISBN 978-3-89705-672-5

»Die Leser sind immer mitten im Geschehen, und wenn man erst einmal mit dem Buch angefangen hat, dann ist es nicht leicht, es wieder aus der Hand zu legen.«   Radio ZuSa

Hannes Nygaard
STURMTIEF
Broschur, 256 Seiten
ISBN 978-3-89705-720-3

»Ein fesselnder Roman, brillant recherchiert und spannend!«   www.musenblaetter.de

Hannes Nygaard
MORD AN DER LEINE
Broschur, 256 Seiten
ISBN 978-3-89705-625-1

»»Mord an der Leine‹ bringt neben Lokalkolorit aus der niedersächsischen Landeshauptstadt auch eine sympathische Heldin in Spiel, die man noch häufiger erleben möchte.« NDR 1

Hannes Nygaard
NIEDERSACHSEN MAFIA
Broschur, 256 Seiten
ISBN 978-3-89705-751-7

»Einmal mehr erzählt Hannes Nygaard spannend, humorvoll und kenntnisreich vom organisierten Verbrechen.« NDR

»Nygaard lebt auf der Insel Nordstrand – dort an der Küste ist er der Krimi-Star schlechthin.« Neue Presse

Hannes Nygaard
SCHWELBRAND
Broschur, 272 Seiten
ISBN 978-3-89705-795-1

»Sehr zu empfehlen.« Forum Magazin

»Spannend bis zur letzten Seite.«
Der Nordschleswiger

Hannes Nygaard
DAS FINALE
Broschur, 240 Seiten
ISBN 978-3-89705-860-6

Frauke Dobermann und ihr ungleiches Team dringen immer weiter in die Organisation der Niedersachsen-Mafia ein und stören deren Strukturen und Geschäfte. Die Drahtzieher im Hintergrund antworten mit Mord und Gewalt, aber weder Todesdrohungen noch Attentate hindern die Beamten der Sonderermittlungsgruppe des LKA Hannover daran, den Sumpf aus Geldwäsche, Organ- und Menschenhandel trockenzulegen.

www.emons-verlag.de